U0498392

成渝地区双城经济圈高质量发展研究丛书

成渝地区双城经济圈
视野下巴蜀文化的再审视

陈　叙 / 等著

西南财经大学出版社
中国・成都

图书在版编目(CIP)数据

成渝地区双城经济圈视野下巴蜀文化的再审视/陈叙等著.—成都:西南财经大学出版社,2023.1
ISBN 978-7-5504-5232-9

Ⅰ.①成… Ⅱ.①陈… Ⅲ.①巴蜀文化—研究 Ⅳ.①K871.34

中国版本图书馆 CIP 数据核字(2021)第 268818 号

成渝地区双城经济圈视野下巴蜀文化的再审视
CHENGYU DIQU SHUANGCHENG JINGJIQUAN SHIYE XIA BASHU WENHUA DE ZAI SHENSHI
陈叙　等 著

策划编辑:李玉斗
责任编辑:李　琼
责任校对:李思嘉
封面设计:墨创文化
责任印制:朱曼丽

出版发行	西南财经大学出版社(四川省成都市光华村街 55 号)
网　　址	http://cbs.swufe.edu.cn
电子邮件	bookcj@swufe.edu.cn
邮政编码	610074
电　　话	028-87353785
照　　排	四川胜翔数码印务设计有限公司
印　　刷	四川五洲彩印有限责任公司
成品尺寸	170mm×240mm
印　　张	12
字　　数	324 千字
版　　次	2023 年 1 月第 1 版
印　　次	2023 年 1 月第 1 次印刷
书　　号	ISBN 978-7-5504-5232-9
定　　价	68.00 元

前　言

成渝地区双城经济圈建设是国家层面的重要战略规划，也是成渝地区发展的重大机遇。成渝地区是少有的拥有成都和重庆双子星座城市的区域。成都和重庆在文化上同属巴蜀文化区，在文化习性上既有亲近感也有差异性，经济上既有合作也有竞争。自 1997 年重庆成为直辖市以来，两地一度淡化对巴蜀文化的认同，更加强调彼此的差异。成都和重庆在城市竞争力和美誉度上也暗暗较劲。文化上的同源互补使成渝地区形成了富于张力和活力的文化结构，也使之成为西南乃至全国富于创新活力的区域经济带。区域文化是区域发展重要的软实力。它既有利于构建区域的文化认同，消弭合作中可能存在的文化冲突，也有利于培养有利于区域经济发展的文化人格，构建区域整体的文化形象，提升区域的美誉度和辨识力。同时，一方水土养一方人，区域文化也是区域人民幸福感的重要源泉，是打造高品质宜居地不可缺少的要素。因而在加快推动成渝地区双城经济圈建设的背景下，充分思考区域文化对于区域软实力构建的功能，增强对巴蜀文化的认同，推动成渝地区构建更富活力的区域文化形象就显得尤为重要。

为了深入贯彻中央以及四川省委十一届七次全会精神，中共四川省委党校组织课题组，就“成渝地区双城经济圈视野下巴蜀文化的再审视”进行研究。该课题系四川省委党校重大委托课题。在加快推动成渝地区双城经济圈建设的背景下，课题组从区域文化对区域发展的功能出发，对巴蜀文化在区域一体化发展中的定位、功能进行再审视和再思考。项目原定计划执行期为一年，课题组按时完成了计划。课题导论由陈叙教授撰写，第一章由廖华副教授撰写，第二章由肖尧中教授撰写，第三章、第四章由邓曦讲师撰写，第五章、第六章由李后卿教授撰写。

区域文化具有渗透性和弥散性，区域文化对于区域发展的功能有待进一步研究。巴蜀文化历史悠久，文化积淀非常厚重，要理清其历史脉络具有一定难度。巴蜀文化的现代化变迁尚在进行中，对其如何实现创造性转化和创新性发展的研究在实践和理论层面也尚在摸索之中。由于作者学力不逮，本书可能存在不少疏漏和不足，有待以后进一步研究完善。

陈叙

2022 年 7 月

目　录

导论　巴蜀文化建设新任务：激活双城经济圈的文化动力

2020 年 1 月，中央财经委员会第六次会议从国家战略的高度提出了推动成渝地区双城经济圈（以下简称“双城经济圈”）建设问题。四川省委十一届七次会议则审议通过了《中共四川省委关于深入贯彻习近平总书记重要讲话精神　加快推动成渝地区双城经济圈建设的决定》，进一步将党中央的战略部署落实落细。这一重大战略部署给巴山蜀水带来了利好消息，也让巴蜀大地为之振奋不已。国家战略的引领让多年来分分合合的成渝两地再次走到一起，共同致力于双城经济圈建设。新的战略任务给巴蜀文化建设提出了新的要求，那就是为双城经济圈建设提供精神动力和智力支持。文化既是区域发展的重要资源，也是区域软实力的重要体现。成、渝两地自古以来地域相邻、文化相近，同属巴蜀文化区，民俗方言相通，经贸往来频繁。巴蜀文化对成渝经济与社会发展的重要性可谓不言而喻。

第一节　新形势下区域文化建设与区域经济社会发展

区域文化与区域经济社会发展之间有着密切的联系。一方面，从全球来看，文化与经济一体化的趋势正在加剧；另一方面，正处于经济高质量发展转型时期的中国愈加重视文化在区域经济发展中的作用。

一、文化与经济社会的互动关系

文化具有弥散性和渗透性，内涵和外延很丰富。据美国学者阿尔弗雷德·克洛依伯和克莱德·克勒克荷恩统计，文化的定义有上百种。较为经典的定义由英国文化人类学家泰勒给出。泰勒将文化视为生活方式，认为：“文化，或文明，就其广泛的民族学意义来说，是包括全部的知识、信仰、艺术、道德、法律、风俗以及作为社会成员的人所掌握和接受的任何其他的才能和习惯的复合体。”① 不同的学科从不同的视角给文化下了定义。在诸多定义中，一类更强调文化的价值性和精神性；另一类则更强调文化的弥散性，把体现了人类主体创造性的一切成果都视为文化，无论其是有形的还是无形的，是物质的还是精神的。

文化的弥散性和渗透性决定了它和经济社会发展之间有着强烈的互动关系。按照马克思经典理论，经济基础决定上层建筑，上层建筑反作用于经济基础。文化作为上层建筑反映着一定时期的经济社会的精神风貌，与此同时，文化在推动经济社会发展中的功能日益凸显。20 世纪七八十年代，全球经济发展过程中出现不同程度的产业衰退，而以信息技术等为代表的知识经济得到快速发展。同时，标准化生产、大众化消费的经济发展模式向着柔性生产、个性消费的模式转变，文化等软性因素在经济发展中的作用越来越重要。从亚当·斯密思考经济发展应当有与之相匹配的道德价值观，到马克斯·韦伯思考新教伦理培育了资本主义发展所应具备的精神，以及刘易斯发现创新精神、冒险精神对于经济增长的作用，学者们逐渐开始重视一定的区域文化传统对经济运行的制度环境以及劳动力素质的影响，文化在一定程度上影响了经济发展模式。经济学家们越来越深刻地意识到经济生活不仅是经济的，更是社会的和文化的，经济过程也是一个社会和文化的过程，“与其削弱经济，还不如通过将其置于其获得意义和方向的文化、社会和政治关系中而将其情景化”②。从全球的实践来看，随着知识经济时代的来临以及文化产业的迅速发展，文化经济一体化发展已成为大的发展趋势。

正处于现代化进程中的中国对文化功能的认识也在不断深化之中。一方面，随着经济的飞速发展，中国经济社会的转型加深加剧，文化的现代化转型也在不断推进，传统文化过去更多地被视为变迁中的障碍，但随着经济的不断发展，国人的文化自觉意识被唤醒，优秀传统文化越来越被视为中国现代化转型中不可或缺的资源和要素。坚定文化自信，推动优秀传统文化创造性转化和创新性发展，增强文化认同，为经济发展提供精神动力和智力支撑，内聚认同、外塑形象已成为国家层面的共识。另一方面，经过改革开放 40 余年来平稳而快速的发展，中国经济面临着新的转型，践行创新、协调、绿色、开放、

① 衣俊卿：《文化哲学——理论理性和实践理性交汇处的文化批判》，云南人民出版社，2005，第 7 页。

② 殷晓峰：《地域文化对区域经济发展的作用机理与效应评价——以东北地区为例》，博士毕业论文，东北师范大学，2011。

共享的新发展理念，推动形成优势互补高质量发展的区域经济布局成为新的战略选择。产业结构升级换代，向着高端制造业发展，更强调创新，文化的功能凸显。文化是创新的源头，文化符号可以增加商品的附加值，文化不仅可以为经济“搭台”，还可以直接走到前台“唱戏”。文化产业作为绿色无烟产业，在发达国家 GDP 中的比重一般高达 15%，在经济的转型发展中发挥着重要的作用。不仅如此，人们还发现文化对区域整体形象的塑造和创新氛围的营造发挥着重要的作用。塞缪尔·亨廷顿在《文化的重要作用》一书中比较了加纳和韩国两个国家在现代化进程中经济社会的发展，发现两国在基础条件差不多的情况下，经过近 50 年的发展，经济社会呈现出巨大的差距，其原因恰恰是价值观不同[①]。文化不仅是一种生产力，同时还是区域发展重要的软实力，在培育有利于区域经济社会发展的共有价值观、培育文化认同、营造创新氛围、塑造区域整体形象和提升区域整体美誉度方面发挥着重要作用。

二、区域文化对区域经济社会发展的影响

文化总是在一定的时间和空间内创造、传播和延续，区域文化是指人们在特定的区域地理空间和历史演进中，在物质生产和精神生产以及社会交往和互动中形成的特有的价值观、思维方式、人文心态、风俗习惯、道德风尚等的总和。中国有句俗话叫“一方水土养一方人”，由于地域广阔，历史厚重，不同的地理环境、历史人文和风俗使中国形成了多姿多彩的区域文化，如巴蜀文化、吴越文化、湖湘文化等。特定的区域文化影响着区域内人们的行为方式和价值取向，从而影响着整个区域的制度环境，进而影响着区域的整体氛围和外在形象。

首先，区域文化影响着区域经济社会主体的行为价值取向。特定的地理和历史环境中孕育出的文化在潜移默化中影响着人们的行为和价值取向。个体对时间、效率以及忠诚度、责任感的理解也会影响他们在经济社会生活中的行为表现。总体而言，偏重个体主义、具备竞争意识且富于开放性、多元性的区域文化更易孕育出适应市场经济的个体和企业家。如长三角地区的城市群总体属于吴越文化。由于长三角地区地处长江入海口一带，也是中国较早开埠的地方，吴越文化的特征主要表现为重视工商、注重功利、对外开放、开拓创新等。当然，处于同一文化带和经济圈的江苏、浙江、上海三地在趋同的基础上

---

① 塞缪尔·亨廷顿：《文化的重要作用——价值观如何影响人类进步》，程克雄，译，新华出版社，2010，第 7 页。

也有多元性和互补性。江苏处于吴越文化和中原文化的交汇地带，因而价值取向是勤劳、务实、智慧、开放；浙江属于越文化，同时受到海洋文化的影响，偏向于敢于冒险、开拓进取；上海则在中西文化的交汇中孕育出了精致、务实的海派文化。长三角注重工商文明的区域文化使之能培育出具有进取心、竞争意识的市场经济从业人员。

其次，区域文化影响着区域经济社会发展的制度环境。文化是制度的价值内核，文化内化于心外化于行，形成人们自觉遵守的价值规范和伦理，在某种意义上即成为非正式制度，与正式制度相契合的文化可以减轻制度运行的成本。一定的区域文化会影响地方政府的制度选择，是营造有利于企业发展的营商环境还是盛行“门难进脸难看”的官僚作风，是营造鼓励创新创业、推动民营经济发展的制度环境，还是偏好保守的制度设计，这都会给区域经济发展模式带来一定的影响。如珠三角城市群主要处于岭南文化带，具有善于吸收外来文化的开放风气、努力超越“传统导向”实利重商的文化倾向等特质①。这些也深刻影响着区域经济的发展，使珠三角城市群在近代以来就开风气之先，在制度创新方面走在前列，成为改革开放的前沿阵地。而“投资不过山海关”的感叹则反映出区域文化观念给经济运行的制度环境带来了阻碍。同时，一定的区域文化会孕育出特定的伦理道德规范。如果这些规范是尊重规则、讲究诚信、注重契约的，则有利于维护区域良好的市场经济秩序，否则就会给制度的运行带来极高的成本。

最后，区域文化营造了区域经济社会发展的整体氛围。我国地域辽阔，文化多样，形成了多姿多彩的区域文化。无论是长三角吴越文化的精明实干，珠三角岭南文化的开拓进取，还是西南巴蜀文化的瑰丽神奇，人们总是较为直观和感性地去描摹区域文化给整个区域营造的氛围和塑造的形象。从整体上把握一种文化具有多个维度。霍夫斯泰德曾将文化的价值维度描述为社会平等，包括权力关系、个体与群体的关系、阳刚气质和阴柔气质的观念②、处理不确定和模糊性的方式四个方面，认为这些不同的维度构建起文化的整体样貌③。尽管霍夫斯泰德的研究主要以不同的国家和组织为对象，重点在于进行跨文化比较，但对我们仍有一定的启示意义。具有一定开放性、包容性和竞争性，尊重

① 殷晓峰：《地域文化对区域经济发展的作用机理与效应评价——以东北地区为例》，博士毕业论文，东北师范大学，2011。

② 指身为男性或女性的社会含义和情感含义。

③ 吉尔特·霍夫斯泰德：《文化与组织：心理软件的力量》，中国人民大学出版社，2010，第23页。

个体价值的区域文化有利于营造富于进取开拓精神、开放而充满活力的区域形象。一方面，良好的形象和氛围有利于增加区域的美誉度，有利于吸纳人才和资金；另一方面，良好的形象和氛围也有利于塑造区域宜居宜业的人文环境，使之与区域发展形成良性循环。这种由区域内在的精神取向、人文积淀、历史文化、自然景观等多种因素建构起来的区域文化特质成为区域社会发展的软实力。

第二节　双城经济圈视野下巴蜀文化建设的逻辑取向

文化与经济的互动以及区域文化在区域软实力培育中的重要作用，启发我们在双城经济圈建设中重新审视巴蜀文化，审视巴蜀文化的同一性与差异性，重新思考如何更好地发挥巴蜀文化的功能以推动双城经济圈的建设。

一、巴蜀文化是双城经济圈建设的重要基础

成渝地区双城经济圈建设对于成渝两地而言无疑是一个利好消息：过去我们总是要突出差异性，为各自中心城市的发展寻找文化的动力，今天我们可以不必再因为行政区划而刻意回避巴蜀文化的同源性和趋同性。

成渝两地地域相连，经贸往来频繁，文化同源互补，民风民俗相近，同属于巴蜀文化区。巴和蜀既指古国名，又指地名，又代表文化称谓，是一个多重层次的复合概念。巴蜀文化研究专家谭继和先生指出，在战国以前的文献里，巴和蜀一直都是分开称呼的，直到在《战国策》里才出现“巴蜀”连称。这无疑透露了这样的信息：“巴与蜀地域相连，在远古是两支各自起源与发展、各有自己的文化性格的文化，经过长期的历史发展，两支文化才互补交融和认同。”①

成渝地区双城经济圈从文化上而言归属于巴蜀文化区。按照学界的研究，“巴蜀文化”作为一个科学命题最早是在20世纪40年代初期被提出来的。不过当时受永陵发掘的影响，被认定为“秦统一之前的古巴蜀地区的文化”，经过一代代学者的深入研究，其内涵和外延都更加丰富。总体而言巴蜀文化有狭义和广义之分。狭义的巴蜀文化即中国西南地区以古代巴、蜀为主的族群的先民们留下的文化遗产，主要分布在四川盆地及其邻近地区，其时代大约相当于

---

① 徐希平主编：《长江流域区域文化的交融与发展》，四川大学出版社，2014，第5页。

春秋战国秦汉时期，前后延续上千年。广义的巴蜀文化则指包括四川省与重庆市两者及邻近地域在内的、以历史悠久的巴文化和蜀文化为主体的、包括地域内各少数民族文化在内的、由古至今的地区文化的总汇①。巴山蜀水拥有神奇瑰丽的自然景观和丰富的物产，巴蜀地区偏居西南一隅，拥有多样的族群。由于灾难频发，明清时期大量移民进入巴蜀地区，独特的自然环境与人文特点使其形成了兼容并包、张弛有道、重商崇文、热情浪漫的巴蜀文化。尽管行政区划的调整使川渝两地分分合合，却始终割不断在巴山蜀水间和共同的历史际遇中生成的巴蜀文化。

文化是双城经济圈区域一体化发展的“润滑剂”和活力源头。同一文化圈往往拥有相同的价值取向和行为策略。比如在此次抗击新冠病毒感染疫情的过程中，除开制度等因素和其他变量，相同的文化圈有趋同的表现。如儒家文化圈强调群体价值，在抗疫中更加强调合作。这在一定程度上反映了文化的重要功能。

从历史发展来看，经济区往往和文化区同构。文化是区域一体化发展的“润滑剂”。文化的相近可以减少区域合作中交流沟通的障碍和阻滞。趋近的自然地理环境、共同的历史命运孕育了趋同的民风民俗和文化。同源互补、多元交融的区域文化也是区域发展活力的源头。文化多元、交流频繁的地区往往也是富有创新活力的区域。巴蜀文化本身是充满活力和张力的。它将丰富多元甚至看似矛盾的文化元素集聚在了一起，比如集封闭与开放于一体，集和平时期的温顺与动荡时期的强悍于一体。它既有以古江源文明孕育的乡村农业文化和静态的充满田园诗趣的农业生活方式，又有以长江的交通之便孕育的城市工商文化和动态的充满生机活力的工商生活方式②。“巴出将，蜀出相”，巴人豪放，蜀人婉约，这些为人们所津津乐道的成都和重庆的文化性格差异也形成了区域文化中非常富于活力的结构，使成渝地区成为少有的双子星座型的文化区域。同源互补的结构可以使区域的集体人格更富于张力和活力。

文化也是推动双城经济圈区域一体化发展的重要资源。日本经济学家驮田井正在《文化时代的经济学》一书中提出了一个重要观点，即人们的幸福感=经济力×文化力，也就是说当经济发展到一定程度时，经济力和人们幸福感的正相关度就减弱了，人们的幸福感更多地来源于文化力。共同的历史、共享的记忆、共有的价值观和生活方式都可以增强区域一体化进程中人民的幸福感。

---

① 徐希平主编：《长江流域区域文化的交融与发展》，四川大学出版社，2014，第360页。

② 徐希平主编：《长江流域区域文化的交融与发展》，四川大学出版社，2014，第11页。

巴蜀文化区既富于活力又生态宜居的区域环境，既富于现代感又富于田园诗趣的生活方式，和谐包容、丰富多元的民俗文化资源等，无疑是快速现代化进程中的稀缺资源，既有利于增强区域人民的幸福感和认同感，又有利于塑造区域整体的形象，增强区域的吸引力。四川和重庆同属巴蜀文化区，民风民俗相近，尽管由于行政区划的调整，两地一度刻意将彼此区隔开来，但其他文化圈的人却难以区分两地的差异。在其他文化圈看来，成、渝两地民风民俗相近，方言一致，历史上曾经是一家，同大于异。双城经济圈的建设可以让两地更有效地合作，打破刻意的区隔，以利于共同文化资源的整理和开发。比如共有的非物质文化资源，川菜、川剧等民俗文化资源以及抗战文化资源的挖掘、整理和开发利用，从而塑造现代开放、包容和谐、浪漫舒适的区域整体形象。

二、以巴蜀文化建设助力双城经济圈建设

双城经济圈建设既有政府的行政推动，也有市场的驱动，还包括文化认同力量的推动，因而巴蜀文化建设首要的是建构区域的文化认同，消弭文化冲突，营造创新开放的区域文化生态，构建富于活力的区域整体形象。通过巴蜀文化建设为双城经济圈建设提供精神动力和智力支持。

（一）理清历史文脉，建构区域的文化认同

成、渝两地自古以来就分分合合，到元朝时居于川东的重庆才与居于川西的成都由分治走向合治。明、清时，重庆逐渐赶超成都。中华人民共和国成立之初成渝地区在经历了短暂的分治后，又走向合治。直到 1997 年重庆成为直辖市，成渝地区又进入分治。尽管两地同属于巴蜀文化区，同源互补，但二者的差异也经常被民间津津乐道甚至加以调侃。成都地处川西平原地带，是蜀文化的中心，文化上偏于谦逊温和。重庆地处川东丘陵山地，紧邻大江大河，是巴文化的中心，文化上偏于豪放实干。而位于成都和重庆之间的川渝城镇地带则根据其地缘位置在文化上呈现出由阴柔向豪放过渡的特点。文化上的同源互补、相互认同是经济圈或城市群建设中非常重要的要素，有了文化认同，才更容易形成发展共识，打破行政区划造成的壁垒，营造共同繁荣发展的氛围。不可否认的是，在成、渝两地的发展过程中，成都作为省会城市在资源分配和集聚上一度获得更多的优势，重庆对此颇有意见。1997 年重庆成为直辖市后，两地分治。作为新兴的直辖市，重庆为了培养新的文化认同，加强对巴文化要素的挖掘和整理，更强调巴渝文化。成都也提出了天府文化，以增强城市的内涵和向心力。两地民间在涉及彼此共同的文化要素时也暗暗较劲。行政区划的调整在心理上加剧了成渝两地的分离感，使其更强调差异、竞争和冲突。随着

市场的发展，两地商贸往来频繁，中央高层提出建设成渝地区双城经济圈的战略规划，这对消弭文化冲突、建构区域文化认同提出了新要求。没有区域认同感的经济圈不是真正意义上的经济圈。厚重的历史文化是区域文化认同的基础和源泉，因而有必要梳理巴蜀文化的发展演化历程，对巴蜀文化资源从时间和空间维度进行整理挖掘和再阐释，以建构差异互补、富于张力、多元一体的区域文化认同，加强两地多层次的交流，将文化冲突控制在可整合的限度范围内。

（二）营造创新开放的区域文化生态，构建富于活力的区域整体形象

双城经济圈地处西南，在地理区位上处于西部，远离传统的中原文化正统，在文化心态上偏于保守和弱势。多年来，无论成都还是重庆，都在批判自身的农耕文化传统和保守心态。随着双城经济圈战略规划的出台，中央对成、渝两地寄予了新的期待，要求成、渝两地在践行新发展理念的过程中能在体制机制上有所创新，打破行政区隔，使资源要素真正在双城经济圈中流动起来，打造新的经济增长极。这要求成渝两地以崭新的精神风貌、创新的活力、开放的心态去加快建设，在全国乃至全世界塑造富于活力和开放的区域整体形象。因而需要举办区域性的文化活动，开展区域文化形象的整体对外营销等，一方面加强区域内的文化交流和认同，另一方面推动巴蜀文化走出去，强化外部对双城经济圈的认知，增强其美誉度。

（三）理清资源，推动巴蜀优秀传统文化创造性转化

巴、蜀两地文化资源既有同质性也有异质性，在成都和重庆两极之间形成了风貌各异的巴蜀文化带。过去行政区域的分割导致这些资源呈碎片化状态，如红色文化资源和民俗文化资源等。偏居西南的巴蜀文化过去更多地被视为现代化变迁的障碍，但随着经济的发展和人们文化自觉意识的觉醒，区域文化已成为区域发展的软实力。比如成都的闲适在过去多被批评为“小富即安”“不思进取”，近年来却在经济发展的过程中被加以转化，突出其富于创新、适于人居的慢生活氛围。重庆山城“棒棒军”的勤劳和木讷也被转化为“创新”和“实干”。巴蜀文化的深厚积淀为巴蜀文化产业的发展提供了深厚的基础。因而在双城经济圈建设过程中要理清资源，推动巴蜀优秀传统文化创造性转化和创新性发展。

本书基于文化是区域发展的软实力这一出发点，本着总论—文化历程—文化资源—文化产业和市场的逻辑，先从巴蜀文化的发展演变进行梳理，从时间和空间维度理清文化资源，继而对巴蜀文化产业发展提出相应的思考，探索将巴蜀文化转化为区域发展软实力的实现路径。

第一章　同根同源：巴蜀文化一体多元的内涵与特点

何为巴蜀文化？从广义上讲，应是指自古以来以四川盆地为中心的一定地域范围内，以巴文化和蜀文化为主体，并包括内嵌于其中的各少数民族文化的多元的复合的文化总汇。甚至今天有人认为内嵌了民族文化的巴蜀文化是一个多元、复合的文化有机体，巴元素、蜀元素、民族元素是构成巴蜀文化不可或缺、无法分离的一部分，只是在巴蜀大地上，有的地方某种元素更显性一些，必须以历史、开放、动态的眼光解析和探讨巴蜀文化。

第一节　巴蜀文化一体多元的历史脉络

"巴蜀"二字的含义是非常丰富的，可以在不同的语境下指特定的族群或者古国或者特定的地域等，并且其含义随着历史时期的发展而不断演变。早期，巴与蜀分称，后来巴蜀合称。但无论是巴还是蜀抑或是巴蜀，其内涵与外延都有一个演变的过程，并且这种演变持续至今。

一、巴文化的起源

最早的巴，应该是指称一个古老的民族，其主要活动区域应在今天的重庆、川东、川北、鄂西、陕南乃至洞庭湖一带。如此广大的地区，活跃其中的民族当有支系，但巴族为其主体，因此相关支系皆一起被称为巴人。其中包括与周朝王族关系密切的宗姬之巴、属夏人后裔的丹山之巴、南方濮人系统的廪君之巴、属太皞之后的后照之巴、板楯蛮的賨人之巴等。巴人的族群被称为巴族，其活动的地区被称为巴，巴由族名演变为地域名。

早在殷商时代，巴国已见称于世，是商的一个方国，殷卜辞称为"巴方"。

商末，周武王伐纣，巴师充当了前锋，“巴师勇锐，歌舞以凌殷人，前徒倒戈”①。后世诗赋称巴师战争中的舞为巴渝舞。因巴师勇猛，对西周王朝的建立做出了贡献，所以武王分封宗姬于巴，并赐予巴国子爵。春秋时期，周天子权威不再，诸侯纷纷逾越礼制。在礼崩乐坏的背景下，巴国政治、经济、军事等各方面力量也急剧膨胀，因而图谋扩张，一度与楚结盟，对付周边小国。后盟约破裂，巴、楚反目为仇，为避楚之锋芒，巴国遂南下长江流域，进入渝东长江干流和四川盆地东部，重建统治。

战国时代，巴先后在四川盆地东部的江州（今重庆）、垫江（今合川）、平都（今丰都）、阆中（今阆中）、枳（今涪陵）建立都城。随着楚国军事力量向长江上游推进，吞噬了巴国在渝东长江干流的土地，巴王室退守阆中。公元前316年秦国灭蜀之后，移师东进，俘虏巴王，巴国亡。秦灭巴国后，在巴国原地设巴郡，治江州（今重庆）。东汉，设置巴东郡（治今奉节）、巴西郡（治今阆中）。东晋设北巴西郡（治今阆中）、新巴郡（治今江油）。以“巴”为名的行政区域设置不断向西、向南扩展。直到清代，重庆市中区仍然被称为“巴县”。正由于“巴”作为地名被普遍使用，即便唐代在今川东地区不再设巴郡，人们也一直习惯于将川东地区称为巴，并延续至今②。

巴文化区的大致范围是：西至川中，东到鄂西，北接汉中，南抵黔中。巴文化的特色在于：大量使用与中原文字不同的巴蜀符号，考古发掘的印章和青铜器等器物上铸有这些符号，有学者认为这是早期巴文化和蜀文化融合的证明；民风淳朴，“其民质直好义，土风敦厚”，“俗素朴，无造次辨丽之气”③；巫鬼文化盛行，三峡地区、盆地东部以及接壤的今湖北西部形成早期巫文化圈，一直影响后世；巴人能歌舞，如前述《华阳国志·巴志》中记载，征战时也歌舞，最为有名的当属巴渝舞。裴骃《集解》引郭璞曰：“巴西阆中有俞水，獠人居其上，皆刚勇好舞，汉高募取以平三秦。后使乐府习之，因名巴渝舞也。”

二、蜀文化的起源

商周时期，蜀是一个方国或一片地域的名称。此地域的主体民族为蜀族。蜀族本是氐羌族的一支，早期生活在岷江上游山谷中，后来逐渐转移至成都平原与陕南，成都平原成为其主要聚居地。

---

① 常璩著，任乃强注：《华阳国志》，上海古籍出版社，2001。

② 袁庭栋：《巴蜀文化志》，上海人民出版社，1998，第3页。

③ 常璩著，任乃强注：《华阳国志》，上海古籍出版，2001。

蜀族很早就建立了国家，有蜀王，形成了独具特色的蜀文明。扬雄的《蜀王本纪》有这样的记载：蜀之先，称王者有蚕丛、柏灌、鱼凫、蒲泽、开明。是时人萌椎髻左言，不晓文字，未有礼乐，凡四千岁。

蚕丛氏主要的活动区域在岷山山地，也就是今阿坝藏族羌族自治州的茂县地区；鱼凫则已经迁到成都平原。商周之际，蒲泽又作蒲卑，即杜宇氏，都于郫邑，大概在今天郫都区北边的杜鹃城。春秋早期，杜宇将帝位禅让与开明。

蚕丛、柏灌、鱼凫三代蜀王的历史，是一部古蜀酋邦形成与演变的历史①。在此期间，不同的古蜀酋邦在相互战争中征服、兼并、壮大、成熟，逐步从酋邦演变为国家，在这个过程中开创了古蜀文明。鱼凫王统治的古蜀王国在以成都平原为中心的古蜀大地上建立起来，定都三星堆。三星堆文明是长江上游最早的古文明，其年代范围大约在公元前 2800 年到公元前 600 年，前后不间断地延续了 2 200 年左右②。紧随其后的金沙遗址是对三星堆文化的继承与发展。根据后世考古发现，金沙遗址包含了两个考古学文化，其第一期属三星堆文化，第二至五期属十二桥文化③。三星堆、金沙古蜀文明辉煌璀璨，且相互衔接持续数千年之久，在我国历史上实属少见。

杜宇、开明时期，较之前朝，蜀国在很多方面都发生了深刻变化。首先在政治制度方面，以官僚政治取代了神权政治；其次在文化方面，以礼乐文明取代了神权文明。其他方面也相应发生了变化，这标志着这一时期出现了从酋邦演变为国家的实质性飞跃。因为时值周朝，此变化很可能受到西周建立封建制国家、实行礼制的影响。在西周时期，周王是其最高代表，太师、太傅、太保合称为“三公”，辅佐周王左右；太宰与三公地位相当，拥有总揽政务的大权，是政府首脑。太宰以下有众多政务官，其下还有很多僚属分管各项具体事务，庞大的官僚体系得以形成。西周神职官员地位降低，有关占卜、丧葬、祭祀等事宜属掌礼机构管理，这是周公制礼的结果。社会生活的方方面面皆纳入礼制范畴。与周封建官僚制度和礼制的同步转变，也佐证了当时蜀国与中原并非完全隔绝的，存在信息沟通。

开明九世时，从樊乡（今彭州、新繁境内）徙都成都，时间在距今2 500

① 段渝：《巴蜀文化史》，四川人民出版社，2012，第 5 页。

② 李进增，朱章义：《古蜀王国：三星堆和金沙遗址出土文物精华录》，宁夏人民出版社，2012，第 22 页。

③ 李进增，朱章义：《古蜀王国：三星堆和金沙遗址出土文物精华录》，宁夏人民出版社，2012，第 22 页。

年以前[①]。开明晚期，秦国已将统一天下的野心逐步付诸实施。“得蜀则得楚，楚亡而天下并矣”[②]，公元前316年，秦军南下，灭成都之蜀。紧接着，再取江州（今重庆）之巴。巴国与蜀国于同一年不复存在。“蜀既属，秦益强，富厚轻诸侯”（《战国策·秦策一》），秦并蜀后，将蜀作为东进伐楚的战略基地，蜀地物产丰富，包括粮食、布帛等军需物资，极大地增强了秦国实力。

秦灭巴蜀以后，在巴蜀旧地建立了巴郡与蜀郡。蜀郡的设置，从秦朝一直沿袭到唐朝，虽然其间也有行政区划的调整以及改名为“益州”“成都府”等时期。唐之后，蜀不再作为行政区划的名称，但四川盆地尤其是川西一直被称为蜀，所以长期以来蜀包含了巴蜀。清王朝在四川的统治被推翻后，重庆成立的新政权就叫“蜀军政府”。

与中原商、周时期同期的蜀文化已经相当先进，经济高度发达，有达到一定规模的成熟的青铜铸造和玉石器制造手工业。玉器制造和青铜铸造都存在原料的开采、运输、加工等环节，青铜铸造还有冶金环节，这些具体环节不仅要求足够的专业从事该行业的劳动力，而且对其中相当一部分劳动力还有极高的专业技术要求，只有批量专职人才队伍的存在才可能支撑起这样的产业。这就要求农业生产有相当的发展水平，以保证能够供养大批不从事农业生产的人。大批量的青铜器铸造（含大型青铜器）、玉器制造不仅体现了一个民族经济发达、技艺高超、文化繁荣，更体现出蜀国综合实力的强大。

生产力的发展必然引发社会的变革，相当于商、周时的蜀文化催生出了国家。城市、宫殿建筑、大型礼仪性建筑，这些作为考古学上的国家的标志在当时都已存在。广汉三星堆城墙厚实高耸、青铜器玉器精美绝伦，透过十二桥宫殿遗址可推测当时宫殿建筑规模宏大，这些都是国家机器统治下的物质文化体现。早期蜀文化进入文明既是其生产力发展的必然结果，但从文化遗存看，也曾受到中原商、周文明的强烈影响。

三、巴蜀文化的融合发展进程

《华阳国志·巴志》记载：“五帝以来，黄帝、高阳之支庶世为侯伯。及禹治水，命州巴、蜀，以属梁州。禹娶于涂山……会诸侯于会稽，执玉帛者万国，巴、蜀往焉。周武王伐纣，实得巴、蜀之师，著乎《尚书》。”即五帝以来，巴、蜀世世代代为侯伯的是黄帝、高阳的后代。到大禹治水的时候，巴、

① 袁庭栋：《巴蜀文化志》，上海人民出版社1998年，第4页。

② 常璩著，任乃强注：《华阳国志》，上海古籍出版，2001。

蜀属于梁州。大禹和诸侯在会稽会盟，上万个国家带着玉帛等礼物前去会盟，其中包括巴国、蜀国。《尚书》记载，武王伐纣王时，得到了巴、蜀两国军队的支援。

由此看来，商周时期，巴国和蜀国为相互独立的方国，巴与蜀分称。巴蜀文化发展到晚期，开明氏王蜀。关于开明氏的来历有多种说法，《华阳国志》《蜀王本纪》称其为荆人，童恩正先生认为其是巴人；李晓鸥先生说是楚人，还有学者认为是濮人，也有学者认为是崇庸族人①。无论哪种说法，都可以表明，开明氏由荆楚经巴地到达蜀地的可能性最大。就蜀本地而言，作为统治集团的开明氏为异族，而当地居民大多为蜀族，开明氏要实现统治，必须与蜀族尤其是其上层人士搞好关系，“变服从其俗”。

此一时期，巴、蜀两国疆域相邻、犬牙交错，相互影响势所必然，所以在各自保留本民族的一些特点的同时，有更多的共同性，“巴蜀文化”由此逐步形成。但是，从现在的考古发现来看，仍可区分出来蜀人墓葬和巴人墓葬。这也就意味着，在巴蜀文化融合的同时，巴与蜀仍然顽强地保留着各自的传统习惯。

公元前316年，秦国出兵攻占巴和蜀，作为独立方国的巴、蜀灭亡，在中央集权的直接统治下，巴和蜀这片地域进入新的历史时期。秦统一巴、蜀之后，在四川推行郡县制，初立巴郡和蜀郡，后分巴、蜀并置汉中郡，共3郡31县。地域北至秦岭，东至奉节，南至黔涪，西至青衣，包括今阿坝、甘南、凉山的部分地区和鄂西北在内的广阔地区。秦的各项政令在四川推行，使原来并非中原华夏的巴蜀，逐渐统一于中央集权的统治之下。经过“书同文”“车同轨”等一系列同化措施之后，曾经独具特色的早期巴蜀文化逐渐融入中华民族的古文化中，既保持强烈的地方特色，又同步于中华文化的进步而存在与发展。

在此背景下，巴与蜀的融合度也进一步提高。秦惠王、秦昭王时期，张若、李冰先后为蜀郡郡守，推动了四川经济、社会的发展。治理西南少数民族，巴蜀是关键，巴蜀是秦汉两朝治理西南各少数民族的重地。张若任郡守期间，逐渐南扩，征服了邛、笮等少数民族，统辖地区达今天的汉源、乐山及大渡河以南的西昌。秦朝统一全国后，继续经营西南夷，修建了由宜宾通往云南昭通的五尺道和由咸阳到成都的驰道，促进了四川与西南各民族以及四川与中

① 伏元杰：《蜀王开明氏考》，《四川文物》1998年第1期。

原地区的经济文化交流[1]。李冰为郡守，修都江堰，“于是蜀沃野千里，号为陆海”“水旱从人，不知饥馑，时无荒年，天下谓之天府也”[2]。同时，李冰又开四川井盐之业，四川井盐业快速发展起来。史书记载，李冰“能知天文地理”“又识齐水（盐卤水）脉”，成功开凿了我国第一口盐井——广都盐井。

秦试图通过同化统治巴蜀的重要措施是移民。《华阳国志·蜀志》载：“秦惠王、始皇克定六国，辄徙其豪侠于蜀，资我丰土。家有盐铜之利，户专山川之材，居给人足，以富相尚。”入蜀的并不全是普通百姓，手工业者、商人是重要成员，这极大地促进了巴蜀手工业、商业的飞速发展，特别是冶铁业的发展；之后还成就了巴蜀地区的金器、漆器、蜀布等手工业制品闻名全国，并行销国外。大批移民入蜀，在推动巴蜀经济发展的同时，还带来先进的中原文化，进一步促进了巴蜀文化繁荣。

秦并巴蜀，加速了巴蜀地区与中原的经济文化交流，中原的政治制度、文化与先进生产技术同时传入，后世考古在青川发现的秦为田律木牍、龙泉驿发现的大片秦人墓葬、邛崃等地的冶铁遗址都能佐证。郡守李冰领导兴建都江堰水利工程并开采井盐、天然气，使巴蜀农业和手工业飞速发展。加之，秦末汉初、西汉结束、东汉建立初期，中原战火不断，而巴蜀则相对安定，其发展速度远快于其他地区，到汉代时跃升为全国最为繁荣富庶的所在之一，成都成为全国“五都”之一，“遂于长安及五都立五均官，更名长安东西市令及洛阳、邯郸、临淄、宛、成都市长皆为五均司市师”[3]。据汉平帝元始二年（公元2年）的人口统计，成都有人口35万，仅次于首都长安，位居全国第二，取代了原来关中地区的地位，被喻为“天府之土”。

汉代，巴蜀地区在文化方面也领先于全国，以司马相如、扬雄、王褒、严遵为代表的学者文人“文章冠天下”。文翁创建的石室讲堂是我国第一所地方官办学校。精美的丝织品与漆器已经走向世界，以画像砖、画像石为代表的造型艺术在全世界也堪称一流。物产丰富的巴蜀还多次成为国家统一进程推进中的后方基地。史志载：“秦资其富，以兼七雄；汉阶其功，遂奄四海。”[4] 西汉时期，巴蜀文化全面发展，再一次成为全国文化的辉煌高峰。

三国时期战事四起，巴蜀地区被裹挟入战争，耗损严重，长期处于凋敝停滞状态。直至唐、宋，当地经济文化才得以全面恢复和发展。在唐代，益州与

---

① 段渝：《巴蜀文化史》，四川人民出版社，2012，第82页。

② 常璩著，任乃强注：《华阳国志》，上海古籍出版，2001。

③ 班固：《前汉书·食货志下》，中华书局，1998。

④ 郭棐：《四川总志·序》，齐鲁书社，1996。

扬州并称“扬益”，北宋称“扬一益二”。一直到南宋，蜀中仍是“繁盛与京师同”①。1231—1280年，巴蜀地区军民为抗拒南下的元朝军队，艰苦奋战50年，全川几被战火席卷，成都曾三次被攻占。“昔之通都大邑，今为瓦砾之场；昔之沃壤奥区，今为膏血之野……虽荒郊绝岛之间，无一处而不被燎原沸鼎之毒。”② 巴蜀地区人口从1223年的259万户降到1282年的12万户。南宋时期，富庶的巴蜀地区占宋王朝全部岁入的三分之一，在元代，仅占全部岁入的百分之一。元末明初的这段时间，巴蜀地区基本上仍在动乱中度过。明洪武五年（1372年）统计，全省人口只有8.4万户，比元代初年还少。整个元代，巴蜀地区文化全面衰颓，在全国文坛上有地位的学者仅有虞集一人，而他也仅是自幼离开蜀中，流寓江南并终生在江南生活的“蜀籍”文士而已。

明代近三百年，巴蜀地区各方面皆有恢复，人口大量增加，其中移民入川的人数巨大，农桑兴旺，处处兴学。文化随之出现繁荣气象，“明世记诵之博，著作之富，推慎为第一”，出现了大学者杨慎、理学家赵贞吉、易学家来知德等一批杰出人物。

明末清初，巴蜀地区经历了连续80年的战乱加天灾，从明万历年间到明末，先后有土司杨应龙与奢崇明的大规模叛乱，成都“围城百日，大肆屠掠，所称沃野，已半没于荒烟茂草中矣”③，重庆也是“一夜尽成焦土”④。明末，李自成、张献忠农民起义军几次入川，与明军及地方武装在全川进行了激烈争战；张献忠抗清失败，清军入川；清军占据全川不久，吴三桂反清，军队一直打到汉中，几年中作战的主战场都在四川。如此长期、波及全境的深度破坏，使巴蜀地区遭到毁灭性打击，人口锐减、遍地荒芜、文物尽毁。80年战火直到康熙二十年（1681年）方才平息。顺治十八年（1661年），四川清理户口，全省入籍者只有人丁16 096，按一丁五口计，也只有8万人左右。这个数字很可能偏低。经过当代研究者的探索与校正，康熙九年（1670年）全川人丁数可能应是76 980，人口数也只有38万人左右⑤。

为了使四川得以恢复，清朝从外省大量移民入川。康熙中叶到乾隆中叶，移民持续六七十年，方使巴蜀元气恢复。农业、手工业、商业逐步发展并繁荣起来，但横向落后于其他省份，纵向更无法与汉、唐的高度繁荣比肩。在政

---

① 周密：《癸辛杂识》，上海古籍出版社，2012。
② 吴昌裔：《论救蜀四事疏》，《宋代蜀文辑存》卷八四。
③ 康熙《成都府志》卷三五。
④ 道光《綦江县志》卷五。
⑤ 蒙默等：《四川古代史稿》第七章第三节《人口状况》，四川人民出版社，1989。

论、学术、文学、艺术等领域的落后则更为明显。清代，全国文士几乎无不读经书、治朴学。集清代读经成果之大成的《皇清经解》与《皇清经解续编》，收集全国著作397种，蜀中著述竟然不占其一。元初至清中叶，巴蜀文化衰颓500年，三星堆时期、汉代、唐宋三个璀璨夺目的文化高峰没有再现迹象，如同进入“黑暗时代”，文化一片死寂。

清代中叶开始，巴蜀地区农业复苏、粮食增加，手工业、商业恢复并发展。乾隆十八年的上谕说：“川省产米素称饶裕，向由湖广一带贩运而下，东南各省均赖其利。”① 集科技、手工业与农业成就于一体的井盐业重新恢复生机，是巴蜀生产力恢复并有所发展的最具代表性的表现。巴蜀地区自古产盐，但明代最高年产量却只有南宋时期的三分之一。清代，井盐生产在钻井、治井、采集、运输各个主要环节的技术水平都有明显提高。乾隆年间，形成了川南嘉定、犍为地区，川北射洪、蓬溪地区，南部、阆中地区，川东云阳、大宁地区，川中富顺、荣县地区五大产区，各产区拥有盐井与天然气井数以千计，钻井深度超过千米。到咸丰年间，“川盐济楚”，大量井盐销往长江中游各地，自贡盐场因此走向鼎盛，成为“富庶甲于蜀中”的宝地。到了清末，全省“现时查出者，井十万八百一十四眼，灶七千九百四十三座，锅二万五千九百一十三口，其遗漏未经查出者尚不在内”②，规模之宏大、技术之精巧、行销之广泛，在全世界也属首位。

经济复苏，文坛也随之活跃，巴蜀士人又重新登上历史舞台：彭端淑、李调元、张问陶被誉为清代蜀中三才子，知名于全国。他们三人宦游各地，以诗文会友，拉开巴蜀文化复兴的序幕。他们三人在全国各地的宦游与诗坛唱和，应当视为巴蜀文化重整旗鼓的序幕。而杨锐、刘光第以及宋育仁在戊戌变法中的表现，则应视为巴蜀文化全面复兴的重要标志。戊戌变法中著名的“公车上书”，实际签名者共有603人，其中四川举人就有杨锐等71人。巴蜀文士远见卓识，走在时代前头，巴蜀学风与士风适时迈出了从传统文化转向近代文化的步伐。

清代末年，巴蜀大地人才辈出，学术及各方面硕果累累，经学大师廖平，革命家邹容、彭家珍、喻培伦、吴玉章、张澜，书法家顾印愚，史学家张森楷，名医唐宗海等都属于较早一批全国知名的各个领域的先锋人物。紧接着，新文化运动主将吴虞、文学家谢无量、版本目录学家傅增湘、诗人赵熙等是稍

① 嘉庆《四川通志》卷七二。

② 《清盐法志》卷二五三。

晚一些的第二批。其后有新文学巨匠郭沫若、巴金，少年中国学会发起人王光祈、周太玄，革命家朱德、邓小平、陈毅、聂荣臻、刘伯承、罗瑞卿，史学家蒙文通，音韵学家赵少咸，国画大师张大千、张善孖、陈子庄、石鲁，著名作家李劼人、沙汀、艾芜，著名诗人吴芳吉，经济学家陈豹隐，金石书法大师乔大壮，数学家何鲁，著名记者范长江，文学家何其芳、赵景深，哲学家贺麟，佛学大师能海，地质学家黄汲清……璀璨若群星，照亮巴蜀，光耀中华。巴蜀文化三次独占鳌头，经历数百年沉寂，由酝酿而触发，再次复兴，势不可挡。巴蜀文化因其多元和包容，必将迎来更加持久、更加令人瞩目的未来。

第二节　巴蜀文化的同源性与同质性

早期巴、蜀分称，甚至分治，而后不同历史时期行政区划调整变动，巴与蜀在地域界分上由分而和、而交错、而界限模糊，巴蜀在地域上成为以四川盆地为中心的一定区域的称谓，今天的成都和重庆基本处在由盆周山地和盆地底部构成的四川盆地。而巴蜀二字更成为此地文化的指称。巴蜀从史前到文明的演进同时伴随着长江上游地区经济和社会形态的演进，因此，先秦巴蜀历史，从某种程度而言，就是一部中国长江上游早期经济开发和社会进步的历史。

一、地理环境促成巴蜀文化同源、同质

地理环境决定论萌芽于古希腊时代，希波克拉底认为人类的特性产生于气候；亚里士多德认为地理位置、土壤、气候等影响民族特性与社会性质；法国历史学家、社会学家博丹在《论共和国》中认为，自然条件不同造就了民族差异；孟德斯鸠在《论法的精神》中认为，不同气候对各民族生理、心理、气质、政治制度、宗教信仰等方面都起着决定性作用。虽然地理环境决定论不断受到各种质疑甚至诟病，但是我们不得不承认，在人类历史的早期，地理位置、地形、土壤、水文、气候、动物、植物、矿藏等因素，对于文化的发生和发展，以至人类文明的起源和形成，都有着非常重要且直接的影响。

四川盆地是一个比较标准的菱形盆地，盆地四周有山，南低北高，东边有巫山、西边有龙门山、南边有大娄山和大凉山、北边有米仓山和大巴山以及再北还有秦岭，明显地呈现出从盆周山地向着盆底逐渐下趋的向心结构，河流也随之形成不对称的向心结构。这种地理上的向心结构，促使盆地内形成优越的自然条件，同时不断吸引盆周山地的族群向盆底迁移发展定居，族群的流向也

显示出极大的向心力。各种古文化逐步汇聚于盆地中部，交流融合，重塑为多元复合的新的古文化，而盆底也成为新的古文化中心。在巴蜀古文明的起源时代，巴蜀地区的古文化分布非常之广泛，西起川西北高原，东至长江三峡，北达秦巴山地，南及川西南山区，文化遗址和地点星罗棋布。

二、巴蜀文化的特征

其一，巴蜀文化具有浓烈的地方性。“其地四塞，山川重阻”（《隋书·地理志》），交通上不能与外界畅行无阻，信息上不能与外界顺利交流，“蜀道之难，难于上青天”成为其长久的历史写照。

巴蜀先民为打破这种地理封闭，千百年艰苦卓绝，付出巨大代价，终于打通条条渠道，实现巴蜀文化与外界的交流，融合互补，不断丰富进步，不致成为一种封闭型的“井底”文化。尽管如此，条条出入盆地的蜀道通行皆不易，能通行但通行难，加之盆地内范围广阔，内部交流融合的回旋余地大，巴与蜀的融合，汉族与各少数民族的融合，使得盆地内文化结构相对稳定，自成系统，所以虽然受到外来文化的影响，但外来文化并未形成足够大的冲击，孕育发展于盆地内的巴蜀文化在吸纳有限的外来文化之后，仍能长期保持浓烈的地方特色。震惊全世界的三星堆遗址、金沙遗址就是这种全国无二的独特地方色彩的最早体现。

在汉语汉字系统之外，产生并长期使用自己的文字和语言，而且这种文字又至今可见的地区，只有巴蜀。诗人杜甫走遍大半中国后由陕入蜀，竟写下“我行山川异，忽在天一方。但逢新人民，未卜见故乡”（杜甫《成都府》），即使在唐朝，巴蜀给诗人的印象仍是大别于其他地方，人民都是“新人民”，并且语言、服色、风俗等地方特点浓厚。杜甫入蜀后的诗篇中，多次称蜀中为“异方”也是其体现。宋代地理志史也称巴蜀“人情物态，别是一方”①。

其二，巴蜀文化具有极强的向心性。盆地盆周崇山峻岭，盆底低平，面积广大，成都平原为其中心，气候适宜、土地肥沃，优越的环境使其成为盆地内经济文化最早发达的地区，也对生存于盆周山区恶劣环境中的族群产生了巨大的吸引力。于是，四围的人群以及经济文化成果等多种资源向这个中心区域聚集，中心文化强大以后又辐射四方甚至盆周之外，由此构成一个异常稳定的向心结构。成都与重庆，尤其是成都，作为盆地的经济文化中心，作为我国西南中心城市的地位数千年来从未改变。自秦汉以来，成都一直繁荣，被称作

---

① 《太平寰宇记》卷七二。

"一方之会"（《周书·辛庆之传》），即盆地的聚集点，左思夸成都是"虽兼诸夏之富有，犹未若兹都之无量也"（左思《蜀都赋》），杜甫称其为"喧然名都会"，苏轼直呼"成都，西南大都会也"。

成都自古蜀开明氏建都以来，中心位置逾 2 000 年从未迁移。因为条件优渥，适宜繁衍并且对周围人口有超强吸引力，所以成都的人口长期持续高度聚集。第一次人数统计见于西汉平帝元始二年（公元 2 年），成都人口 35 万，占蜀郡 15 县总人口的 30%，占全盆地人口的 10%；西晋时，占蜀郡 6 县总人口的 60%；唐代，成都人口为 58 万，占成都府所属 16 县总人口的 70% ~ 80% ，是全国人口最多的县；唐以后，成都人口有所减少，宋、明两代都在 30 万左右，占成都府总人口的 30% 左右；清代人口复升，宣统时期，已达 85 万，占成都府 13 州县总人口的 58% 左右。这种城市人口高度集中的情况，在古代是不多见的。

其三是高度的同一性。无论什么民族、哪方移民，进入巴蜀地区时，带着各自的语言、文化、习俗、技术等，可进入盆地后不久，都会逐渐融入巴蜀文化的大系统，各自的特色成为丰富巴蜀文化的元素融入其中，而不再独立存在，而且这种融入自然到就像是巴蜀文化自身生长出来的，而不是外部带来的。盆地的人口由多次民族迁徙和移民入川构成，外来移民及其后裔占绝大多数，真正的"土著"并不多。一个总面积达 20 多万平方千米、以移民为人口主体的广阔地域，在盆地内并未出现独立于巴蜀文化的具有其他明显特点的区域文化，也没有出现相对独立的经济区域。先秦时期，川东巴文化与川西蜀文化相互渗透，融为一体，难分彼此。宋代以后数次"湖广填四川"，大批移民进入巴蜀后，语言与习俗上也迅速融合。足见巴蜀文化的吸纳能力、同化能力、融解能力之强大，它就像一块巨大的吸铁石，任何外来文化都像铁屑一样被吸附过去，然后融化铸入巴蜀文化中，好似从来没有独立存在过。这里并不存在忒修斯之船的疑问，因为无论多少元素加入进来，都完全融于巴蜀的灵魂。

究其原因，除了盆地的封闭性与向心性之外，四川盆地内部单一水道系统的地理特征，也很可能是重要原因之一。单一水道系统即长江水道系统。长江（上游称金沙江）由西到东，穿过盆地的最低处，盆地中的岷江、沱江、涪江、嘉陵江、乌江等河流全部流入长江，盆地中所有大中城市如成都、重庆、万县、乐山、南充、泸州、宜宾、达县、绵阳、广元等无一例外都是这个水系的沿水城市，这也符合早期人群沿水而居、聚邑而后建城的规律。河道系统成为人们经济文化交流最为便捷、最为长久的渠道，河流将盆地内的各方居民连成一体，将文化融为一体。

政治区划受地理因素影响，使巴蜀之地演化到最后形成地理边界、行政区划、文化边界三者重合统一，这种重合进一步促进了巴蜀文化的同一性。自从秦并巴蜀，设巴郡与蜀郡以来，四川盆地内一直处在一个较为稳定的行政区划之中，基本上没有变化。在前期还分设巴郡蜀郡，还有少数地区在盆地之外，经过长期行政管理经验教训的总结，在历代行政区划的划分中，愈往后愈是以盆地周边为界，愈往后跨越周边的情况愈少。到元代，终于把巴郡与蜀 郡地区合二为一，以蜀统巴，长期属于蜀范围的大巴山脉以北的汉中地区和南边大娄山脉的大片地区被划出去。元代建四川行省，基本以盆地周边为分界，这种格局合乎地形特点，利于统辖，具有极强的合理性，因之，明清两代基本上沿袭不改，直至近代。

三、巴蜀文化的同源性与同质性的具体表现

这首先得从巴蜀文字说起。文字的出现是一个民族进入文明的重要标志。古巴蜀与华夏中原属不同族群，言语文字皆与中原不同。今天的考古发掘中，在重庆万州、成都市郫都区及新都区、湖南常德等地出土的巴蜀铜戈上，发现了一种与中原古文字不同的文字系统①，这些文字被学界称为“巴蜀文字”。巴蜀古文字方块形，偏旁结构不同于汉字，是直行而非横行，属于表意文字的范畴②，字体已达到简化、省略、定型、单位小的水平。用汉语古文字方法不能释读，学界至今也没有找到释读方法，它完全是独立于汉语古文字的另一个独立并行的古文字系统。巴蜀文字在成都平原、盆地东部巴地以及湘西均有发现，足见其已经在较大范围内作为共同的信息表达方式予以推广使用。巴蜀象形文字，被学界称为巴蜀符号，多铭刻于青铜器、漆器等器物之上，有直观象形和抽象符号两类。各类符号在器物上或单独存在，或以各种方式组合出现。据初步统计，巴蜀符号的单符已发现一百余种，成组的复合符号现已发现两百余种③。

巴蜀文字的发现和研究，极大地丰富了巴蜀文明的内容，提升了巴蜀文化

---

① 童恩正、龚廷万：《从四川两件铜戈上的铭文看秦灭巴蜀后统一文字的进步措施》，《文物》1976 年第 7 期；李复华：《四川郫县红光公社出土战国铜器》，《文物》1976 年第 10 期；刘瑛：《巴蜀兵器及其纹饰符号》，《文物资料丛刊》第 7 辑，1983 年；《四川郫县发现战国船棺葬》，《考古》1980 年第 6 期；《湖南常德德山楚墓发掘报告》，《考古》1963 年第 9 期。

② 童恩正：《古代的巴蜀》，四川人民出版社，1979，第 132 页。

③ 李复华、王家祐：《关于“巴蜀图语”的几个问题》，《贵州民族研究》1984 年第 4 期。

的先进性，更重要的是，巴蜀文字进一步证实了巴蜀地区是中原以外中国古代文明的重要发源地之一。而巴蜀古文字与汉语古文字的关系，则是对中国古代文明多元一体结构框架的极好证明①。

秦灭巴蜀后相当长时间内，巴蜀文字仍在广泛使用、广泛流传。秦始皇推行“书同文”“车同轨”也并没有使巴蜀文字立即消失，直至汉初，仍屡有所见。汉中叶后，巴蜀文字作为一个文字系统，逐渐消失，但民间仍有使用。汉末张陵在蜀之鹤鸣山所得“符书”，即是巴蜀文字的孑遗②。

其次是教育。有信史记载的巴蜀教育当从西汉文翁说起。文翁在汉景帝末年为蜀郡守，鉴于当时巴蜀地区教育落后，他一面派青年到长安学习，一面又在成都设立官办学校，“受业博士，或学律令”“诣博士受七经，还以教授”③，青年所学为儒家经典和政策法律，学成归蜀后又担任学校教师传道授业。这是我国历史上地方上首兴官办学校。文翁办学成绩显著，汉武帝要求天下郡国一律办学，在全国推广文翁的做法，“蜀学比于齐鲁，巴汉亦化之”④。宋代诗人张俞在《华阳县学馆记》中说：“三代之学由秦废，蜀郡之学由汉兴，而天下之学由蜀起。”

文翁在成都办郡学，各州县则办州县学，巴蜀由此建立了一个以郡学为中心，覆盖全郡的学校体系。成都郡学因为以石为墙，时称“石室”或“石室讲堂”，在今文庙前街石室中学处。汉景帝时期至今，除战乱外，此处一直办学，从未中断，其间只是称谓不同而已：唐宋称“府学”，元代改称“书院”，清末改为“中学”，近代著名学者郭沫若、王光祈、李一氓、李劼人、魏时珍等均出于该校。石室连续办学两千年，全世界恐怕也仅此一例。

巴蜀地区教育事业在日益发展的过程中，也出现了一些追随文翁步伐的杰出教育家，如蜀汉时西充人谯周，终身从事教育，培养了包括《三国志》作者陈寿在内的一大批人才；南朝时巴州人严植之，被诏任五经博士，授课析理分明，“每当登讲，五馆生必至，听者千余人”（《南史·严植之传》）。

唐宋时期，教育分官学、私学和书院。巴蜀地区的教育仍居全国前列。从府到州县，连威州、茂州这样的民族地区都建有官学。成都府学一直规模较大，南宋时学生达 800 余人，校舍 585 间，“举天下郡国所无有”⑤。随着唐宋

---

① 段渝：《巴蜀古文字的两系及其起源》，《考古与文物》1993 年第 1 期。

② 段渝：《巴蜀文化与汉晋学术和宗教》，《中华文化论坛》1999 年第 1 期。

③ 常璩著，任乃强注：《华阳国志》，上海古籍出版社，2001。

④ 常璩著，任乃强注：《华阳国志》，上海古籍出版社，2001。

⑤ 《宋代蜀文辑存》卷六七《重修创府学记》。

时期科举兴起、地位日升，官学渐衰，私学和书院日渐兴盛。巴蜀地区从唐宋到明清，对教育事业贡献最大的应该是书院了。唐代书院仅供士人读书，建于贞观九年的张九宗书院（今遂宁），很可能是全国最早的一所读书书院。到了宋代，书院则以学者讲学为主。魏了翁在今蒲江建鹤山书院；范政在今涪陵建北岩书院，理学大师程颐在此作《伊川易传》，大诗人黄庭坚曾在此讲学；高定子在今夹江建同人书院；王十朋在今奉节建莲峰书院；任逢在今合川建濂溪书院……

巴蜀地区的书院教育在明、清进一步发展，根据明朝嘉靖年间《四川通志》的资料统计，当时有书院 99 所，清代发展到 394 所。当时青年学士学识的提高主要依赖于书院，若干知名学者均在书院担任山长或主讲进行授徒。清末的尊经书院为巴蜀历史上成就最大、最为后人所怀念的学校。时任四川学政的张之洞顺应薛焕等蜀中绅士建议，在四川总督吴棠的大力支持下，在文翁石室之西石犀寺旧址兴建尊经书院，书院正门匾额大书“石室重开”。尊经书院培养了一大批影响四川近现代政治、思想、经济、文化和科学发展的名人。例如，为变法图强英勇牺牲的“戊戌六君子”之杨锐；离经叛道、托古改制的今文经学大师廖平；力主新学的四川维新变法的核心人物宋育仁；为推翻清朝、建立民国，舍身炸死良弼，被孙中山先生封为大将军的彭家珍；领袖群伦、叱咤风云的辛亥革命时期的大人物吴玉章、张澜、罗伦、蒲殿俊；清代四川唯一的一个状元、曾任京师大学堂首席提调和四川高等学校校长的骆成骧等。巴蜀这片大地之所以人才辈出、文化繁荣灿烂，恒久坚持的教育是其重要的也是决定性的原因。

再次是学术。巴蜀地区在秦统一前使用自成体系的语言和文字，《蜀王本纪》说蜀人“左言”“不晓文字”；《华阳国志》记载说蜀地与中原“莫同书轨道”，即蜀地与中原语言不通，书不同文，车不同轨。战国时期百家争鸣的文献，对巴蜀地区的早期学术并无任何记载，很可能因为书不同文、语不同音。今人对古代巴蜀早期学术情况也仅能从后代记载中做一些推测，如今世有学者认为《山海经》为蜀人著述。

秦统一巴蜀之后，得益于与中原的交往日益密切，经济飞速发展，加之西汉初文翁办学形成的文化积淀，汉代巴蜀在学术研究上达到前所未有的高峰，成果迭出、人才涌现。说到汉代巴蜀的文化，必然提到蜀中四大家，即左思《蜀都赋》中所说：“近则江汉炳灵，世载其英。蔚若相如，皭若君平。王褒韡晔而秀发，扬雄含章而挺生。幽思绚道德，摛藻掞天庭。考四海而为儁，当中叶而擅名，是故游谈者以为誉，造作者以为程也。”

巴蜀文化发展到宋代，再次迎来高峰，当时即被称为“蜀学”。宋代蜀学最有特色的是儒学，大致可分为两大系统。第一大系统是传统儒学经典研究，主要研究方向是《周易》和《春秋》，其中特别突出的又是《易》学，正如李焘在《太玄经疏》的跋语中说：“蜀人盖多玄学”，“严（遵）扬所传，固自不绝”。当时，巴蜀文士十分流行研治《易》学，水平颇高，在全国都有很高的地位。其代表人物陈抟一生著作丰富，他打破传统的儒家学术体系，融儒、释、道三家为一体，又以道家学说为核心，开启了宋代三教合一的新思潮。陈抟本人也被道教界奉为高道。北宋陵州人（今四川仁寿）龙昌期、涪陵人谯定、临邛学者张行成、井研学者李舜臣、青神学者杨泰之、阆州学者鲜于侁、巴郡学者房审权、江阳学者李见、遂宁学者傅耆等人都有研究《易》学的知名著作。文学家苏轼、理学家张栻和魏了翁也同时是《易》学名家，有相关著述。研究《春秋》及其三传，是巴蜀儒学的又一特色。阆州鲜于侁、广安黎錞、眉州苏辙、涪陵崔子方、绵州赵鹏飞、丹棱程公说等学者皆有研究《春秋》的上佳著作。

宋代蜀学研究儒学的第二大系统是理学研究。巴蜀是宋代理学得以发生、发展的重要地区。陈抟在宋初就提出“纵横妙用，唯吾所欲”，他本人就融儒、释、道三家学说以治《易》，他的太极图传给周敦颐，才有了著名的《太极图说》；他的《先天图》传给邵雍，才有了著名的《皇极经世书》，宋代理学，正是在周、邵的大力推广下才形成气候，形成群体[①]。所以，今世有学者认为陈抟是宋代理学实际上的开山祖师。

北宋理学的几位主要代表都曾到巴蜀地区讲学与治学，如周敦颐到了合州（今合川），邵雍曾到夔州（今奉节），程颢、程颐在巴蜀足迹颇广，涪州（今涪陵）“读《易》洞”是程颐撰写《伊川易传》之所，巴蜀不少学子因其授业而成为“伊川高弟”，谯定则是其中之代表。谯定的学生有张行成、冯时行、张浚等，都是当时著名的理学家。绵竹人张栻是南宋理学的“一代学者宗师”，蒲江人魏了翁不仅是南宋理学大师，也是集宋代蜀学之大成的杰出人物。

除儒学外，宋代蜀学中史学也独具特色、卓有成就。巴蜀史家入京担任史官、进行著述者众，私家修史也盛行。因家学渊源而成为家族性学统传承，也是宋代蜀学的重要特征之一，其中最为有名的当属眉山苏氏。

宋元之际和明清之际的两次长期而大规模的战乱，使巴蜀地区人口锐减、

---

① 袁庭栋：《巴蜀文化志》，上海人民出版社，1998，第 161 页。

经济衰颓，伴随而来的是文化凋敝、学术低迷。从元代到清代中期的五百多年间，巴蜀文化经历了类似于“黑暗时代”的沉寂。

清朝后期，具有维新思想的张之洞、薛焕等人决心新办尊经书院，其目的就是“石室重开”，振兴蜀学、培养人才。书院学习的内容、教学的方式、提倡的学风与旧式书院有很大不同。在此引领之下，巴蜀明显地出现了一派人文蔚起、蜀学勃兴的气象。“公车上书”中，川籍举子激进踊跃；第一个维新团体“强学会”成立，杨锐（绵竹人）就是发起人之一；杨锐与刘光第（富顺人）因戊戌变法失败而慷慨就义；《渝报》在重庆创刊；《蜀学报》在成都创刊；宋育仁出任尊经书院山长……这一系列事实表明：巴蜀大地不仅学风强劲，而且跟上了急速变化的时代，融入维新自强的时代氛围，顺应并引领着历史潮流，横扫陈腐，开辟新局，创立新说。巴蜀文士在长期积蓄和时代激荡的双面激发下，走出数百年低沉徘徊的迷局，重新登上政治、文化的舞台，厚积薄发的复兴绽放出异常闪亮的光彩。

从学术角度看，清后期出现了一批有作为、有影响的人物。井研人廖平是其中主要代表之一。他一生皓首穷经，尊经、尊孔，最为难得的是能够推陈出新，提出了一系列新的见解，是学术界公认的我国历史上最后一位经学大师。他一方面解决经学中若干难题为经学做贡献；另一方面也清晰看到并表明，旧式经学研究不可能具有生命力。并且，他有大胆的疑古精神和开放的治学态度，研究经学的同时接触西方历史、宗教、天文、地理等新知识，提出变法改制，学习西方理论。富顺人宋育仁在经学研究中表达维新改制主张，目光移向海外并写成《时务论》《采风记》，被誉为“新学巨子”；提出在中国实行资本主义性质的经济民族主义和民权主义，在重庆创办四川第一份近代报刊《渝报》。宋育仁不仅著书立说，还是维新图强的实践者。

辛亥前后，我国思想界邹容和吴虞成为狂飙突进式的人物。邹容，自称“革命军中马前卒”，生于重庆，其于1903年出版《革命军》宣传资产阶级革命，号召独立、自由，“劝动天下造反”。《革命军》一年内再版二十余次，印行逾百万册，吹响革命号角之功不可没，邹容成为名副其实的青年革命家。著名学者吴虞出生于成都，被称为“中国思想界的一个清道夫”，他曾写了一系列批判封建专制与礼教的文章，发表于《新青年》等报刊，影响巨大。邹容与吴虞的激进思想与作风标志着清代末期巴蜀大地的学术思想已经摆脱了传统的经学、儒学的窠臼，走上了民主革命的新途。巴蜀大地的学术史由此也翻开了新的篇章。

最后是科技。巴蜀先民在千年的生产生活中，运用智慧发明创造，产生了诸多科技成果，不仅当年领先于全国甚至世界，有的一直惠及后世直至现在。

古代巴蜀以农业为基础，水利是农业命脉。成都平原是一个冲积平原，岷江、湔江、石亭江、绵远河、文井江、斜江等江河的洪水长期在这一区域冲刷。上古之时，河道不畅，洪涝不断，岷山上的古蜀先民迁入成都平原，排水、防洪成为他们无可避免的重任，只有如此才能建立安全的居所并获得适宜耕作的土地。以成都十二桥商代遗址为代表的古蜀建筑完全是距地数尺的干栏式建筑，正是巴蜀先民与洪涝长期抗争的最佳物证。

中华史上著名的治水英雄大禹生于岷山，出于西羌，大禹治水的功绩佐证了岷江上游的羌族善于治水。古蜀王开明氏也以善于治水知名于后世。秦统一巴蜀之后的第三任蜀郡守李冰带领蜀郡人民在前人已有的基础上对川西水利及其他设施进行了大规模的综合治理，科学地修建了都江堰渠首工程，在都江堰河滩中筑起了一道水中分水堤，叫作鱼嘴，堤之最前端做锐角斜坡状，便于分水护堤，江水经鱼嘴、金刚堤一分为二，右为外江，经疏通之后向东南流去，主要用作泄洪；左为内江，引入成都附近各县，用于灌溉与漂木。

都江堰水利工程是一项系统工程，实际上形成了对成都平原水利的全面治理。这种全面治理加上成套的维护技术，代代相承，就不仅使当时，而且使后代长期而大面积地受益。除都江堰外，巴蜀地区在古代还兴建过若干其他的大规模的水利工程，如唐玄宗开元二十八年（740 年）剑南道采访使章仇兼琼主持开凿远济堰，又开凿蟆颐堰，这两项工程规模与效益都不小。唐僖宗年间，眉州刺史张琳主持扩建远济堰，改名通济堰，“溉田一万五千顷”[①]，数字或有夸大，但从百姓因“被其惠”而编的歌谣看，此项水利工程实现的效益也不容忽视。巴蜀大地常年治水，兴修、维护水利，也充分显示出其资源调配和动员能力极强。

在冶金技术上，铜是最早被人类利用的金属，很多民族或地区都曾有过光耀历史的青铜文明，巴蜀地区即是典范。三星堆两个祭祀坑中出土的距今4 000年左右的古蜀王国青铜器，是一批冶铸技术都相当高的大型青铜器。三星堆文明根植于深厚的经济文化基础，即农业长足发展、手工业巨大进步、商贸关系广泛建立、科学知识积累创新，与其他古文化密切联系和交流。三星堆祭祀坑内出土的黄金制品和大型青铜器群，技艺之精湛、气势之宏大，即使今人也叹为观止。在铸造技术上，三星堆青铜器主要采用陶范范铸，小器用一次成型的浑铸法，大器则用分铸法与嵌铸法。在加工工艺上，有焊、铆、热补、

---

① 吴任臣：《十国春秋》卷四《张琳传》。

镂刻等。其中的铜焊工艺（青铜人面具的巨型双耳和凸出的眼球柱，就是焊上去的）是已知的全国最早的焊接工艺，较之中原与江淮都要早几百年。除此以外，还有大批玉石礼器和陶、漆工艺品，也展现出高超的技术水平。这些精湛艺术品的背后，一定有细致分工和专门化生产的支撑。批量大型的精致青铜器制作一定伴随着采矿、运输、冶炼、合金、铸造加工等环节成熟的分工和协作。同时这也体现出来当时农业生产水平高到足以支撑大批劳动力脱离粮食生产成为手工业者，专注于技术和艺术创作。作为内陆文明的三星堆遗址出土的大量有穿孔的海贝（被很多学者认为是贝币）以及数十只象牙，证明其远程贸易相当发达。采矿、冶炼、合金、铸造等环节又必然借助于丰富的科学知识和高超的技术。这一切都足以证明三星堆文明是当时最为先进的、灿烂辉煌的文明之一。到了战国时期，巴蜀铜器又有了嵌错和镀锡两项加工工艺。

三星堆的两个祭祀坑中，出土黄金制品数十件（另有未制成成品的金块），其中有金杖、金面罩、金璋、金虎、金箔鱼形饰、金箔叶形饰等，这是我国已发现的时间最早、数量最多、工艺水平最高的一批黄金器。其中木芯金皮权杖长 142 厘米，直径 2. 3 厘米，金皮重约 500 克①，其展开面积 1 026 平方厘米，金皮系捶制而成，在上面施加了模压、雕刻、镂空等多项加工工艺，是我国先秦时期无与伦比的黄金精品。金面罩与真人面部大小相近，残宽 22 厘米，高 9 厘米，金虎形饰长 11. 5 厘米。这两件金器都是用金片模压而成。这些黄金制品的工艺水平证明了 4 000 年前的古蜀先民高超的加工工艺和对黄金很高的冶炼工艺。

秦统一巴蜀之后，中原的冶铁技术传入巴蜀，而且设立了铁官专门管理冶铁，临邛（今邛州）、武阳（今彭山）和南安（今乐山）很快成为冶铁业的中心，丰富的矿藏与广阔的市场使得冶铁业迅猛发展，这其中最典型的地区是临邛，从其遗址看，当时已用石灰石做冶炼的熔剂和降硫剂。

秦汉时期的巴蜀铁器不仅供给整个西南地区，而且远销关中以及其他地区，最远的已外销到今越南和泰国②。

在钻井术与井盐开采上，我国南方除食用沿海的海盐外，主要靠天然的地表卤水，古人称之为“盐泉”煮盐。巴族聚居区的今川东巫溪一带，就是巴蜀地区最早、最兴旺的利用天然盐泉煮盐的地区。其次是露头的岩盐，古人称之为“威石”。随着挖掘水井和冶铁这两方面技术的发展，挖出地下盐卤成为

① 陈德安：《三星堆——古蜀王国的圣地》，四川人民出版社，2000，第 98 页。

② 童恩正：《略谈秦汉时代成都地区的对外贸易》，《成都文物》1984 年第 2 期。

可能。战国末年，李冰在蜀中兴修水利，开出了巴蜀第一口，也是全国、全世界第一口盐井，即广都盐井。秦代巴蜀地区 3 个县有盐井，汉代 18 个县有盐井。

初期的盐井是大口浅井，有立桶式、坑洼式、束腰式等，口径 2 米到 10 米不等，像是小的池塘，所以又被称为“盐池”，这种大口井的开凿无须特别的技术。东汉时，井口已经缩小，在 1.6 米到 2 米，这种口径的井算是中口井了。中口井持续到唐代，技术有所改进，井深超过 200 米，固井措施也不断发展。北宋仁宗庆历年间，巴蜀著名的产盐区陵州井研出现了小口深井卓筒井。卓筒井需要一整套钻井、采卤、治井的高超技术。

为了钻凿和维护深井，巴蜀各盐场的工匠们创造了一整套工艺，研制出各个系列的工具，故而在测井、纠斜、补胶、打捞、修木柱（已见记载的最深木柱有 187 米）、淘井等方面，都有一整套可谓巧夺天工的技术，这些技术的难度远比凿井要高得多。

在历算上，在中国天文学漫长的发展历程中，巴蜀科学家在不同历史时期有着独特贡献，西周的苌弘、汉初的落下闳、唐代的梁令瓒是其中的杰出代表。而东汉的张衡和唐代的李淳风等的天文学成就，也有着巴蜀文化的影响。这种现象已经被概括为“天数在蜀”①。

目前已知最早的巴蜀天文学家是先秦与汉代典籍中很知名的苌弘，他精通天文、历法、气象，懂得地震，能观察岁星的运行以知“天之道”。巴蜀最杰出的天文学家是汉武帝时期的巴郡阆中人落下闳，他是我国第一部完整的历法《太初历》的主要编制者。他在《太初历》中不仅提出十九年置七闰的安排，还提出了于无中气之月置闰的先进办法，并且在我国历史上第一次制作了重要的天文仪器——浑天仪和浑天象。

三国蜀汉时的巴西西充国（今南部）著名学者谯周，曾与蔡邕一道撰写了《续汉书·天文志》的初稿。其中已经出现了讲纬度的观念，记录了哈雷彗星与日中黑子的活动材料。唐初的“蜀人”梁令瓒，“精天文数术”，制造了黄道游仪、水转浑天仪，与天文学家僧一行共同研究制定了著名的大衍历。宋太祖时，巴中人张思训时为司浑天仪丞，制造了著名的太平浑天仪，在梁令瓒用水转轮的基础上发展为用水银做动力，不受寒暑的影响，而且准确，是全世界使用水银于机械仪表的始祖。南宋时的隆庆府普城（今剑阁）人黄裳，于宋光宗初年绘天文图、地理图等八图，造浑天仪。

① 邓经武：《天数在蜀：巴蜀文化对中国天文学的贡献》，《文史杂志》2017 年第 4 期。

作为历算学家，历法与数学密不可分，南宋时安岳人秦九韶二者皆通，特别是在数学上取得了巨大成就，写出巨著《数书九章》，书中列出了包括天文历法在内的9类81个问题的求解方法，其中的“正负开方法”是高次方程求解的方法，包括从二次方程到十次方程。他还用十进小数表示无理数的近似值，表明了“三斜求积术”。所有这些都是当时全世界最高水平的成果，领先于欧洲好几百年到近千年。

除此以外，巴蜀是全世界最早开采利用天然气、最早由人力钻成并开采石油油井的地方；巴蜀是我国养蚕、治丝、织锦的中心之一，丝织业技术之精湛，蜀锦是最好例证；巴蜀曾是我国造纸业和印刷业的中心地区，有超凡的造纸和印刷技术，还是全世界纸币的发源地。

在文学方面，巴蜀地区英才荟萃，文士尤为灵秀，在我国自古以来的文坛占有非常重要的地位。自西汉司马相如、扬雄始，至郭沫若、巴金等当今泰斗，可以列出很长的名单，李白、苏轼等古代文豪都是当时引领文坛、光芒照耀至今的佼佼者。

史书载，巴蜀“文章冠天下”，是对汉代巴蜀的文学创作的精当评价。战国末年，秦并巴蜀，都江堰工程不仅解决了水患，还浇灌出沃野千里，农业生产水平提高，经济发展迅速；成都、郫都区、临邛三城建成为人口聚集的中心城市；秦人南移与楚人西迁，大量移民进入为巴蜀注入新的活力；中原宏伟深沉的文风与大量经典、楚蜀瑰丽浪漫的风格和深厚积淀都成为滋养丰厚巴蜀文化之源；汉初文翁兴学，巴蜀大地全面推行教育，为文化的发展夯实了基础、储备了人才……超百年的孕育、积累，终在西汉文坛上厚积薄发，巴蜀文士势不可挡地绽放出其他地域无可比拟的光彩，独领风骚，文冠天下。

汉代文学的代表是汉赋，现存汉赋（含残篇）仅七十余，巴蜀人作品即有二十五篇，占总数三分之一强。汉赋代表作家四位，司马相如与扬雄被《文心雕龙》并称“扬马”。司马相如，字长卿，成都人，成名之作《子虚赋》及续篇《上林赋》，辞藻华丽，结构宏大，排比对偶，极尽铺陈夸张之能事，是我国大赋的代表性作品。司马相如的文学创作历代皆受到高度评价，对后世影响很大。扬雄，字子云，郫邑（今成都市郫都区）人，有《蜀都赋》《逐贫赋》等著名辞赋。他为汉成帝写了《甘泉赋》《河东赋》《校猎赋》《长杨赋》四大赋，既学习司马相如，辞藻华丽、手法铺陈，又对汉成帝的奢靡予以讽喻和规劝。与司马相如不同的是，四大赋有隐约婉转之风，开创了辞赋创作的蕴藉派。扬雄反思辞赋的意义，认为辞赋“雕虫小技，壮夫不为”，遂不再作赋，也少问政事，转而静心研究哲学。王褒，字子渊，资中人，所著散文《圣主得贤臣颂》《四子讲德论》和辞赋《九怀》等，当时极受称赞，而后世所赞却是两个短篇，一篇《洞箫赋》，当是汉代首篇咏物小赋，一改汉赋华丽宏大的特点，文风清雅脱俗，描写细致入微，音调温婉和谐，有如清水芙蓉；另一篇《僮约》是散文，描写奴仆，文章别具一格，文辞生动，极具生活气息，同时也对了解汉代社会生活有很高的史料价值。蜀汉丞相诸葛亮的《出师表》和蜀汉郎官李密的《陈情表》也是对后世影响极大的上佳之作。

李白，字太白，号青莲居士，其出生地今一般认为是唐剑南道绵州（巴西郡）昌隆青莲乡。唐代伟大的浪漫主义诗人，被后人誉为“诗仙”，与杜甫并称为“李杜”。李白深受黄老列庄思想影响，这与生在蜀地长在蜀地不无关系，有《李太白集》传世，代表作有《望庐山瀑布》《行路难》《蜀道难》《将进酒》《明堂赋》《早发白帝城》等多首。李白创造了古代浪漫主义文学高峰，其歌行体、七绝达到了后人难及的高度。

北宋散文家苏洵（号老泉，字明允）和他的儿子苏轼（字子瞻，号东坡居士，世人称为苏东坡）、苏辙（ 字子由，自号颍滨遗老）合称“三苏”，三人皆列为唐宋八大家（唐代的韩愈、柳宗元和宋代的欧阳修、苏洵、苏轼、苏辙、王安石、曾巩）。苏洵的文章说古论今，纵横评说，长于分析，很有气势。苏辙是善于驾驭多种文章的散文家，其文“汪洋淡泊，深醇温粹，似其为人”。三苏中苏轼尤为著名，他是北宋中期文坛领袖，在诗、词、散文、书、画等方面取得很高成就。文纵横恣肆，诗题材广阔，清新豪健，善用夸张比喻，独具风格。他是宋代词坛豪放派的创始人，词作视野开阔，想象丰富，笔力奔放，雄健豪迈，与辛弃疾同是豪放派代表，并称“苏辛”；他的散文著述宏富，豪放自如，与欧阳修并称“欧苏”，代表了北宋文学鼎盛时期的成就。其作品有《东坡七集》《东坡易传》《东坡乐府》《潇湘竹石图卷》《枯木怪石图卷》等。其诸多名句传颂至今，对后世影响极大。

巴蜀地域人杰地灵，除上述方面以外，在宗教、饮食、绘画、造像、戏剧等诸多方面都有辉煌成就，因为篇幅关系，就不一一详述。这些文化如此灿烂辉煌，得益于巴蜀融合以后，蜀文化与巴文化产生了奇妙的化学反应，最终合成的巴蜀文化丰富、饱满，极具张力、极具魅力。

第三节　巴蜀文化的多元性与差异性

四川盆地四面环山，盆地看似封闭，巴蜀文化孕育于盆地的巴山蜀水间。若巴蜀先民囿于盆地的空间，脚不出盆，眼不出川，巴蜀文化就将是一种封闭的、自我循环的文化。这样的文化，无论当时有多么辉煌，最终也必然因无法更新而失去生机、活力，成为陈腐的没有生命力的没落文化，被历史淘汰。

一、蜀道仍能汇百川

假使我们忽略盆地四围之山，放眼四望，巴蜀地区处于十分重要的交汇区，用最通俗的比喻，是一个十字路口或者说是枢纽。从南北方向看，北边是寒冷干燥的陕甘地区，南边是温暖湿润的云贵地区，巴蜀为交汇处、过渡区；从东西方向看，西边是以游牧为主的川西高原，东边是以农耕为主的江汉平原，巴蜀仍为交汇处与过渡区。

虽然盆周有高山，盆地中的先民却从来没有将自己封闭在盆地之中，为了扩大生存与发展的空间，他们远在几千年前就用极为艰辛而执着的精神，开辟了一条条穿越盆地周边山地险阻的通道，与外界进行着广泛的交流，不断吸收外地的先进文化，在汇纳百川的基础上，再加以发展创新。盆周高山外的古人也禁不住对神秘盆地的好奇，带着异域的文化，克服千难万险，翻山越岭进入盆地。正因为如此，巴蜀文化才在内外交融的过程中迸发出耀眼的光芒。所以，巴蜀文化的主要特点是兼容并包。

考古发现，早在旧石器时代，汉源富林遗址发现的石制品特征也见于山西朔县的峙峪、河南安阳的小南海、内蒙古乌审旗大沟湾等遗址[①]。从汉源、铜梁发现的石制品上也能找到与贵州观音洞文化的联系。新石器时代，这种多源文化的特征就更为明显。例如三星堆时期，已发现文物中，有来源于中原的高柄豆、陶盉、铜叠、铜尊、多种玉器，有直接来自印度洋的海贝与南国的象牙，还有可能来自中亚的金权杖与巨型铜面具、铜人像。这是十分明显的多源兼容的成果。

这种特殊的地理位置以及地形地貌，塑造出特殊的巴蜀文化，若没有盆周

---

① 王文光、翟国强：《中国西南旧石器文化在中华文化形成中的地位》，《云南民族大学学报》2004 年第 6 期。

之山，内外交流毫无阻碍，文化可能成为大杂烩，有复合型文化，却没了巴蜀味儿，也就没了如三星堆这样有别于中原文化的独特的文化成就。如果盆周高山不能越，将盆地禁锢如井底，与外界没有任何交流，那么巴蜀文化也只会走向没落。宋人罗泌说巴蜀“西番东汉，北秦南广”，因此形成“夫蜀之为国，富羡饶沃，固自一天壤也”的优势，才会使四川盆地具备强大的经济实力。

历史上出入川的通道主要有北向和东向两路。北路是从汉中入剑阁，最早由秦国司马错伐蜀开道而成，汉中是四川的屏障。北路从陕西入川，又有金牛道、米仓道、荔枝道三条主要通道，最主要的是金牛道，它从汉中直接通向巴蜀政治经济中心——成都。东路主要指溯江而上，可水陆并进，但此水路必须经过长江三峡，风险很大。另外从湖北竹山（古称上庸）绕道到重庆东北方向，也可以入川，但此道通行甚少。

南边川滇通道含西夷道和南夷道，还有一条夜郎道汉代直通夜郎（今贵州遵义）和茶马古道川藏线路，还有通向海洋、通向国外（现学者称“南方丝绸之路”）的通道等。盆地与外界交流的通道在不同时期都发挥了巨大作用。

二、多族群多民族的融合

文化的载体是人，人移则文化动，人合则文化融。巴蜀先民在族源和血统关系上实现了大融合，加之数千年来巴蜀大地多次大规模移民迁入，大量异地文化随之而来，巴蜀文化若海纳百川，吸纳诸多不同元素，不断重塑着巴蜀文化。在这期间族群融合与民族融合同时发生。

古蜀王国的五个王朝的主体族，蚕丛氏、柏灌氏来自西蜀，鱼凫氏很可能来自长江中游，杜宇“从天堕，止朱提”，则可能来自云贵高原。史料记载第一开明王“鳖灵死，其尸流亡，溯江水上至成都”，开明氏被认为来自荆楚地区。关于古蜀国王的记载多为传说，但与今考古结合看，还是能反映出巴蜀族群与外来族群融汇的历史真实。

巴蜀地区是典型的多民族地区，即使占主体的汉民族，也是历经多次民族融合之后形成的，各少数民族也都经历了长期的融合过程。先秦时代四川的民族除巴、蜀两族外，还有众多族类。分布在四川盆地东部地区的，主要有濮、賨 、苴、共、奴、獽、夷、蜑等族群或部落。分布在巴蜀以西和以南的，则是汉代所谓“西南夷”。

羌族最早活动于我国西部，从事牧业，以牧羊为生，后来大部分向南向东迁移，在理想的地方定居下来，转而从事农业。古羌族是我国历史上非常重要的族源，彝族、藏族皆源于羌族。留在西边未远迁的羌族，秦汉时期有的被称为戎，有的被称为西羌，后陆续向内地迁徙，“与华人杂处，数代之后，族类藩息”。彝族的祖先是从西北高原南迁的羌人与本地的古老部落融合而成的。藏族的祖先是古老的羌人，在今天的藏族聚居区的川西北高原上，从汉到唐都是以大大小小的羌族部落为主要居民。大约在隋唐时期，巴蜀地区各民族格局大体形成。

秦并巴蜀以后，在政治力量推动下，大规模移民入川形成。中原移民带着中原文化进入四川盆地；同时，冶铁与钻井术从中原传入，这对巴蜀后世发展起到了极其重要的作用。

跨越元明清的“湖广填四川”又掀起一次新的规模空前的移民大潮。这是四川地区人口锐减后，从元末明初开始、在清代初年达到高潮的大规模移民入川的一个历史过程。

元末，红巾军农民起义，明玉珍率军攻入巴蜀，在重庆自称陇蜀王，再改元称帝。明玉珍所帅十几万军队基本为湖北地区农民，一起进入巴蜀的还有大量少田缺地的农民。学者认为这是“湖广填四川”的开始。明朝灭亡，清军入关，面对经常年战乱叠加天灾而凋敝残破人烟稀少的四川，清政府不得不采取若干措施应对。一方面将明代所设州县大量裁撤合并，另一方面用行政手段从外省移民入川。清初移民入川，规模大、时间长（顺治末年始，乾隆中叶结束，持续约 100 年）。清初从今湖北、湖南、江西、福建、广东、陕西等省迁入大量移民，因为仍以湖广地区为主，所以一般都称“湖广填四川”。如此多人从外省进入四川，各地的生产技术、先进文化随之而来。今天川味正宗中最受赞扬的三绝——川菜、川酒、川剧，也都是清代融合外地传入的多种成分之后发展起来的。

四川地区接纳了大量的外地移民，其总数超过了四川本地土著。大量移民入川既是人口的融合，也是文化的融合。这种融合促进了四川地区经济文化的发展，也使四川地区清代以来经济文化的复苏和发展更加具有兼容并蓄、汇纳百川的显著特点。

三、巴蜀文化的容纳力与辐射度

巴蜀地处我国腹地，是地理交汇处，还处在长江的上游，因此长期成为我国西南经济文化的中心。这种中心位置既促使巴蜀文化有极强的吸纳能力，也昭示着巴蜀文化具有将优秀成果传播四方甚至影响海外的极强的辐射能力。

在古代，成都是兼容与辐射的核心地区，长久以来，其中心地位一直没有动摇。汉代，成都是全国六大都市之中唯一的南方都市、唯一的长江流域都市。成都是“一方之会”。从以三星堆文化、十二桥文化为代表的古巴蜀文明来看，青铜器受中原文化影响，青铜人像、金杖、面罩很可能还受更远的外来文化影响，海贝与象牙很可能来自印度洋。但是我们也该看到另一方面，该时期，青铜器尤其是青铜兵器的制作传至今云南，再外传至越南与泰国；丝织品、麻织品传到南亚、西亚；船棺葬与石棺葬习俗则传到越南、马来西亚、菲律宾、印尼、泰国地区。汉代，铁器经巴蜀传到云南、贵州、越南。

有蜀郡铭文的西汉漆器传到了朝鲜，蜀布传到大夏（中亚和南亚次大陆西北部的古国），丝织品则被称为“覆衣天下”，其流通全国并行销地中海地区。在成都市场上，“东西鳞集，南北并凑，驰逐相逢，周流往来”，“阕齐踏楚，而喉不感慨”（扬雄《蜀都赋》）。画像砖上不仅有若干高车驷马在奔驰，更出现了大西北才有的骆驼；在画像石中出现了从西域文化传入的狮子（高颐阙的石狮甚至有双翼）和琵琶。当时物资交流极其发达。在思想文化交流方面，沿着佛教传入巴蜀的路线，土生土长于巴蜀的道教反其道行之传入印度，对印度的密宗文化影响极大。

唐代，南海的安南“富商自蜀贩锦至钦，自钦易香至蜀”；巴蜀远销外地的商品除传统丝织品外，还有纸张与印刷品、茶叶、糖霜等。在始于唐、盛于宋的茶马贸易中，蜀茶每年以高达750万千克左右的量输出。宋代以后，茶马贸易仍然持续，以雅安地区的“西番茶”为代表的蜀茶一直是茶马贸易的主要货源。频繁而大量的物资交流，促进商业繁荣，倒逼水陆交通实现通畅，唐诗“门泊东吴万里船”“朝辞白帝彩云间，千里江陵一日还”等即是写照。商业繁荣的同时也催生最早的纸币出现在宋代的成都。

四、文人的交流与文化的交汇

文化交流，最重要的是人，特别是文化人之间的交流。巴蜀是一片神奇的土地，生于斯长于斯的巴蜀能人才子走出去能闯出一片天地，干出一番事业；外来的能人才子流连于此，也能佳作连连、事业有成。此处能培养文化人，也能滋养出人的文化。

从古至今，文翁入蜀办学治水，张陵入蜀创立道教，杜甫、高适、岑参、白居易、刘禹锡、李商隐、黄庭坚、程颐、陆游、范成大、王闿运等一大批文人名士在不同的时代来到巴蜀之地，有人来时意气风发，有人来时愤世落魄，无论属于哪一类，巴蜀的土地和人民对他们都包容接纳。来的人，有的著书立说，有的诗篇不断，有的诲人不倦，巴蜀山水滋养着他们，给他们灵感，他们也给巴蜀文化注入巨大的前进动力。

其中最为典型的当属杜甫。唐乾元二年（759 年）立秋后，带着对污浊时政的痛心疾首，杜甫弃官西去秦州，后几经辗转到成都，在友人帮助下于浣花溪畔建成草堂，世称“杜甫草堂”。尽管杜甫在成都的日子算不上非常舒适，但也成为他后半生相对平静的阶段。据统计，杜甫一生现存 1 400 余首诗，仅在成都就作了约 475 首，占总数的三分之一，后到夔州（今重庆奉节），他又作了 410 首诗，因此杜甫在巴蜀之地，他的诗歌就占到一生创作总量的一半多。在巴蜀写成的诗作，开始关注百姓生活之事，比如《为农》《种莴苣》《刈稻了咏怀》等。另外，杜甫在蜀中曾游览许多古迹名胜，如成都武侯祠、相如琴台，蜀州新津修觉寺、东亭、四安寺、青城山，梓州射洪县陈子昂故居，忠州大禹庙、龙兴寺，夔州白帝城等之后，也写下不少佳作。因成都武侯祠而作的《蜀相》影响流传非常深远，“三顾频烦天下计，两朝开济老臣心。出师未捷身先死，长使英雄泪满襟!”成为千古传诵的名句。杜诗中的“远烟盐井上”说成都人食井盐的习俗；“鸬鹚西日照”“鸬鹚莫漫喜”表现了蜀地喜好养鸬鹚的民俗，这些都体现出不同于中原的巴蜀特色民俗。忧国忧民是杜甫的品质，他在巴蜀期间仍写下了大量痛斥现实、哀叹民生的经典名作，如《闻官军收河南河北》《又呈吴郎》《遭田父泥饮美严中丞》《冬狩行》《登高》《秋兴八首》《江汉》《三绝句》《岁晏行》等。

南宋时宋金交兵激烈，诗人陆游一生颠沛。1170 年，46 岁的陆游入蜀，才算有些许安稳。陆游入蜀，先后在汉中、巴蜀、梁州、益州等地任过职，在巴蜀地区待了八年。“长记残春入蜀时，嘉陵江上雨霏微……杜鹃言语元无据，悔作东吴万里归。”“当年走马锦城西，曾为梅花醉似泥”，这是他后来对四川生活的留恋和回忆。暮年之际，陆游依然对四川念念不忘：“锦城旧事不堪论，回首繁华欲断魂。”

蜀中的人物也不断走出盆地，在巨大的历史舞台上施展抱负，为中华民族的发展承担起历史的使命，做出了应有的贡献，不负巴蜀，不负苍生。正如明代学者杨慎与王士贞所说，“自古蜀之士大夫多卜居别乡”。

五、饮食文化的多元性

饮食文化是民俗文化中很重要的一部分。从饮食文化上能大概了解特定地方的风土人情、资源禀赋。巴蜀饮食文化在中国这个世界著名的“烹饪王国”占有非常重要的一席。

常璩在《华阳国志·蜀志》中说，蜀人“尚滋味”“好辛香”，说明巴蜀地区的人们自古讲究饮食滋味，巴蜀饮食文化源远流长。

扬雄辞赋记述饮食说：“调夫五味，甘甜之和，芍药之羹，江东鲐鲍，陇西牛羊，籴米肥猪，麈麂不行，鸿瘀擅乳，独竹孤鸽……”左思在其《蜀都赋》中，也有“吉日良辰，置酒高堂，以御嘉宾。金罍中坐，肴槅四陈，觞以清醥，鲜以紫鳞，羽爵竞执，丝竹乃发”。这些记载充分反映了汉代巴蜀地区的饮食精美而考究，同时还体现出物产丰富、食材来源于全国各地的特征。

巴蜀滋味给在巴蜀待了八年的陆游极其深刻的印象，他也因此留下不少诗篇，其中最为细腻的是他还吴以后回味的诗作《蔬食戏书》：“新津韭黄天下无，色如鹅黄三尺余；东门彘肉更奇绝，肥美不减胡羊酥。贵珍讵敢杂常馔，桂炊薏米圆比珠。还吴此味那复有，日饭脱粟焚枯鱼。人生口腹何足道，往往坐役七尺躯。膻荤从今一扫除，夜煮白石笺阴符。”

宋代已有川菜出巴蜀进入外省市场的记录。北宋汴梁（今开封）“有川饭店，则有插肉面，大燠面、大小抹肉、淘煎燠肉、杂煎事件、生熟烧饭”①。吴自牧更详细记载了南宋杭州川饭的若干食品名称，有的与今天四川的称呼完全一样，如“盐酒腰子”“双脆”“鸡丝面”“三鲜面”“臊子”。

尽管巴蜀之地地域辽阔，巴蜀文化独特璀璨，但是川菜作为我国一大菜系，形成却比较晚。“菜系”形成于一定区域内，经历长期历史演变，受特定的气候、物产、习俗等因素影响，必须有自己的独特性，明显区别于其他地域的饮食，而且还要得到社会的承认。

川菜菜系形成于清后期，促成其形成的重要原因是经济复苏和“湖广填四川”大量外省移民入川。各方移民带来了各方饮食习惯、制作原料与烹饪技艺，包括川味中的重要原料——辣椒。这种大融汇、大交流的结果，就形成了食材广、味型全、技艺多、风格明的川菜。巴蜀文化的开放、吸收、兼容的特点在川菜的形成中得到了充分反映。

长期以来，很多人认为川菜的味就是麻辣，这是对川菜的误解。辣椒是明代传入中国的，清代才传入四川。川菜实际调味多变，辣味菜在川菜中还不到30%。但川菜擅长麻辣也是事实。傅崇榘于清末出版的《成都通览》，记载了成都各种菜肴与风味小吃 1 328 种之多，川菜重要佐料辣椒十多种，如七星椒、牛角椒、灯笼椒、大红袍、满天星等。川菜调味的特点是清、鲜、醇、浓并重，一菜一格，百菜百味，浓淡相宜，浓的不腻，淡的不薄。

---

① 孟元老：《东京梦华录》卷四《食店》。

六、巴文化和蜀文化的差异性

若说巴文化和蜀文化有差异，那么必先探讨巴人和蜀人之间的差异。常璩分别在《华阳国志》的《巴志》和《蜀志》中对巴人、蜀人的特点做了描述，巴人“其民质直好义，上风敦厚，有先民之流”“俗素朴，无造次辨丽之气”，蜀人则是“君子精敏，小人鬼黠”。《巴志》记载永兴二年（154 年）巴郡太守但望建议分巴为二郡时上疏说：“而江州以东，滨江山险，其人半楚，姿态敦重；垫江以西，土地平敞，精敏轻疾。上下殊俗，性情不同。”《巴志》还记载了巴人的杰出代表巴蔓子：“周之季世，巴国有乱，将军有蔓子，请师于楚，许以二城。楚王救巴。巴国既宁，楚使请城。蔓子曰：‘藉楚之灵，克弭祸难。诚许楚王城，将吾头往谢之，城不可得也!’乃自刎，以头授楚使。”巴蔓子为平息内乱而请楚相助，为保全疆土又只能毁约背信，最终以生命为代价承担毁约之责，他的性格特征与巴人“质直好义”是一致的。《巴志》还说，助周武王伐纣时，“巴师锐勇，歌舞以凌”，认为巴东郡“郡与楚接，人多劲勇，少文学，有将帅才”，巴西郡“其人自先汉以来愧伟椒傥，冠冕三巴……故曰‘巴有将，蜀有相’也”，真实地反映了巴人尚武、蜀人好文的不同风气。总之，晋人常璩在《华阳国志》中给巴人的画像是质朴、敦厚、勇武、耿直，并认为巴人这种特点是因为保存了较多的巴楚旧俗；而蜀人的画像是聪明善思善文，这种聪明是好是坏取决于人的德行，若是君子则精民，若是小人则鬼黠。今天的巴蜀人，尤其是蜀人很可能不认可常璩的说法，会认为他对蜀人有偏见，但不可否认的一点是，常璩对巴人、蜀人特点的描述对后人影响很大。

如果用蜀文化的典型地域成都与巴文化的典型地域重庆对比，差异还是存在的。成都是平原，风调雨顺沃野千里，名副其实的天府之国，闲适安定的环境滋养出的民风自然相对温婉平和，难怪愤世如杜甫、忧国如陆游，到了蜀地也能关注平常百姓柴米油盐的生活，并融入其中享受快乐，作诗也能生动也能尽说吃吃喝喝。而重庆虽在四川盆地内，但紧邻巴山、长江，环境条件、资源禀赋无法与成都平原比肩，相对恶劣的环境自然造就更加强健的民风。历史上成都以农业为主，形成了典型的农耕文明的聚落形态，文化相对内敛；而从巴国时代始，重庆的商业就强于薄弱的农业，依长江而居迎接四面来客，有码头有江湖，有开放有豪气。

以饮食文化中的火锅做简单比较：今天的麻辣火锅发源于清末，是嘉陵江畔讨生活的船工纤夫这样的底层人士热爱的街头饮食，因此食材粗糙、廉价，最开始多是牛羊下水这样的屠户不要的废弃物，由于早期汤底经年不换，所以被称为“老灶火锅”；当时的火锅多在猪圈旁的平整之地上搭棚开灶，因此也被称为“猪圈火锅”。即使到了现在重庆人吃火锅也吃得豪放，注重锅内的火辣热腾有气氛，蘸碟相当简单。成都人接受了火锅，又精致了火锅，讲究“麻辣鲜香”，味道更丰富、细腻，菜品多，摆盘讲究，蘸碟调料种类有时候比烫的菜种类还多。所以有人说，火锅这个巴人创造出来的新生事物，经过蜀人之手精心修饰，珠联璧合，快速火遍全国，冲向世界①。

巴文化和蜀文化的这种差异看似泾渭分明、刚柔相对，但实则已经融为一体，同在一个盆地内不分彼此地发展积淀数千年，有共同的文化基因、共同的生死观、哲学观，现在也很难从巴蜀文化中析出哪部分是巴文化，哪部分是蜀文化。成都人去到重庆不会认为是异地，重庆人到了成都也未必没有归属感，最多是觉得看到了巴蜀文化不可分割的另一面，文化更加丰满。对巴人和蜀人特征的描述，也该避免二元对立，不能认为常璩以后有世人在评价的时候说巴人勇武，就反过来说蜀人懦弱，当年川军抗日的时候，巴的子弟和蜀的子弟作为一体并肩作战，共赴国难。同理，不能因为说蜀人精敏就说巴人愚笨，巴蜀文化离不开巴山也离不开蜀水的滋养，巴蜀本为一体，如同一个硬币的两面，同质同源，无法剥离。随着科技愈加发达、交通愈加便利，巴与蜀会更加融合，你中有我，我中有你。

① 王志纲：《大国大民》，国际文化出版公司，2020，第345页。

第二章　同心同向：巴蜀文化助力区域经济社会发展的历史回顾

山水相连的自然地理环境，很容易因气候、物产等基础性条件的相同或相似形成"同质性"或"同构性"较高的生产生活方式，进而孕育出以此生产生活方式为基础的区域文化。巴与蜀，因山相"隔"而各成一"国"，因水相连而往来交通。"交通"日长，你中有我、我中有你也就自然而然。在此基础上，若再以政治之外力推助，巴与蜀也就自然成为"巴蜀"。从历史角度来看，作为中华大地上区域文化之重要构成，巴蜀文化之形成和发展显然有自身的特殊性。尤其是其形成和成长过程中对区域经济社会发展的积极影响，更是有因大历史与小区域互构而造就的区域特征。这一特征，在形成期（传说时代—先秦）、发展期（秦汉时期）、成熟期（唐宋时期），也有鲜明的时代特点。

第一节　形成期的巴蜀文化对区域经济社会发展的影响

"蜀"作为地名，尤其是作为区域性地名，最初是指生存和发展于蜀山（岷山）地区的蜀山氏势力所及的范围；作为一个族群，其早期来源也比较复杂——在兼并与融合的半信史时代，经蚕丛、鱼凫等部落或氏族间的合并而成为一个相对稳定的族别。从地名与族名合一的维度说，蜀的核心范围也就主要是在四川盆地。

一、山水"交通"的巴与蜀

据考古和相关史书记载，四川盆地与大巴山北面的汉中盆地在古代很长时期中都有着十分密切的交往。20 世纪 50 年代以来，在陕西城固地区多次出土殷代铜器，研究者认为这些铜器与成都平原彭州竹瓦街、新繁水观音遗址出土的铜器高度相似，二者之间在文化性质上有着很大的一致性。在 20 世纪 70 年代后期，陕西宝鸡的茹家庄、竹园沟等地出土了大批殷末周初的文物，仍然具有强烈的巴蜀文化特征，研究者十分肯定地认为两地文化遗物表明了相互间有密切关系，可能有共同的族源，并在相当长时期内保留其共同的经济生活基础。到了春秋战国时期，四川盆地内外进行更为密切的经济文化交流的实物证据就更多了。带着“巴蜀图语”的典型的巴蜀铜器如铜矛、虎钮等曾在汉中出土。涪陵小田溪出土的全套 14 枚的错金编钟和错银钟架、成都百花潭中学出土的水陆攻战纹铜壶也与中原地区同类器物十分相似。新都马家乡的木椁大墓及其中出土的大量器物，很明显地受到楚文化的强烈影响，其中一件盖上有“邵之食鼎”四字，与同时的楚国文字同出一辙。这些考古实证都意味着，作为区域的蜀很早就与周边的其他区域，尤其是与有一定文化区隔性的区域有紧密的交流交往。

与考古相印证的是大规模的民族迁徙。在生产力低下的古代，人们为了追寻方便的食物来源和良好的生活环境，为了躲避自然灾害的侵袭和瘟疫的虐害，往往举族远徙。这种迁徙在古代民族中是一个很普遍的现象，如中华民族共同的祖先黄帝，又号“轩辕氏”，“轩”“辕”都从车，可见黄帝族也是一个善于造车驾车、在中原大地不断迁徙的部族。又如商族祖先从契到汤共十四世，可以确知的大迁徙就有八次。

从比较可靠的文献资料中考察，蜀地先民也有好几次重要的迁徙。如作为蜀族先民的主要构成之一的鱼凫氏，就是从长江中游地区迁徙到四川盆地来的。除了考古工作者将有关文化类型进行比较研究之后得出这一结论之外，还有一个今天也很容易理解的证据，就是地名的照应关系。蜀地先民中的杜宇氏中的一支是从云南北迁来的，开明氏是从荆楚西迁川西的。这说明什么呢？说明古代的巴蜀既有蜀道难的地理特点，也有蜀道通的客观事实。蜀道难，这是大自然所形成的；蜀道通，这是先民与大自然艰苦斗争的结果。

蜀道要通，就是要千方百计打通四川盆地与外界的联系，要在四周的崇山峻岭中寻觅和开拓盆地内部与外部联系的交通线。打通四川盆地与外部联系的交通线，古时的主要努力放在北边，其次是南边。因为盆地东边虽然有巫山阻隔，但有长江水运交通线；南边虽有云贵高原的阻碍，但有金沙江、乌江、赤水河等水道相通；西边虽然是比盆地落后一点的地区，但也有青衣江、岷江等水路相交通；北边，越过秦岭就是比盆地发展水平更高的中原地区。从文化交流的一般规律来说，北边是对蜀地先民影响最大的地区。但在地理上，北面呈东西向的米仓山脉和大巴山脉成为第一道南北相通的天然屏障，汉中盆地以北的秦岭则成为第二道屏障。水道又只有嘉陵江一条通道，可嘉陵江上游就是今天也难以通航。所以，就必须尽一切努力开通穿过米仓山、大巴山再穿过秦岭的通道才能打通北边的交通线。换句话说，所谓“蜀道难”，很大程度上是蜀地向北联系中原地区的艰难。但这个艰难并非不能克服。考古显示蜀地先民最晚在殷商时代就已与中原地区、云南地区有了商贸交往。也就是说，至晚在殷商时代，蜀道通已是事实，只是这种“通”的程度是随着先民不断地开拓发展而不断地扩大而已。

在以主要力量开辟盆地北边通道的同时，蜀地先民也着力于南边通道的开拓。南边通道主要开辟了两条：第一条是利用横断山脉南北走向的峡谷与河谷而开辟出来的西夷道，或称邛笮道。这条路由成都出发向西，经邛崃、天全，折而向南，经雅安、荥经、汉源，沿越西河谷和安宁河谷，由越西、西昌、会理，渡金沙江，到达今云南的晋宁或大理。第二条是南夷道，又称为五尺道、僰道、石门道。这条路从今天的宜宾出发，南经高县、豆沙关进入云南，经昭通、曲靖到达昆明或大理。另有一条支线向东南，可到贵州的毕节与安顺。西汉时期，为了通西南夷，朝廷曾以巨大的人力物力开拓这一条道。直到今天，高县县城北还保存着一段宽约一米的五尺道遗迹，全在山岩上凿成，岩壁上尚保存着古人的若干石刻题咏。在盆地南边，除五尺道之外，还有一条今天已不很清楚的夜郎道，这条路因在汉代直通夜郎（今贵州遵义一带）而闻名，而其成为通道则远在秦汉以前。据目前所知材料，可能有两途，一途是从今涪陵南入贵州境内；另一途是从今宜宾东南行，经合江或叙永南入贵州至毕节，再转遵义。

四川盆地水源充沛，河流众多，四季不冻，全年通航。就今天来看，蜀地可以通航的河流共有 92 条。由于盆地的地势，除了川西北边区有 3 条小河最后注入黄河之外，其余全部注入长江，构成了一个以长江为主干，辅以岷江、沱江、嘉陵江、涪江、渠江、乌江为支干的水运网，而东去的长江则是与外界联系的重要通道。奔流不息的江河有运输之利，这是古代先民很容易理解的。但要实现水上运输，则必须进行河道的整治与舟楫的制作。蜀地先民在这方面的努力与所取得的成就，可以从以下几个方面来看：

首先是治水。巴蜀先民善于治水，而且很有名气。传说伟大的治水英雄大禹就是生于岷山的古蜀先民。大禹治水的传说大家都很熟悉，但相传记载大禹治水功绩的古代著名文献《尚书·禹贡》至晚成于战国，其中有几段具体反映了战国以前巴蜀先民治水与航运的具体情况，如“岷山导江，东别为沱”，“沱、潜既道（导）”，可证当时的岷江、沱江、潜水等都已进行了疏导。又载当时由四川盆地向中原贡献方物的贡道是“浮于潜，逾于沔，入于渭”。不少人认为，这段话表明了商周时代由嘉陵江溯江而上可通汉水，汉水与褒水相通，褒水在当时与斜水相通，斜水又与渭水相通，从渭水就进入黄河了。这是古代江、河相接的一条古老水道，也是从水路将四川盆地与黄河流域联结起来的重要通道。不过，大禹治水确实带有一定的传说成分，难以视为信史。不过，蜀地先民大多是在水边生活、善于治水的民族，则是史有明载的。在以几代蜀王为代表的古蜀先民中，鱼凫氏是水边生活的民族，也是善于航行的民族，曾沿江而上做过很长期的航行。杜宇氏曾以“江、潜、绵、洛为池泽”，也证明其时对境内大河都已进行过开发治理。开明氏则是以善于治水为主要特点的民族。

蜀地先民善于治水、善于航运的最佳证明，是考古发掘时出土的实物。如成都百花潭中学战国墓中出土的著名的水陆攻战纹铜壶，上面有清清楚楚的水战图案，水兵所乘的是两层甲板的战船。四川盆地东至巴县，西至芦山，北至昭化，多处发现战国时期的船棺葬。死后以船为棺，这是生前以船为主要交通工具的铁证。

其次是善于造船。巴蜀先民所造的船，目前所见的实物就是战国时的船棺，有独木舟与木板船两种类型。由于是作为棺，当然只能是不大的象征性的船。但从文献材料看，战国时期的巴蜀已有较高的造船技术。如《蜀王本纪》载，秦国为了沿江而下征服楚国“为太白船万艘”。“太白船”就是“大舶船”。大型船只能造万艘，即便有数量上的夸张成分，但其造船能力之强也可想而知。又如《战国策·楚策一》载，张仪在向楚王分析秦朝在巴蜀备战的情况时说：“秦西有巴蜀，方船载粟，起于汶山，循江而下，至郢三千余里。舫船载卒，一舫载五十人与三月之粮，下水而浮，一日行三百余里。里数虽多，不费马汗之劳，不至十日而距扞关。”这里所说的方船与舫船是同义语，都是指的双体船，也就是两只单体船相连而成的船。这种双体船的主要优点是船身宽，在风浪中的稳定性好，宜于在风浪中远航。此外，双体船每只可载兵士 50 人与 50 人所食的 3 个月的口粮，其载重量已在 10 000 千克以上，其相应的技术可见一斑。

最后是航运的规模。由于长期的治水功绩，加上造船技术的优良，蜀地先民很早就有了鱼凫氏、开明氏的大规模沿江西迁。从文献记载中可知，四川盆地内外的大规模航运活动最迟在战国晚期就已经有了。据《华阳国志》所载，如司马错征蜀众十万，大舶船万艘，米六百万斛，浮江伐楚，“自巴涪水取楚商於地为黔中郡”。这里既包括了从岷江、长江顺流而下，也包括了溯乌江

（巴涪水）而上，其军队有10万之众，军粮有600万斛，这种水运的规模就是在今天也是相当大的①。

这也就意味着，“蜀道之难，难于上青天”的感慨只是一个方面。在“蜀道难”的同时，蜀地先民用自己的奋斗与牺牲开辟了陆上与水上的通道，使盆地内外长期保持着一定的经济文化往来。进而言之，即便是在半信史时代，蜀地先民也并不是在四周封闭的状态下独自书写自己的历史，而是在与外界保持着种种交流的情况下，作为中华民族大家庭的一个有机组成部分而发展着自己的区域文化。

与“蜀”相连的“巴”，在未与“蜀”一体的半信史时代，其区域文化的范围东接湖北西部、南临贵州、西至四川盆地、北到汉中地区。其文化特点包括：一是大量使用今日所谓的“巴蜀图语”（刻铸在青铜器、兵器或印章上的符号）；二是巫鬼文化发达；三是与巫鬼文化有很强关联度的乐舞发达；四是白虎崇拜（畏惧其实也是崇拜的一种表现形式）；五是有广泛的女神崇拜。

资料显示，古代巴族广泛居住在汉水中游、清江（古称夷水）流域、长江中游等地区，都是沿水而居的民族。巴族中最主要的一支是所谓廪君蛮，据战国时成书的《世本》载，廪君名务相，姓巴氏，与樊氏、晖氏、相氏、郑氏，凡五姓争神。以土为船，雕文画之而浮水中，其船浮者，神以为君。他姓船不能浮，独廪君船浮，因立为君。《后汉书·南蛮西南夷列传》也有类似记载。由此可知与蜀地先民一样，巴地先民也是善于航运的民族。不过，随着与周边部落的战争及资源获取的变化，廪君的部族不断向长江上游迁徙，并在此过程中与其他部族兼并和融合。武王伐纣之时，巴国曾出兵相助，后被封为同宗姬姓子爵。

在周王室衰落的春秋时代，巴国的政治军事力量也有一定的增长，也曾试图向长江和汉水流域扩张，所以一度与楚国结为联盟。后来同盟关系破裂，相互攻伐，巴国在处于下风之后也就转入重庆东部长江干流和四川盆地东部。战国时期，巴国多次迁都。据《华阳国志》记载：“巴子时虽都江州，或治垫江（今重庆合川），或治平都（今重庆丰都），后治阆中（今四川阆中），其先王陵墓多在枳（今重庆涪陵）。”多次迁都，显然与当时政治军事形势的严峻有很直接的关系。因为从地理位置上看，每迁一次都距离战场更远。在越来越不能抵挡楚国强大武力，地理上又无险可守的情形下，巴国的灭亡也就只是时间问题了。

---

① 段渝：《巴蜀文化史》，四川人民出版社，2012，第45页。

二、三星堆与金沙遗址的文化遗存

半信史时代的巴蜀文化，最具代表性的也就是举世闻名的广汉三星堆遗址和成都金沙遗址。三星堆遗址的发现始于 1929 年。1933 年冬至 1934 年春，有了第一次小规模的发掘。从 1958 年到 1986 年，这里进行了多次发掘。1986 年 7 月和 8 月，震惊中外的两个祭祀坑遗物相继重现人间。研究表明，三星堆遗址的文化遗存分为四期。最早的是新石器时代晚期，最晚的在商末周初。最引人瞩目的文化遗物在第二、三期，时间为距今 4 070~3 200 年，相当于中原的夏末商初至商代后期，也很可能就是《蜀王本纪》和《华阳国志》中记载的古代蜀王鱼凫氏时期。这里，有高大的城墙与深广的城壕，有全世界最大的青铜雕像群和最长的黄金权杖，有罕与伦比的玉石礼器，有来自南方的印度洋海贝，有来自中原的青铜酒器。这些实物再加上同一时期的成都十二桥发现的规模宏大的木结构宫殿遗址和成都羊子山发现的高 10 米、底宽 103 米的方形三层巨型祭祀用土台，表明在那个时代该区域的“国家”已经形成，经济文化发展的水平已经不低，对外交流的渠道早已通向远方。

金沙遗址位于今天成都市主城区之内的西二环与西三环之间，是2001 年2 月在一个住宅小区的建筑工地上发现的，已探明的遗址面积约 5 平方千米。通过近年来的多次发掘，在这里发现了从比三星堆文化还要早的宝墩文化遗存一直到明清时期的文化堆积。金沙遗址的各个文化层中最为重要的是这里的古蜀文化遗存，多数考古学者将其归于成都地区的十二桥文化时期，其年代相当于商代晚期至春秋，绝对年代大约在公元前 1150 年—公元前 600 年，很明显是上承三星堆文化的古蜀文化遗存，而且很可能是继三星堆之后的又一个古蜀都邑。在金沙遗址，出土了震惊世界的、已被确定为我国文化遗产标志的太阳神鸟金箔，出土了大量的玉器、金器、陶器、石器、青铜器、象牙。这其中的金器、玉器、石质雕塑、象牙都是我国所有的先秦文化遗址之中最多的。从大量的出土文物中，不仅可以看到当年的文化发展程度之高，也可以看到当年蜀中与中原地区、华东沿海地区已经有着明显的文化交流。

三星堆文化与金沙文化是早蜀文明的代表和标志，表明这个与中原的殷周王朝同时存在的古蜀王国所创造的古老文明是巴蜀文化第一个光辉的高峰，是长江上游的一个最重要的古代文明的中心。三星堆文化与金沙文化把我们对巴蜀文化比较清楚的认识提早了一千多年，因为在发现它们之前，我们对早期巴蜀文化的了解是相当模糊的，基本上还停留在不多的汉晋文献的记载中。早期巴蜀文化的高度发展，也为中华民族起源多元论提供了一个有力的佐证。它说明，与中原的夏商王朝存在与发展的同时，在巴蜀地区还存在着一个独立发展、独具特色，又与外界保持着交流的古老的巴蜀文化。

三星堆文化是巴蜀文化中的一颗闪耀的明珠，不仅因为它具有悠久的历史和文化的先进性，还在于它吸收了古代近东甚至欧洲的文明。在三星堆文化遗址出土的大量文物中，最引人注目的是一根金杖，其芯是木质的，外层用纯金皮包卷，且金杖上端有一节长约半米的平雕纹饰。这些文物中只出现了一根精美的金杖，因此可以肯定它是一根象征至高无上权力的权杖。在中国古代的历史中，通常都是将鼎作为最高权力的象征，从来没有出现过用杖作为权力象征的现象。近东地区以及古埃及、古希腊、古罗马等地区，则普遍用权杖作为国家权力或者宗教权力的象征。三星堆金杖从外形上看，与西亚和埃及的权杖很相似，图案内容也很接近，而且比西亚和埃及的权杖出现得晚一些，因此可以说三星堆金杖是吸取了近东文化和欧洲文化中权杖的形式而制成的。

三星堆遗址出土的文物中，还有用纯金做成的金面罩和大量青铜人物雕像，如全身人物雕像、人头雕像、人面像。其中金面罩在中国古代的中原地区是没有出现过的，直到现在也只在四川（古巴蜀）地区发现了这一例，而且在文献和考古资料中也找不到相似文化元素的存在和来历，也就更无法找到它们发生、演变的痕迹了。在世界范围内，近东是世界上最早进入青铜时代和最早使用黄金制作面罩的地区。此外，三星堆青铜人物雕像的面部形态和中国古代文化有许多不同的地方，这些青铜人物雕像大多是高鼻子、深眼睛，下巴上还留了一周胡须，体现了近东地区居民的面部特征。在艺术风格上，这些青铜人物雕像都是大睁着眼睛，一脸的庄严肃穆，而且双眼在整个面部处于突出位置，这和近东地区雕像的风格也是一致的。由此可见，三星堆文化中的人物雕像和黄金面罩同近东文化存在着一定的关系，甚至很有可能是吸取了近东文明中的部分艺术文化元素而创作完成的。

文化之间相互借鉴的前提是两者曾发生过接触，那么古代巴蜀人是怎样和近东以及欧洲人进行接触的呢？通过历史资料和考古研究发现：古代的巴蜀人和近东以及欧洲人之间的文化交流是通过南方丝绸之路实现的。在古代，巴蜀地区盛产蜀锦，而蜀锦是经南方丝绸之路传到南亚，然后再传到近东和欧洲地区的。《旧约全书》中就有关于中国丝绸的记载，由此可以推测出：大约在公元前 6 世纪，巴蜀地区的丝绸就出现在西亚地区，而且在公元前 4 世纪，欧洲的希腊人就已经开始使用“赛利斯”一词，它的意思就是丝绸。由此可见，古巴蜀的丝绸在很早的时候就已经出现在近东和欧洲等地，而这种贸易的交往势必会带来文化间的交流，这就为巴蜀文化与近东文化、欧洲文化的相互借鉴创造了条件。

不过，到了战国时期，三星堆文明的光辉已经黯淡，巴王国与蜀王国的实力都不强。特别是，随着商鞅变法之后秦国的日益强大，巴蜀地区成为秦并天下的第一个目标。公元前316年，秦惠王派军入蜀，随即灭蜀灭巴。从此，巴蜀地区成为中原统一王朝的一部分。在经过了“车同轨”“书同文”等一系列同化措施之后，曾经独立发展的早期巴蜀文化也逐步融入了中华民族古老文化的大家庭之中，不再作为一个独立发展的文化系统而存在，而是作为与整个中华民族文化发展大体同步而又保持着强烈的地方特色的地域文化而存在与发展。

第二节　发展期的巴蜀文化对区域经济社会发展的影响

秦国统一巴蜀后，在当地设立了巴、蜀、汉中三郡，且都设有掌管本郡事务的郡守和辅佐郡守的武官郡尉。郡下设县，万户以上设令，不足万户设长，下面还有县丞和县尉，以辅佐令和长处理事务。从此，巴蜀成为秦国政治结构的一部分。这意味着，其经济、社会、文化等领域的发展，离不开更大系统的相关影响和支持。如蜀郡太守李冰修建都江堰、开凿广都盐井、疏通成都附近的江河等，使川西平原的农业生产有了很大发展，社会经济繁荣，而其发展结果不再只是区域性的，而是更具整体性和宏观性——为秦国统一六国提供了物资保障。

一、秦汉至魏晋时期巴蜀经济社会的发展

秦统一六国后，将关中和六国的很多旧贵族迁到蜀地，使蜀地的工商业更为繁荣。巴蜀的郡守、县令也开始仿照咸阳建制兴建成都城，并在城内设置城防、粮仓以及盐官、铁官、市官等，还修筑道路。这些举措都促进了巴蜀地区经济和文化的发展，使得这一地区在汉代十分繁华。到了西汉初期，封建统治者继续向巴蜀移民，当地经济持续发展，但文化还是比中原落后一些。汉景帝时期，文翁出任蜀郡守，到任后就开始在巴蜀兴办教育、创建官学，此后蜀地学风大盛。很快，巴郡和汉中郡也设立官学，发展本地教育和文化。汉武帝时期，封建统治者开始开发巴蜀的西南地区，最终把西南地区归入汉朝的版图。西汉末年，公孙述占据益州，自立为蜀王，建都成都，割据一方。东汉时期，四川再次被汉朝收复。东汉末年，地方割据势力纷起，而封建统治者的权力日

益衰弱，刘焉、刘璋父子割据四川。后来，四川被另一个割据势力——刘备占领。公元221年，他在成都称帝，定国号汉，历史上称为蜀汉。虽然蜀汉是三国中地域最小、国力最弱的，但在丞相诸葛亮的精心治理下，社会经济得到很大发展。263年，蜀国被北方的魏国消灭。两年后，魏国的权臣司马炎取代魏建立西晋。到了西晋后期，由于统治者的残酷剥削，四川爆发了大规模流民起义。306年，流民起义领袖之一的巴族首领李雄在成都称帝，定国号大成。至东晋时期，李雄的侄子李寿继位，改国号为汉，疆土东到三峡，南至南中，西到岷山，北至汉中。347年，东晋大将桓温征讨汉，李寿统治的汉王朝很快就灭亡了，四川又划归晋朝的版图。此后，四川地区先后历经东晋、前秦、西蜀，南朝的宋、齐、梁，北朝的西魏、北周八个政权的统治。在此长达200多年的时间里，四川地区政局动荡、战乱频发，社会经济处于停滞状态。

秦统一巴蜀，不仅带来了中原的制度与技术，而且使不少中原的人迁入。据《华阳国志·蜀志》记载，统一之后，决策者为了加强统治，移民几万人到巴蜀。从历史的长远效果来看，这几万人不仅成为巴蜀居民的一部分，更为关键的是他们把中原文化带到了巴蜀，对巴蜀经济、社会和文化发展的作用不可低估。如《史记·项羽本纪》说："秦之迁民皆居蜀。"这个"皆"字说明了移民之多。《蜀志》的记载说："秦惠文、始皇克定六国，辄徙其豪侠于蜀，资我丰土。家有盐铜之利，户专山川之材，居给人足，以富相尚。"蜀人常璩评述移民"资我丰土""居给人足"。不过，常璩的记载有一点很值得注意，就是他未提到这些移民在农业方面的作用，而是强调"盐铜之利"与"山川之材"。这说明秦人入蜀者中很少有农夫，多是作为工商之家的"专业人士"。他们的迁入必然会对巴蜀的手工业与商业的发展有很大的促进作用。

如在这批移民中，有两个典型人物被《史记·货殖列传》记了下来。一位是著名的卓文君的先辈，卓氏带着冶铁的技术被迁蜀中，他悉心选择了出产铁矿石的临邛，"即铁山鼓铸，运筹策，倾滇蜀之民，富至僮千人"。另一位是"程郑，山东迁虏也，亦冶铸"。这两位移民将先进的冶铁技术从中原带到临邛，在临邛发展冶铁业并迅速致富。考古发现，巴蜀地区发现的古代铁器最早的时期就是战国晚期，且总是与秦国货币秦半两同出。这就有力地证明了巴蜀地区冶铁业的开始与秦国技术的传入密不可分①。同时，《蜀志》谈到当时经济的发展，首先提到的是"盐"。四川盆地的东部很早就产盐，那是利用"盐泉""威石"，即天然盐矿的自然露头加以采集的。闻名世界的四川井盐的

① 袁庭栋：《巴蜀文化》，辽宁教育出版社，1995，第86页。

开采始于何时？始于秦统一巴蜀之后秦中央派来的郡守李冰。李冰和从中原来的移民带来了先进的凿井技术和冶铁技术，这是开凿井盐的必要前提。李冰在大兴治水工程的同时，“又识齐水脉，穿广都（今双流区境内）盐井诸陂池，蜀于是盛有养生之饶焉”。这是全世界最早的关于开采井盐的记载。林元雄等人编著的《中国井盐科技史》导论中明确指出：“秦灭蜀后，大量移民入蜀，带来了中原文化和先进的技术和人才，其中包括了中原凿水井的技术，加上当时四川人口增加，要求更多的食盐，形成社会的需要。这些客观条件加上李冰的个人才智，李冰才有可能因势利导，在四川兴修水利和开凿盐井，使四川成为天府之国。”还需强调的是，秦并巴蜀以及秦统一天下之后，还有很多楚地之人迁徙到川东地区，以至有“江州（今重庆市）以东，滨江山险，其人半楚”（《华阳国志·蜀志》）的记载。这样多的楚人入川，也必然带来不少楚地的文化，只是史籍失载，不能确知而已①。

在巴蜀历史上，汉代是经济文化发展的最高峰，是历史最辉煌的时期（当然，这是指在全国所处的地位而言）。其繁荣在经济社会方面可概括为以下几方面：在农业方面，水利发达。据考证，当时川西平原水稻亩产高达780~1 160斤（按今亩和今市斤计，见刘琳《〈华阳国志〉校注》第260页，1亩≈666平方米，1斤=500克，下同），居全国之冠。这也就使巴蜀是成为全国粮食生产最主要的基地，多次在救灾救荒中发挥全国粮仓的作用；园艺业十分发达，柑橘生产十分普遍，“户有橘柚之园”（左思《蜀都赋》），以至政府在奉节设立了全国唯一的“橘官”进行管理；茶叶在此时开始成为商品，蜀人王褒的《僮约》中有全世界最早的饮茶与买茶的记载。在手工业方面，井盐在十几个县普遍发展，成为西南食盐的生产基地；冶铁发达，铁器行销整个西南地区；冶铜也很发达，邓通在严道（今荥经县）“铜山采炼铸钱，崇邓氏钱布天下”（《史记·佞幸列传》）；纺织品中的蜀锦名满天下，蜀布远销印度与中亚；漆器驰誉全国，远销今朝鲜与蒙古地区。

农业与手工业的繁荣，带来了人口的增长与城市的发展。西汉平帝元始二年（2年），全川人口数为3 514 217人，占全国人口的6%；到东汉顺帝永和五年（140年），人口数增为4 699 226人，占全国人口的9.6%。作为巴蜀首府的成都，是除首都长安之外与洛阳、邯郸、临淄、宛（今河南南阳）四大都市并列的“五都”之一。

取得如此巨大的成就一个很重要的原因就是，巴蜀先民以汇纳百川的态度

---

① 彭万廷，冯万林：《巴楚文化源流》，湖北教育出版社，2002，第121页。

成功地迎入并消化了外来的先进文化。巴蜀先民对以李冰和文翁为代表的外籍人士入川不仅是欢迎的，而且对他们在巴蜀的业绩永志不忘，长期建祠祭祀。魏晋南北朝时期，全国都处在长期的不安定之中，经济文化的发展远逊于汉代。但在蜀汉时期，巴蜀曾有一段很不错的时期。这是以诸葛亮为代表的刘备统治集团治理蜀汉的结果，而以刘备、诸葛亮为主的蜀汉统治集团中的大多数人都是从外地入川的。他们的业绩受到了巴蜀人民的充分肯定，他们的塑像至今仍保存在成都武侯祠中。

从整个魏晋南北朝时期来看，局势是动荡的，经济是凋敝的，人口是减少的。西晋的短期统一之后，从公元 301 年流民起义爆发，到公元 581 年隋朝建立统一的中央王朝，巴蜀地区经历了成汉、东晋、前秦、西蜀、宋、齐、梁、西魏、北周九个政权的更迭统治，其间还有梁末萧纪在成都的短期称帝。在如此兵连祸结的战乱之中，巴蜀地区人口大量减少。刘宋时期，今四川境内有户籍的人口才 27 万人，加上更多的未入户籍的人口总计也不会有 100 万人。

更关键的是，在这两百多年间，又不断有外地人口迁入巴蜀地区。重要的如西晋惠帝时期，今甘肃地区的路阳、天水等六郡不少人为躲避兵祸，举族内迁，先到汉中，以后入蜀，总人数在 10 万以上，其中有汉人，也有大量的氐、羌等族。这批流民以后成为成汉政权的基础，最后融合到巴蜀原有的居民中去。在中原地区经常处在刀光剑影、硝烟弥漫，而南北长期对峙的情况下，江南（相对来讲，江南在当时仍是经济形势最好的地区）要想通过汉代形成的丝绸之路前往西域是不可能的了，于是在十分艰苦的环境之中，经济交流的动力促使人们开辟了一条临时的新的丝绸之路，即由成都出发，沿岷江河谷到松潘，经大草原进入吐谷浑（今青海东部），穿越阿尔金山口到达鄯善（今新疆若羌），再到焉耆。这条通道本是一条古道，商旅频繁之后，西域的各族商人沿此路进入蜀中，有的也就定居下来，以至一直到隋唐时期，蜀中还有一些西域人。如《北史・儒林传下》载："何妥，字栖凤，西域人也。父细脚胡，通商入蜀，遂家郫县。事梁武陵王纪，主知金帛，因致巨富，号为西州大贾。"隋文帝时，何妥曾任国子博士，加通直散骑常侍，进爵为公。

由于这一时期人口往往因战乱而大减，统治者为了充实人口、增加农业劳动力，在相对稳定时也曾有意从外地移民入蜀。这其中规模最大的一次是成汉时期，"以郊甸未实，都邑空虚……从牂柯（今贵州地区）引僚人入蜀境，自象山以北，尽为僚居。蜀本无僚，至是始出巴西（今阆中）、渠川（今渠江）、广汉（今射洪）、阳安（今简阳市东）、资中（今资阳）、犍为（今彭山）、梓潼（今梓潼），布在山谷，十余万家"。据研究，在南北朝时期，僚人最多时可能达到三百万，超过了原有的汉人。以后，獠人的大部分都与汉人融合，成为唐宋时期巴蜀地区汉人的重要族源。

二、在交流交往中发展变迁的巴蜀文化

战争、移民、商贸等因素，不断促进巴蜀地区与中原文化周边其他地域性文化发生密切的交流，其中秦、楚文化都对巴蜀文化产生了巨大影响，秦文化还逐渐成为巴蜀地区的主流文化，并在与当地的土著文化相结合后催生了新巴蜀文化。这种文化对与巴蜀毗邻的滇文化也产生了一定影响，进而通过南方的丝绸之路影响了南亚地区。

巴蜀文化与中原文化的交流。古代的巴蜀文化是在新石器文化晚期逐渐发展起来的，以土著文化为基础，具有很强的地域特征和一定的封闭性。秦国灭巴蜀以后，由于巴蜀各族的贵族还保存着一定实力，而秦国国主为了加强自己对地方的统治，便在巴蜀实行了分封和郡县制并行的行政制度。后来，随着这些贵族势力的衰弱，秦国取消了分封制，只在巴蜀实行郡县制。秦统一六国后，为巩固和稳定封建中央集权制，开始统一思想、文字，实行“车同轨，书同文”等文化经济政策。而且，秦朝统一后的文字促进了文化交流，为中原文化在巴蜀的广泛传播创造了条件。

西汉时期，国家统一、政治稳定、经济发展，统治者开始推行若干文化教育措施。汉惠帝时期，先秦的各家思想重新活跃起来，文化教育事业也快速发展。其中尤以儒学在全国各地的传播最广，影响也最大。汉景帝时期，文翁在巴蜀兴办教育，使作为中原主流文化的儒学很快成为巴蜀地区的主流文化。西汉中期，为了巩固封建统治，汉武帝在全国倡导儒学，使儒学成为封建制度的最高政治原则和唯一的思想文化尺度。由于得到国家政治力量的支持，儒学在巴蜀地区得到进一步传播，并产生了量变到质变的飞跃。此时正是巴蜀文化与中原文化的融合之际，儒学文化受到推崇，通晓儒学成为入仕的主要途径。司马相如、王褒、落下闳、扬雄等著名文人也是在这一时期涌现出来的。

秦汉时期，首都长安是全国的政治中心，朝廷为了控制旧贵族，镇压地方豪强，以此来稳定和巩固中央集权，就把部分旧贵族迁移到巴蜀，促使旧贵族势力与当地残余势力发生摩擦而相互消耗，有利于国家的统治。这些人迁移到蜀地后，带来了中原的文化和生产技术。后来，还有数以万计的移民被有组织地迁移到巴蜀，加入蜀地开发的行列中。随着巴蜀地区经济的繁荣，中原人口开始自动向巴蜀迁移。这些人中既有没落的贵族和躲避灾祸的大户人家，也有到巴蜀谋生的贫困农民，他们都推动了中原文化在蜀地的传播。

在这些人之中，有一些精通中原文化的人游学于中原和巴蜀间。也正是这些人，促进了中原文化在巴蜀的传播。如汉代大儒司马相如在少年时期曾拜著名的儒家大师胡安为师，三次往返于巴蜀与中原之间。后来，他因汉景帝不喜欢其辞赋而辞职，开始了在中原的游学生活。再后来，司马相如又返回成都居住，曾经两次来往于长安和巴蜀之间，以其才学卓著而享有盛誉，对中原文化在巴蜀的传播起到了直接的推动作用。此外，还有很多巴蜀的学子到中原各地游学。他们大多在京师学习儒家经典，学成之后回到巴蜀。汉景帝时，张宽等人就是受文翁的嘱托到京师学习儒经，并在学成后回到巴蜀。当时，不仅巴蜀的学子重视中原文化，朝廷也十分重视对巴蜀的文化教化，政府经常向巴蜀各郡县派遣大批官吏。这些官吏不仅执行中央的政策法令，同时也是蜀地的思想文化启蒙者和传播者。在地方和统治者的双重推动下，中原文化在巴蜀快速发展起来。而且在中原文化的影响下，巴蜀各族由原本的没有姓氏逐渐过渡到有姓氏，生活习俗也发生了改变，最为明显的就是开始穿着中原汉人的服饰。

第三节　成熟期的巴蜀文化对区域经济社会发展的影响

魏晋南北朝时期，巴蜀地区经济文化的发展相对地处于低谷时期。但外部大量移民进入巴蜀，无疑给巴蜀地区注入了大量新鲜血液，增添了新的活力，这对于巴蜀地区在唐代得以迅速复苏、再次居于全国的前列，是一个十分重要的因素。唐代以后，巴蜀地区的经济文化发展速度明显降低，再也没有出现过昔日的盛世，逐渐从全国的先进地区降为全国的后进地区。出现这种情况的原因是多方面的，但主要原因是宋元之际的长期战争和明末清初的长期战争，这两次战火都使巴蜀人民遭受重创，死伤率高达80%。每次人口锐减之后，都有大量移民迁入，这些移民成为巴蜀地区恢复生产、复苏经济的主力。

一、唐宋时期巴蜀经济社会与文化的全面发展

唐宋时期，经济文化的全面发展使巴蜀地区再次获得了“扬一益二”的殊荣。如著名文学家陈子昂所说：“国家富有巴蜀，是天府之藏。自陇右及河西诸州，军国所资，邮驿所给，商旅莫不取给于蜀。又京师府库，岁月珍贡，尚在其外，此诚国之珍府。”在唐代，成都与扬州并称“扬益”，到北宋，仍称“扬一益二”。一直到南宋，蜀中仍是“繁盛与京师同”。

在这个经济文化全面发展的历史时期，巴蜀地区是为人类文明做出过重大

贡献的印刷术的发源地；全世界第一张纸币在这里出现；第一口小口盐井在这里凿成；这里兴建了全国最大的佛寺——大慈寺、全世界最高的大佛——乐山大佛，制造了古今绝世的雷琴。李白在这里长大，杜甫在这里写下了他一生诗作总数的一半，吴道子在这里描绘了嘉陵江三百里山水，黄荃在这里开创了院体画派，王勃、高适、岑参、元稹、白居易、刘禹锡、贾岛、李商隐、韦庄、黄庭坚、陆游、范成大等纷纷入蜀；这里还是陈子昂、雍陶、薛涛、“三苏”、文同、张俞、苏舜钦、张孝祥的故乡。巴蜀地区真可谓众星灿烂、群贤毕集。唐宋时代的巴蜀文坛之盛，可称是空前绝后。在学术上，著名史学家范祖禹、张唐英、李焘、李心传，哲学家李鼎祚、张行成、魏了翁、张栻，都为中华文化做出过重要的贡献。在科学领域，段成式的《酉阳杂俎》和李石的《续博物志》是百科全书式的科技史资料，昝殷写的《产宝》是我国最早的妇产科专著，唐慎微写的《经史证类备急本草》是当时全世界最详备的药典，王灼的《糖霜谱》是当时全世界第一部制糖学专著，秦九韶写的《数书九章》把我国的古代数学推到了当时的最高峰。

唐宋时期巴蜀文化繁荣原因很多，其中一个重要的原因就是安定的环境。正如五代著名诗人贯休在《陈情献蜀皇帝》一诗中所说：“河北江东处处灾，唯闻全蜀少尘埃。”隋末农民大起义、唐代的安史之乱、唐末农民大起义都未波及巴蜀地区，五代时期也相当平静。宋代的抗辽、抗金战争都在巴蜀以外地区进行。这些使巴蜀文化有一个良好的客观环境从而得以发展。关于这一点，古人也有所分析，例如宋末著名政治家文天祥就说过：“蜀自秦以来，更千余年无大兵革，至于本朝，侈繁巨丽，遂甲于天下。”可是，在宋元战争中，巴蜀地区却陷入了严重的战火，受到了极大的摧残。南宋时期，巴蜀地区占全国全部税收的三分之一，而到了元代，仅占全部税收的百分之一。经济残破，必然带来文化的式微。整个元代，巴蜀地区文化全面衰颓，在全国文坛上有地位的学者仅有虞集一人，他也仅是自幼离开蜀中、流寓江南并终生在江南生活的蜀籍文士而已。

文化全面繁荣的唐宋为巴蜀科技进步奠定了坚实的社会基础。那个时期的巴蜀是我国造纸业的中心地区，也是印刷业的中心地区，还是全世界纸币的发源地。众所周知，我国的造纸术形成于汉代，晋代造纸术传到全国。到唐代，出现了第一个造纸业的中心，这就是巴蜀。到宋代，全国造纸中心发展到七处，巴蜀仍占两处。

唐代四川生产的纸，主要是利用四川盛产的麻生产的麻纸。当时四川产麻，天下闻名，故而杜诗中亦有“蜀麻吴盐自古通，万斛之舟行若风”。蜀麻主要用来生产各种麻布，如青布、纩布、葛布、简布等都进贡京师，远销全国。生产麻布之后的大量乱麻就用以造纸。在唐代，巴蜀地区的黄白麻纸是四川向朝廷的重要贡品。除了麻纸外，唐代巴蜀地区也用树皮造纸，即皮纸。所用原料主要是楮树皮（今四川称楮树为构树），生产中心在广都（今四川成都双流）。唐代，在树皮所造的纸中，四川还生产了一批著名的书画纸，即“笺纸”。蜀笺中最负盛名的就是薛涛笺。当时制笺中心在成都浣花溪畔。著名女诗人薛涛就住家于浣花溪侧。她本来喜欢书画，又是诗人，所以她就在当地制笺工艺的基础上加以改进，制造了十色小笺，被文士们采用，遂成为声名远播的“薛涛笺”。

宋代，四川的造纸业继续保持繁荣的局面，表现在以下几个方面：第一，产量仍然很大，运销全国，单是北宋初年在成都印制《大藏经》，每一部就有13万页，可见用纸量之巨。第二，生产出一大批专用纸。在唐代笺纸基础上生产的各种笺纸，已经成为朝廷的贡品。除薛涛笺外，谢师厚又造出了“谢公笺”，也是十色彩笺。又有布头笺。据苏轼在《志林》中说：“川纸取布头机余，经不受纬者治作之，故名布头笺。此纸名冠天下。”由此可知布头笺不是皮纸，而是麻纸。后来人们还在唐代技艺的基础上生产了水纹纸。这种纸在迎光时可以见到帘纹以外发亮的线纹和图案，是在纸帘上用线编成纹路图案，或用木模强压纸面而制成的。当时生产这种纸是为了增加纸的美感，却开了当今世界上证券货币用水纹纸的先河。此外，巴蜀地区还生产出了世界上最早的纸币专用纸。第三，北宋时，巴蜀地区出现了全世界第一本论述造纸的专著——绵州（今绵阳市）人苏易简所写的《文房四谱·纸谱》。

宋代以后，四川经济在全国的地位急剧下降，造纸业也不再具有唐宋时期的领先地位。只是有两种纸的生产仍享有盛誉。一种是薛涛笺的制作一直继续，而且明代制笺的东外锦江畔玉女津附近逐步发展为一处纪念薛涛的名胜，有薛涛井、崇丽阁、濯锦楼、吟诗楼、浣笺亭、清婉室、五云仙馆等建筑，即今日的望江公园。另一种是在夹江县形成了一个新兴的造纸中心，以当地盛产的各类竹子生产竹纸，这种高级书画纸可与著名的宣纸比肩，被称为“夹宣”。国画大师张大千、徐悲鸿都长期使用“夹宣”。正是在造纸业发展的基础上，四川在唐宋时期成了全国也是全世界印刷术的发源地和中心地之一。

我国是印刷术的发源地，但印刷术究竟发明于何时，至今还难以定论。不过，目前发现的早期印刷品（指8世纪和9世纪的印刷品）中能够确知刻印地点的，都是刻印于成都。这就可以推知，即便成都不是全世界雕版印刷术的发源地，也是早期的中心之一。目前已知刻印地点的早期印刷品实物有两件：一件是敦煌发现的唐僖宗中和二年（882 年）的历书残页，上面有通栏大字“剑南西川成都府樊赏家历”，可知此历书必刻于 882 年之前无疑；另一件是在成都出土的，也是目前保存在国内的我国最早的印刷品实物（现藏中国历史博物馆）。此外，纸币所以能在巴蜀地区产生，除了经济流通的需要之外，巴蜀地区造纸业与印刷业的发达是必备的条件，因为纸币对纸张质量和印刷工艺都有特殊要求，否则既易作伪，又易损坏。据《宋朝事实》记载，交子“同用一色纸印造，印文用屋木人物，铺户押字各自隐密题号，朱墨间错，以为私记”。又据费密《楮币谱》载，交子“表里印记，隐密题号，朱墨间错，私自参验，书缗钱之数，以便贸易”。由此可知工艺之复杂。

概而言之，唐宋时期的巴蜀仅在造纸和印刷上的成就，就可概括为：第一处造纸中心、第一批有图彩笺、第一批货币专用纸、第一件可确知地点的印刷品、第一部文人别集、第一部文学总集、第一部类书、第一项世界印刷史的巨大工程、第一批纸币。

二、元明至近代巴蜀经济社会与文化的衰落与复兴

元末农民大起义爆发后，红巾军首领明玉珍率军由楚入蜀，并于 1363 年在重庆称帝，国号大夏。明玉珍死后，传帝位于年仅 10 岁的儿子明升。诸将为争权夺利而大动干戈，朱元璋借机派军伐蜀。所以，在元末明初的这段时间，巴蜀地区基本上仍在动乱中度过，稍有复苏的经济又一次被破坏。明洪武五年（1372 年）统计，全省人口竟只有 8.4 万户，比元代初年还少。

明代近三百年，巴蜀地区的经济文化都有恢复，人口增加（其中包括大量移民入川），农桑兴旺，处处兴学，在此基础上，出现了大学者杨慎、理学家赵贞吉、易学家来知德等一批杰出人物，各地已出现一定的繁荣气象。可是在明末清初，巴蜀地区出现了连续 80 年的战乱加天灾。从明万历年间到明末，先后有土司杨应龙与奢崇明的大规模叛乱；后有李自成、张献忠农民起义军几次入川；最后张献忠在成都建国，与明军及地方武装在全川进行了激烈的争战。就这样，蜀中经历了连续 80 年的战火，直到康熙二十年（1681 年）战火方才熄灭。

明末清初长期、大范围、深度的破坏，使巴蜀地区在明代已有所恢复的社会正常秩序遭到毁灭性的打击，人口锐减、四野荒芜、残垣遍地、文物尽毁，其残破程度为我国几千年历史所罕见。清王朝恢复四川的措施，首先就是从外省移民入川。从康熙中叶到乾隆中叶，移民六七十年，才使四川恢复元气，农业与手工业才从恢复转向发展，停滞多年的商业才逐渐繁荣。但整体来讲，水

平仍然不高，较之其他省区，汉唐时期的繁荣气象与领先地位荡然无存。而在文学、艺术、政论、学术等领域，这种落后就更为明显。最能从量化角度说明问题的证据是：清代文士几乎无不读经书、治朴学。集清代读经成果之大成的《皇清经解》与《皇清经解续编》，收集全国著作 397 种，其中竟无一种蜀中人的著述。这与唐宋时期巴蜀文坛之活跃、著述之宏丰是多么强烈的反差。

总之，从元初到清代中叶这 500 年的漫长岁月，是巴蜀文化的长期衰退期。昔日光辉不复存在，农工商贸让位他省，文苑艺坛一片沉寂。明代虽然出了一个杨慎，严格说来他也主要是在京师长大的。应当承认，三星堆时期、汉代、唐宋这三个光彩夺目的高峰之后，巴蜀文化一直未能再现当年的雄风，同全国先进地区相比，处在一种相对后进的状态。

从清代中叶开始，巴蜀地区的经济有了明显的复苏，其基础应当是农业的复苏和发展，是粮食的增加并如汉代一样外运。生产力恢复并有所发展的表现，最有代表性的是集科技、手工业与商业成就于一体的井盐业的恢复与发展。巴蜀地区自古产盐，宋代出现了古代制盐史的第一个高峰，可到了明代，最高年产量只有南宋时期的三分之一。由于各方面因素的促进，清代四川井盐生产水平在钻井、治井、采集、运输各主要环节都有明显的提高。到乾隆年间，已形成了川北的射洪、蓬溪地区，南部、阆中地区，川南的嘉定（今乐山、五通桥）、犍为地区，川中的富顺、荣县地区（今自贡地区），川东的云阳、大宁（今巫山、巫溪）地区的五大产区，各拥有盐井与天然气井以千数，深井已超过一千米。

随着经济的复苏，文坛也开始活跃。蜀中士子又逐渐在全国舞台上崭露头角。被誉为清代蜀中三才子的彭端淑、李调元、张问陶，在全国都有较高的知名度。他们三人在全国各地的宦游与诗坛唱和，应当视作巴蜀文化重整旗鼓的序幕。而杨锐与刘光第以及宋育仁在戊戌变法中的表现，则应视为巴蜀文化全面复兴的重要标志。

清代末年，继日益强劲的复兴之风，巴蜀大地人才辈出，充分体现了文化的全面复兴，经学大师廖平，革命家邹容、彭家珍、喻培伦、吴玉章、张澜，书法家顾印愚，史学家张森楷，名医唐宗海等是较早一批在全国知名、卓有建树的人物。新文化运动主将吴虞、文学家谢无量、版本目录学家傅增湘、诗人赵熙等是稍晚一些的第二批。其后有新文学巨匠郭沫若、巴金，少年中国学会发起人王光祈、周太玄，革命家朱德、邓小平、陈毅、聂荣臻、刘伯承、罗瑞卿，史学家蒙文通，音韵学家赵少咸，国画大师张大千、张善孖、陈子庄、石鲁，著名作家李劼人、沙汀、艾芜，著名诗人吴芳吉，经济学家陈豹隐，金石书法大师乔大壮，数学家何鲁，著名记者范长江，文学家何其芳、赵景深，哲学家贺麟，佛学大师能海，地质学家黄汲清……真可谓群星璀璨，光耀中华。

第四节 巴蜀文化助力区域经济社会发展的主要特征与规律

经济基础决定上层建筑，上层建筑反作用于经济基础，这是马克思主义历史唯物主义的光辉论断。以此审视巴蜀文化的历史进程，也就不难发现：文化繁荣总是与经济兴盛相伴相随的；同时经济兴盛也总是受文化发展的深层影响。只不过，特殊的自然环境和地理位置也使巴蜀文化在中华文化的大系统中具有一些明显的区域性特点：与中原的相对隔离，使其既可成为中原战乱时避乱的首选之地，也可能成为割据称雄的首选。前者，导致大量移民的涌入，进而为经济文化的全面交流和交融注入强大的生力军；后者，在导致人口规模性减损的同时，也导致外来人口的“填补”性涌入。换句话说，不管是和平时期还是战乱之后，巴蜀地区都是中原移民的主要目的地。从这个意义上说，巴蜀文化在很大程度上其实是以兼容并收为鲜明特点的移民文化。但也正是这个“兼容并收”，成就了巴蜀文化开放、包容，并在开放包容中助力区域经济和科技发展的历史品格。

一、与移民相伴的文化发展与演变

秦并巴蜀，北边是中原文化与移民的大量进入。东边是楚文化与移民的大量进入，对巴蜀发展有着极重要作用的冶铁与钻井术就是这时从中原传入的。正是从过去与中原“莫同书轨”到“书同文”“车同轨”的变革，使当时最为通行的中原语言与文字在原已传入的基础上完全取代了只在巴蜀地区使用的巴蜀地方语言与文字。从此，“言语颇与华同”。应当说这段时期大量移民与秦国政策法令所带来的新旧文化的碰撞是剧烈的，社会变革的深度与广度也是巨大的，血统与文化的融合也是可想而知的。可是，巴蜀先民对此的态度是积极接纳和充分肯定。如《华阳国志·蜀志》用很大篇幅记述了李冰在巴蜀兴水利、凿盐井的功绩，“蜀于是盛有养生之饶焉”“迄今蒙福”，对这位秦郡守给了很高的评价。在汉代，蜀中就开始建庙祭祀李冰。此后，李冰被称为“川主”，遍布蜀中的川主庙一直保存到当代。

唐宋时期是巴蜀文化全面发展的高峰时期，究其原因，从汉末以来又一次移民的大规模进入，又一次对外来文化的吸收与消化仍然是其重要的原因之一。这段时期，先有刘焉、刘璋率领的荆州人士入蜀，然后有刘备、诸葛亮率领的更大规模的中原人士入蜀，接着是西北六郡10万以上的流民入蜀，以后是更大规模的南方僚人入蜀。大量、多源的移民入蜀也就是多方文化的融入，这对巴蜀地区的影响是难以估量的①。如大诗人李白一家，就是由西域迁入的；隋代著名学者何妥，也是由西域迁蜀的；五代时著名药物学家李珣及其妹——诗人李舜弦，其先辈乃是由波斯迁入的。蜀中学术以宋代最盛，如果仔细考察一下就可以知道，宋代不少学者如张栻、范祖禹、苏舜钦、吴缜、彭乘、陈尧叟、张商英、宇文虚中等，其先辈都是唐代中后期由中原迁蜀的。五代时著名的花间派词人如韦庄等，多数是由中原入蜀的；著名的西蜀画派画家，如孙位等，多数是由中原入蜀的。至于杜甫、高适、岑参、白居易、刘禹锡、元稹、贾岛、黄庭坚、陆游、范成大等文坛明星入蜀与蜀中文化繁荣的关系之巨，更是十分明显。

二、以兼容并包为特征的文化品格

元代到清初，战乱之后的大移民更是毋庸置疑的文化大融合，使近代的巴蜀文化无处不显现出兼容并包的特点。例如，以成都话为代表的四川话，是属于北方官话系统的次方言西南官话，乃是以湖北话为基础再融入其他方言而在明清时期形成的。至今，巴蜀境内还保留着若干讲客家话与湘方言的小地方，以及少数讲河南话与安徽话的地区。又如，被当今外地旅游者赞不绝口的川菜、川剧、川酒，都不是地地道道的“土特产”，而是在广泛吸收外来文化之后形成的。

当我们把目光转向近代，就会发现这种兼容并包的文化品格依然在延续。经过清代中后期的较为稳定的发展，外地移民均已经过好几代的融合。抗战爆发，巴蜀成为大后方，数以百万计的各省人士涌入巴蜀之后，无论何方人士均能与巴蜀人民很好地相处，共渡难关。就此而言，不能不再次强调，如果我们要从宏观的、历史的角度来加以考察与总结巴蜀文化最主要的特点的话，以移民文化为载体而表现出的兼容并包，才是最值得珍视和弘扬的区域特质和优秀品格。

---

① 袁庭栋：《巴蜀文化志》，巴蜀书社，2009，第86页。

第三章　质同形异：巴蜀古文明遗址及文化特征

根据近几十年来的考古发现与研究，中国文明起源与演进的主线是由聚落而形成以城堡为中心的大型聚落，再形成以都城为中心的各个方邦。中华民族并非出自一元，而是多中心起源。古蜀国正是中华民族多中心起源地中灿烂辉煌的一支史前文明，与华夏文明、良渚文明并称上古三大文明。古蜀文明是指从远古时期到春秋时期早期，产生于巴蜀地区的不同于中原文明却又与中原文明有着千丝万缕关系的古文明。巴蜀地区从上古文明开始，经历数千年的风雨历程而积淀了丰富多彩的文化资源。三星堆遗址、金沙遗址和船棺葬遗址等考古发现和研究揭开了巴蜀古文明的神秘面纱，证实了巴蜀地区自古存在着灿烂而独特的古文明。巴蜀文化包括巴文化和蜀文化，巴文化包括早期巴文化、春秋时期的巴文化、战国时期的巴文化；蜀文化包括早期蜀文化、鱼凫时代蜀文化、杜宇时代蜀文化、开明族时代蜀文化等。从不同时期文化结构要素中可以具体分析出：巴蜀文化结构模式与生态环境、社会环境和异质文化影响的关系巨大。

第一节　巴蜀古文明遗址

巴蜀古文明遗址是距今 3 000~4 000 年的中国长江流域史前文明的辉煌遗存。巴蜀古文明遗址的发现深刻揭示了中华古代文明的多元化和独特性。作为世界上大河文明的重要组成部分，其在人类古代文明演进历史上所达到的高度和发挥的重要作用使它足以与世界其他古代文明相媲美。巴蜀古文明从其源流发展至兴盛衰落的漫漫历程大体展现于考古发掘的诸多遗址。

一、营盘山遗址

营盘山遗址位于四川省阿坝州茂县凤仪镇南 2.5 千米，是距今 5 500~

6 000 年的一处新石器时代文化遗址。营盘山遗址是 2000 年以来在岷江上游地区考古调查发现的十余处新石器时代遗址中面积最大、遗存最为丰富的遗址，是中国 21 世纪重大考古发现之一。营盘山遗址地处连接黄河与长江的岷江上游地区，位于藏彝走廊或氐羌走廊的核心地区，是重要的文化走廊和民族走廊，对探讨古蜀文化与马家窑文化和仰韶文化的关系具有重要的科学价值。营盘山遗址出土的文物中包括四川地区发现的年代最早的陶制雕塑及时代最早、规模最大的陶窑址等，为研究古代巴蜀民族的形成迁徙和文化传播交融，以及与成都平原的宝墩和三星堆等遗址的联系架设起桥梁，因此以茂县营盘山为主的新石器时代遗址是川西北高原古蜀文明探源工程的重心。

营盘山新石器时代遗址地处岷江东南岸三级台地，遗址平面呈梯形，东西宽 120 米至 200 米，南北长约 1 000 米，总面积近 15 万平方米。遗址内包含新石器时代和石棺葬时代两个阶段的文化遗存，其中，新石器时代遗存为距今 5 000年至 5 500 年的中心聚落遗址，石棺葬时代遗存为西周战国秦汉时期的石棺墓地。经过考古工作者历时 7 年的发掘，在总面积近 3 000 平方米的范围内发现了房屋基址 9 座、人殉坑 5 座、窑址 4 座、灰坑 100 余个。此外，在遗址西部发现一处广场面积的大型遗迹，出土器物包括陶器、玉器、石器、细石器、骨器、蚌器等，总数近万件。从现场发现的相关遗迹和出土文物可以推断，营盘山先民以定居农耕为主要生活方式。比如出土文物包括丰富的石制、陶制、骨制工具；陶器中有一部分厚胎炊器和体型宽深的容器。遗址出土的陶器包括了数量丰富的酒器，说明营盘山的古代居民已经掌握了酿酒技术。这些酒器主要为彩陶的壶和瓶以及杯盏等，做工精美，质地上乘。现场还发现圆形袋状灰坑，应该是存放粮食等各类收获物或其他杂物的贮藏室，表明当时的农业生产已经达到相当的水平①。

营盘山先民的主要生产活动是农业，同时依托于丰富的自然资源，狩猎、采集和捕鱼也是其经济生活不可缺少的补充。岷江流经营盘山遗址的西部、北部和东北部。曲流河形成较大的回水区域，河流流速变慢。浅水区是理想的捕鱼场所，出土的打制石网坠可证明当时存在捕捞生产。该遗址出土了大量的狩猎石球、磨细的石头和骨镞。该遗址也出土了大量细石叶、细石芯和小石器，以黑白半透明燧石、白色石英和透明水晶为主要材料。这些细石器制作精良，学术界普遍认为其是复合工具的一个组成部分，常用于猎物外皮的剥离和加

① 杨文健、庄春辉、巴桑、李瑞琼：《对茂县营盘山古蜀文化遗址保护与展示的构想》，《阿坝师范高等专科学校学报》2005 年第 1 期。

工，与狩猎和畜牧业经济密切相关。营盘山遗址中的细石器和鹅卵石具有集中出土的特点。未使用的成品石器、半成品石器和加工过的碎片多出土于几个有灰黑色泥土的大型灰坑中。这一现象表明，营盘山的先民有固定的人员从事石器加工作业，石器的生产特别是细石器的加工，已经成为手工业的专业门类而有了分工，而这些大型灰坑可能就是当时石器作坊的所在地。在营盘山遗址的灰坑底部发现一些石块上着有红色的涂料，经过专家的检测分析证实其成分主要是氧化汞即朱砂。在一些陶器的内壁上也发现了同样的红色颜料，应该是调色加工的残留物。这说明营盘山先民有崇尚红色的习俗，朱砂可能是用于个人或器物装饰。尚红习俗的历史可以追溯到旧石器时代晚期，山顶洞人在埋葬死者时会将红色的矿粉撒布在遗体的周围，也会将动物牙齿、石珠、鱼骨等装饰物染成红色。在新石器时代，在死者的骨骼或石器上画红色的现象更多。营盘山遗址发现的红色石块是考古出土文物中最早使用朱砂的实物。对现有的考古资料进行研究分析证明，岷江上游一带的新石器文化与古蜀文明有一定的关联。

营盘山先民在彩陶器的生产和加工上，体现出比较高超精湛的装饰和塑型技术。遗址中出土的彩色陶器种类很多，材料主要是优质黏土红陶，烧制温度达到 1 000 摄氏度，能扣发出清脆的声音。器皿的表面经过抛光和光亮处理，有些器皿表面敷有一层白底，然后在白底上以软笔绘制各种图案。图案的内容丰富多彩，包括小动物（鸟类、青蛙图纹等）、绿色植物（草叶形、杏圆形图纹等）、几何图形（悬垂纹、波浪纹、圆弧纹图案等），体现出流畅且熟练的绘图技术。瓶罐碗钵类彩陶器的外形特征主要为曲线形，其中许多制造精细。包括彩陶器在内的一部分制作加工精美的泥制陶器逐渐摆脱了生活用具的特征，显示出仪礼性的迹象。遗址出土了若干小型的陶制和石刻人像雕塑，是现阶段四川地区考古发现时代最早的雕塑艺术品。其中一尊用泥捏塑耳鼻而口目为刻画的陶制人像最富灵动之神韵，造型类似于甘肃秦安县大地湾遗址出土的仰韶文化类型的陶塑人像，体现了甘肃、青海地区文化的影响①。

二、宝墩遗址

宝墩遗址是在成都平原上发现的以新津宝墩村为代表的 6 座古城遗址群，其历史距今 4 500 年左右。对这 6 座遗址的发掘与研究证明其与三星堆遗址的

① 陈剑、陈学志、范永刚、蔡清：《营盘山遗址——藏彝走廊史前区域文化中心》，《阿坝师范高等专科学校学报》2005 年第 1 期。

第一期属于同期文化。宝墩遗址的发现进一步丰富了三星堆遗址第一期文化的内涵，并且可以下启夏、商两代的古蜀文明，即以三星堆古城为代表的三星堆文化。因此，在考古学上将宝墩遗址和三星堆遗址第一期的文化统一命名为"宝墩文化"。宝墩文化作为四川地区的一支重要的远古时代考古学文化，可能是渊源于营盘山文化发展而来的，同时还可能受到其他考古学文化的影响。宝墩遗址出土的生产工具主要是石器。陶器制作工艺在新石器时代的文化发展过程中有所创新，主要以绳纹花边陶、敞口圈足尊、喇叭口高领罐、宽沿平底尊为标志。作为成都平原时代最早的古城址，宝墩遗址体现了四川地区的文明孕育阶段。

宝墩文化的 6 个古城具有以下 4 个方面的特点：

一是城址的地理位置都位于河流之间的台地。城墙一般沿着台地和河流的走向修建，城址平面大体呈长方形，如此修建模式应有防御外敌及防洪作用。遗址残存较少的鱼凫城近似六角形，其南墙与附近河流仍然平行。

二是城墙都采用类似三星堆古城"双向堆土、斜向拍夯"的建筑方法。宝墩、鱼凫、古城（郫都区三道堰古城村遗址）3 座城址的城墙由平地起建，墙基宽 20~31 米，上部残余宽 7~19 米。具体建造方式是：首先于城墙中间堆筑数层，再从两侧向中间斜向堆筑，逐层堆筑拍夯。城墙内侧堆筑成层次较多的缓坡；城墙外侧堆筑成层次较少的陡坡。

三是城址的格局因地而异。位于成都平原内部的 3 座古城，以宝墩古城面积最大，约 60 万平方米；其次是鱼凫城，约 40 万平方米；郫都区古城最小，约 31 万平方米。成都平原西北靠近山区地带的城址相对较小，如紫竹古城的面积将近 20 万平方米，芒城和下芒城各有约 10 万平方米，但防御功能更明显，这 3 座古城都以"回"字形构筑内外两圈城墙。

四是位于成都平原中心地带的城址都有居中位置的大型建筑基址。例如宝墩古城址中部有房屋地基和密布的柱洞，位于高约 1 米、面积约 3 000 平方米的台地上；在郫都区古城址的中心也发掘出称为"大房址"的特大型建筑，面积约 550 平方米，长约 50 米，宽约 11 米，与城墙平行。在"大房址"中发现了等距离位置的 5 个竹编围造的卵石台基，除此以外没有什么生活设施，偌大的建筑物里面只有醒目的 5 个坛台，显然是一处供奉 5 个坛台的大型礼仪性庙殿建筑①。

与黄河流域、江汉平原等地区的大规模聚落相比，宝墩遗址的古城址规模

① 朱鸿伟：《宝墩文化：4500 年前的成都》，《先锋》2017 年 5 月 18 日。

不大，大都星散在地势狭窄的山地和丘陵之间，大致沿着河谷形成大大小小的聚落，再逐渐扩展为村落、乡镇。成都平原虽然面积不大，但地理环境宜居，地势比较开阔，形成了以古城为中心的聚落。由于缺少自然分界线，出于防御外敌的需要建造了高大城墙，形成大型城邑。城邑连同周边的大小聚落与散布于中华大地各处的史前聚落，共聚成为中华文明的源头。以古城群为代表的宝墩文化为核心，整合周边发展程度较低的氏族部落，在长江上游地区形成了以古城群为代表的“古蜀文化区”，并联结着长江中下游、东南沿海的以稻作农业为主的“东南文化板块”与黄土高原以粟作农业为主的“西北文化板块”。因此，巴蜀地区的古文化杂合多地文化因素，具有兼容并蓄的特征，形成了独树一帜的巴蜀文化风格。

三、三星堆遗址

三星堆遗址是长江流域早期的重要地域文明，是目前中国史籍中已知的最早的文明，以其为“长江文明之源”被誉为20世纪世界最伟大的考古发现之一。三星堆文化上承宝墩文化，下启金沙文化、古巴国文化，前后历时约2 000年，昭示了长江流域与黄河流域同属中华文明的母体。三星堆遗址位于四川省广汉市西北的鸭子河南岸，面积约12平方千米，年代距今3 000年至5 000年，是目前在西南地区发现的面积最大、历史最悠久、出土文物最丰富的古蜀文化遗址。三星堆古城址现保存有最完整的三面城墙和月亮湾内城墙。遗址内存在三种不同历史年代的三期考古学文化：第一期文化以龙山时代至夏代的成都平原遗址群为代表，又称“宝墩文化”；第二期以商代三星堆规模宏大的古城和高度发达的青铜器文明为代表，即“三星堆文化”；第三期以商代末期至西周早期三星堆废弃古城时期为代表，即“十二桥文化”。

三星堆遗址以3 500年至4 000年前的古蜀国都城——三星堆古城为核心。古城被马牧河从中分为南北两部分。在北城区域中央的两处台地上，发掘出规模宏伟的大型建筑基址，周边的坑穴中出土有玉石礼仪用器和铜石复合装饰品等。南城区域中央是三面被马牧河围绕的台地。台地上原有三座隆起的土包，以其构成星状由此名为“三星堆”。三星堆土梁的西南侧是两座大型器物坑，埋藏着数量众多的铜制神像、人像、神树及金杖等宗教礼器。可以看出，马牧河以北城区为日常生活的宫殿区，马牧河以北城区是礼拜神祇的宗教祭祀活动场所。这种以一条自然河分隔不同区域功能的都城结构是成都平原独特的城市布局传统，从三星堆古城开始一直沿袭至金沙遗址乃至战国时期的成都城。三星堆古城的宫殿区和祭祀区外围还存在日常生活的居民区和片区分布的墓葬群。1986年清理出两座掩埋有大量珍贵文物的器物坑，出土文物种类丰富、数量众多，共出土各种器物约1 700件。三星堆遗址出土的器物中，以礼器、工具、饰件三大类为主的玉器数量巨大，仿照玉璧形器制作的石璧形器数量也较大。礼器以戈形器和斧形器的数量为最，造型丰富，其余还包括钺形器、璧形器和琮等以及独具古蜀文化特色的“璋形圭”和“牙璋”①。

三星堆遗址出土的1 000余件青铜器、金器、玉石器中，以三四百件造型奇异的青铜器尤其是铜造像最具特色，多以人物、禽、兽、虫蛇、植物形象铸造。器形高大、结构复杂、造型生动是三星堆青铜器的重要特点。铜造像中的人物铜像数量最多，形态各异。有真人比例的立像和头像；还有大型尖耳凸目神头像，代表被祭祀的祖先神灵；另有少量小型普通人像。最大的着兽面形高冠的立人像高达2.62米，重180多千克。在商代青铜器中，如此巨大的青铜铸像仅见于三星堆遗址。该人物着有三层衣服，两臂平举，两手呈持物献祭状，可能是巫觋形象，代表祭祀主持者或祈祷者。此外，还有数十对铜制眼睛和眼珠，有菱形、圆泡形、勾云形等十多种造型，周边均有孔洞，推测其为组装或悬挂于庙殿壁上有特殊宗教意义的装饰物。值得注意的是，在三星堆出土的人物铜像常常有特别夸张的眼睛，瞳孔部分以圆柱状向前突出可达16.5厘米。《华阳国志》记载：“蜀侯蚕丛，其目纵，始称王”，其墓葬称为“纵目人冢”。三星堆人物铜像的凸目正与古代蜀王蚕丛的“纵目”相合。出土的动物铜像中，鸟形铜像最为常见，其余还有龙、蛇、虎的形象以及兽面像等。凸目青铜兽面具和扁平的青铜兽面等可能是蜀人崇拜的自然神祇，其中的大型兽面具宽138厘米，重80多千克，造型似人似兽，面容夸张怪诞，极富想象力，堪称三星堆青铜艺术的极品。植物铜像包括两株大型铜树和小铜树，以及散落的铜花和铜叶。大型铜树高达384厘米，群鸟立于九枝之上，枝下垂悬树果勾垂，并有一龙缘树而下，造型生动，极富古代扶桑神话的韵味。对祖先和动植物等的有灵崇拜反映出古蜀人的主要精神世界。建筑铜像有神坛及一些零散的屋顶形构件。铜容器包括尊、罍及少量瓿和盘等。铜尊和铜罍的数量最多，可能和铜尊被视为神人交通的重要中介有关。两座器物坑出土的大量青铜器的器物种类和造型都表现出明显的本土特征，唯有青铜容器与中原殷商文化和长江中游地区青铜文化风格类似。三星堆青铜器的出土，首次向世人展示商代中晚期蜀国青铜文明的高度发达和独具一格的面貌。

---

① 孙雪静：《天府的第一缕晨光 古蜀文明遗址》，《世界遗产》2014年第10期。

四、金沙遗址

金沙遗址位于成都市城西金牛区苏坡乡金沙村，面积约 11 公顷，是距今 3 200 年至 2 700 年的商周时代遗址，为长江上游古代文明中心——古蜀王国的都邑。此前在整个巴蜀地区都未发现同时期有达到金沙遗址面积规模的大型古城址，金沙古城应为继三星堆古城之后成都平原及其周围地区的中心都城。由于金沙古城遗址的发现，成都城市史的开端提前到了 3 000 年前。金沙遗址是中国商周时期最重要的遗址之一，再次证明成都平原是长江上游文明起源的中心。金沙遗址与成都平原的史前古城址群、三星堆遗址、战国船棺墓葬共同组成了古蜀文明发展演进的四个历史阶段，与其他中国地域文明有机整合为华夏文明。

大约 3 300 年前，三星堆古城因不明原因的变故而被废弃。几乎同一时期，距三星堆 40 千米的金沙遗址迅速崛起，成为一个有大型宫殿和神庙建筑的城邑。其城邑的功能格局、出土器物特别是礼器的造型和风格及其表现出的宗教崇拜都延续了三星堆遗址，但存在一定的差异，这表明金沙遗址与三星堆遗址存在相当密切的渊源关系。金沙遗址出土的有特殊用途的礼器，可能是古蜀王或祭司阶层的遗物。据此推测金沙遗址有可能属于祭祀遗迹，但由于出土了大量玉、石器半成品和原料，不排除存在作坊遗迹的可能。金沙遗址应为三星堆古城衰落和废弃后的部分遗民，迁徙至成都金沙村一带修建的新的大型中心都城的遗址。三星堆遗址和金沙遗址是时间相继的见证灿烂的古蜀文明的都城遗址。金沙遗址的重大意义不仅在于它进一步丰富了古蜀文明的内涵与外延，而且极大地充实了对蜀文化从起源、发展直至衰亡的研究，特别是揭示了三星堆文明突然消亡之后的一段失落的历史，再现了已经沉睡 3 000 多年的古代蜀国的辉煌文明①。

金沙遗址出土了全球同期遗址中最为密集丰富的象牙、金器和玉器。狩猎制品除象牙外，还包括猪獠牙、鹿角等。在这些的珍贵文物中，大量象牙和精致的玉琮、玉璋等器物占了相当比例。已清理出土的一吨左右的象牙小部分产于古蜀国的南部，而大部分来自相邻的云贵等地，很可能是西南少数民族进呈给古蜀国的贡品，说明古蜀文明当时已成为西南地区最重要的政治、经济、文化中心。在已发现的器物坑和器物堆中，除 200 余件金器、2 000 余件玉器外，还发掘和采集到青铜器 1 200 余件、石器 1 000 余件及大量的陶器。金沙遗址

---

① 安磊：《遗址保护中的价值传递与更新》，西安建筑科技大学硕士论文，2009。

出土的玉器则多具中原和长江下游良渚文化的特征。其中玉戈、玉钺等礼器完全与中原同时代文物一致，玉琮、玉璋也不是古蜀国的产物，而是通过长江这条自古以来的黄金水道从下游运输而来。由此可见，金沙文化既有古蜀文明的独特性，又深受中原、长江下游等文化的影响，充分说明了古蜀文明不是孤立存在的。在“蜀道难”的条件下，古人已经能够克服天堑，建立起盆地内外的交往和贸易渠道。当时蜀地也不是如文献记载的“不晓文字，不知礼乐”的蛮荒之地，而已有非常发达的文明和文化。这再次证明了中国各区域的文化都是彼此联系和相互影响的，古蜀文明是中国古代文明的一个重要组成部分。

金沙遗址的出土文物中，最具本土色彩的是风格鲜明独特的30多件金器，包括金面具、金带、圆形金饰、蛙形金饰、喇叭形金饰等。金面具与三星堆遗址出土的青铜面具共有基本相同的造型风格，其余各种用金箔和金片打造的金饰均为金沙遗址所独有，类型多样纷呈。出土的金饰以制作精细的太阳神鸟金箔最受瞩目与赞誉，被确定为中国文化遗产标志和成都城市形象标识主图案。这件饰品由极薄的圆形黄金箔片制成，图案采用镂空方式表现，内层是呈放射状的十二条形似旋转的太阳光芒，外层图案为四只飞鸟首足前后相接呈环状。四只神鸟环绕着散发光芒的旋转太阳翱翔的图案，体现了古蜀先民对太阳与鸟的向往和崇拜。“四鸟绕日”的太阳神鸟金箔代表着古蜀国黄金工艺的辉煌成就。对于鸟的崇拜也体现在中原的商氏族起源传说中。《史记·殷本纪》记载“天命玄鸟，降而生商”，即商氏族称他们是由玄鸟坠卵而生。鸟与太阳的关系也可见于《楚辞·天问》中后羿射日的故事。传说后羿射日之时，瞄准的是太阳中心处的三足乌。后羿箭无虚发地连射中九只三足乌后，九个太阳火光即灭。古人因鸟和太阳都能够在天空飞行，因此将二者联系在一起，或认为太阳是由鸟负载而运行。太阳神鸟金箔证明了古蜀文化与中原和荆楚等文化的有机联系。

五、巴蜀船棺葬遗址

巴人船棺葬遗址位于重庆市九龙坡区铜罐驿镇冬笋坝。遗址在1954年被发现后进行了大规模考古发掘，清理出战国后期到西汉时期的土坑墓52座，其中最引人瞩目的是17座排列整齐的墓葬。这17座墓葬的棺材形似独木舟，因此被考古专家命名为“船棺葬”。17座墓葬非常整齐密集地并列，端朝长江。舟形棺椁由长约5米、直径约1米的楠木刳凿而成，葬于竖穴土坑中。船棺由整段木头刳分两半制成，上下盖合；棺盖大致为半圆柱型；棺身的中部凿空以容遗体和随葬品，底部略平，两端为斜面，如此制成船形，也有在船形中再内置一小棺，似内棺外椁；首尾两端凿有便于系绳下葬的孔眼。从船棺的大小及制作来看，用于在江河中捕捞作业是完全可行的。船棺首尾的孔眼也可作拖船使用。这说明巴族生活在江边，熟悉水性，生前造船航行，驾舟捕鱼，死后则用船形棺椁安葬。巴人船棺葬遗址出土的随葬品很多，有铜制釜盘容器和剑钺兵器及砝码等，还有铁制的斧矛等。铜剑铸成柳叶形，表面斑驳，饰以虎纹，显示出巴国工匠的冶炼技术已经达到较高水平。另外出土有盆罐等陶器，值得注意的是发现了黑红双色漆器；船棺内有竹篾和绢麻垫裹的痕迹，证明古代巴人已经有相当发达的制陶、造漆和纺织技术。出土的器物上有很多象形符号，以虎纹居多，证明巴人以白虎作为图腾信仰，将白虎视为本氏族的始祖神和保护神。

自20世纪50年代以来，在先秦时期的巴国地域，即今重庆、川东和三峡地区屡有船棺出土，因此船棺葬一度被认为是巴人特有的丧葬方式。2000年成都商业街船棺的出土，证明蜀人也曾经使用船棺下葬。成都市中心的商业街船棺葬遗址是一处距今2 400年左右的罕见大型战国时期多棺合葬船棺墓穴，当属古蜀开明王朝晚期的遗址。墓穴为东北至西南走向，墓坑长宽各约30米和20米，面积达600平方米。现存船棺和独木棺等棺椁17具，棺下垫以纵横排列的枕木。10米以上的大型船棺有4具，最大的1具长达18.8米，直径1.7米，是迄今发现的最大的一具船棺。其余13具为小型船棺，包括一些为殉人或专置随葬品的小型木棺。与巴人船棺相同，所有棺木均用贵重的楠木整根凿成。有7具船棺和独木棺保存较完好，其中5具棺盖、棺身均完整保存。因整棺用青膏泥严密封填，木棺及随葬的漆木器和竹席均保存较好。其余棺椁多数已在汉代即被盗掘破坏，否则船棺总数应当超过30具。

通过对商业街船棺葬遗址的发掘研究，考古专家曾经认为蜀人实行船棺葬始于战国时期。此后不久成都金沙遗址的大面积发掘也发现了大量船棺葬，证明早在西周晚期成都地区就已经盛行船棺葬。这一重要发现使巴蜀地区船棺葬的历史提早了500年，对研究巴蜀地区早期生活和丧葬等习俗具有重要意义。虽然由于年代久远，并没有发掘出船棺的实物，但从出土的船形木质遗迹仍然能够断定，船棺在当时是普遍使用的丧葬器具。经过金沙船棺葬的开口层位和随葬器物类型学研究，再与金沙遗址、十二桥遗址、新一村遗址和邻近地区墓葬的出土器物进行对比研究，判定金沙船棺葬的年代分为西周晚期、春秋早中期和春秋晚期三期①。根据金沙船棺葬的时代、出土器物及其葬式推断，四川

① 王嘉：《金沙出土大量船棺 古蜀船棺葬史前推500年》，《成都日报》2007年3月15日。

地区船棺葬是古蜀人的墓葬，在西周晚期起源于金沙遗址，然后向四周扩散。船棺葬也流行于中国东南地区的古越人聚居地，但当地实行的是露天葬。以船为棺进行土葬的民族并不多见，唯有巴蜀先民是个例外。巴人船棺葬的发掘出土为我们了解巴国历史提供了重要的资料，对进一步研究巴蜀文明和文化具有很高的史料价值。

第二节　巴蜀文化的内在结构

巴国从廪君时代就开始以武力并吞其他部落，历史上以其崇尚武力、能征善战著称，征商纣王、与楚和蜀交战等记录不绝于史籍，都城的建立也是为了军事防御。蜀地的文化结构要素是以宗教仪礼为主。蚕丛时代的情况因材料有限无法详知，现有的文物遗迹和文献材料可以证实鱼凫时代是以宗教仪礼为构架关系。

一、巴文化的结构要素

重庆地区考古发掘出土了大量类型丰富的石器，既有用于原始农业和砍伐森林的锄、镰、刀、锛和斧等，也有狩猎捕渔的矛、镞、石球和网坠等。表明该地史前居民的经济生活以粗放式原始农业、渔猎捕捞为主，生产工具用江边砾石打制而成，石制工具使用广泛。经过研究判断重庆地区的新石器与三星堆等遗址出土的石器为不同类型，其年代早于后者。制陶技术比较简单，陶器有罐、釜、盆和钵等，质地粗糙疏松。在西陵峡沿岸、清江口一带出土的陶器与忠县井沟、巫山大昌坝及三星堆、新繁水观音的夏商时期的陶器风格一致，其中以鼓肩罐灯形器、夹砂大口缸尊、尖底杯、竹叶形柄的斗、鸟头把勺等最为典型。可以确定重庆地区的新石器遗址属于早期巴文化，遗址分布密集且面积不大，表明每处聚居人口较少，明显具有直接利用自然资源的特征①。

综合史籍记载来分析，可以推断古巴人定居于山区，擅长造船操舟，习水性；社会组织以血缘为纽带，由众多氏族通过联姻或征战形成部落联盟；宗教信仰和观念主要是祖先崇拜并信奉鬼神，崇尚勇武。早期巴文化是由嘉陵江流域和长江流域的氏族或部落联盟共同创造形成的，两地文化虽然略有差别，但相邻相似的自然环境使其能够交通融合，共同构成早期巴文化。

---

① 李安民：《巴蜀文化结构初论——巴蜀文化的文化学研究》，《四川文物》2007 年第 5 期。

到了春秋时期，据《华阳国志》载："杜宇教民务农……巴亦化其教而力农务。"可见此时的巴人已经通过蜀人的传播，提高了农业技术，改进了原有的粗放农业。社会结构仍然主要为氏族部落。与邻近强大的楚国经过交战或通婚成为其附庸，地域范围得以扩大，社会结构也略有改变。春秋时期是巴文化发展的过渡阶段。这一时期巴人的主要精神观念与早期相同，限于考古材料的匮乏，其发展演变不详。巴文化本身与楚文化有一些亲缘关系，但联系并不多。巴国成为楚国附庸后，被楚国竭力从地理到文化进行整合。但巴国始终保持着一定的独立自治性，与楚国的关系常有反复。在这种交往过程中，巴国文化整体上仍然维持其传统特质，但诸如政治制度等方面出现了变化。

时间到了战国，这一时期是巴文化青铜文明兴盛的时期，其青铜器主要包括容器、兵器、乐器和工具等。最具代表性的是铜兵器，铸造在兵器上的特殊符纹以及兵器的形制都富于地方特色，但制作技术稍逊于中原。生活用器明显受到楚文化和中原文化的影响。经济生活仍然以农业为主，手工业也比较发达，有男女分工。商品生产和商业贸易开始发展，在龟亭北岸立市。社会结构除廪君部落可能进入领主制国家而外，大部分部落仍然是基于亲属血缘关系的父系氏族社会。丧葬习俗实行船棺葬，秦灭巴后船棺向船椁演变。依照楚、周之上卿礼葬巴蔓子，说明社会已有阶级分层，但从墓中随葬器物看，还是保留着平等的色彩。秦灭巴国之后始建用于军事防御的都城，有了"军族之征""布帛之征"。

总而论之，战国时期的巴文化出现传统仪式、观念、习俗与新的物质、技术、制度因素的混合，并主动吸收外来文化，打破了原有的文化整体性。虽然巴国被秦征服，但由于与秦地理距离遥远以及自然环境的制约，传统特质仍然维系。

二、蜀文化的结构要素

早期蜀文化可分为两种生活类型：一种是生活在如张家坡、邓边堆山等小丘陵上，这里山势平缓，利用依山傍水的环境，将江河边的砾石加工成各种石器，另外也制作陶器。遗址面积不大，聚落的人口较少，主要从事狩猎采集的觅食生活。另一种是生活在如三星堆一期所处的平原北部河旁高台上，虽然环境不同，但同样过着狩猎采集的生活。考古学界通常将其归为具有同一文化内涵的早期蜀文化范畴。《华阳国志》记载，首位蜀王出自岷江上游，"居石室""纵目""死作石棺石，国人从之"。宋萱休复《茅亭客话·鬻龙骨》载，"耆旧相传：古蚕丛氏为蜀主，民无定居"，蚕丛部族的主要文化要素是编发、着袍服、善种田。目前能够证实史籍所载的考古发现年代都较晚，与早期蜀文化有所不同。

到了鱼凫时代，考古专家普遍认为三星堆遗址第二期的遗存和两个祭祀坑就是鱼凫文化的遗存。出土器物的文化特征是，石器中打磨光滑的石制工具占多数；陶器中有部分与三星堆一期陶器相同，同时出现了一些新型器具，有高柄盖、杯、盉、弧、壶、三足器、鸟头把等，以及少量的尖底器；玉石礼器和青铜礼器类型多样。值得注意的是，遗址中的青铜器是后期突然出现的，可能是由于中原或中亚移民的进入或受楚文化的影响，也有根据出土的鸟头把勺推测为巴人移入。总的来说，器物风格和祭祀仪礼受到中原文化影响，但具有浓厚的本地色彩，具有明显的复合型文化特征。密集居住在紧邻水系两岸的台地，建有城墙，木结构房屋建筑带有中原特征，同时融合本地特色。经济生活主要是农业和渔猎，出于农业生产需要，可能已经出现治水工程，有比较发达的铜器冶炼铸造、陶器玉器制造和纺织等手工业，商品经济达到相当程度，开始使用贝币。社会结构方面已经出现阶级分化，实行神权和政权相结合的统治，有双手被反缚的石奴隶像，有学者认为已经进入奴隶社会。

鱼凫之后是杜宇，杜宇时代文化主要分布于成都市郫江流域，包括新繁水观音、雅安市沙溪等地。一般认为三星堆遗址第三期属于杜宇时代文化，第二期鱼凫时代的考古学文化构成要素在此时期已经退出主导地位。综合考古发现，杜宇统治的时代大致在西周晚期到春秋中期的时间范围。出土器物中尖底器居多，玉器较少，石器质地粗陋，此外还有各式球形环底罐、绳纹环底盂、仿铜式陶釜、甑的器物组合；青铜器相比中原地区同时期数量较少，仍然保持商代末期至西周初期的青铜特色，青铜礼制仍然沿袭列罍之制。经济生活仍然以农业为主，兼以渔猎；宗教仪礼方面，修建有类似中原地区规模宏大的祭台，并且使用龟甲占卜但无文字，仍有死后灵魂化为鸟的信仰。值得关注的是，保持传统礼制与受域外文化影响的宗教祭祀之间，呈现出不协调的特征。十二桥宫殿遗址的发现，证明存在着统治权力和社会分层。结合史籍分析，杜宇时代已经有了国家政体具备的明确统治疆界，建立了有效的国家政治管理，并且“教民务农”，推行先进的农业生产技术。

成都平原频发水患，严重影响蜀民的生产生活。开明族进入成都平原之后，充分发挥其熟悉水性、擅长治水的特长，大力整治水患。杜宇因开明治水有功，传其帝位，由此建立开明王朝。开明文化的出土器物种类丰富，尤以青铜器形制最为精美，其“巴蜀图语”的纹饰富于地方特色，并且广泛融入楚和中原器具；陶器、玉器和漆器的风格承袭杜宇时代的传统。丧葬形式多样，包括小型土坑墓、土坑木椁墓、船棺葬等，规模大小不一；形制宏大的船棺中随葬的大型精美漆木器等器物说明墓主为上层统治人物，器物越到晚期越与中原器物风格接近，本土特征越不明显，并融入楚、秦、巴的文化要素。经济生活方面，手工业以及商业愈趋发达，建立起度量衡制度，并有发达的栈道交通。祭祀仪礼方面，兴建宗庙，制定礼乐制度，盛行尚赤文化，并留下诸多大石遗迹。在统治疆域内文化特征高度统一，表明国家政权集中化程度越来越高，中央权力的控制能力增强，阶级对立也越来越明显。尚武的社会价值观念兴起，总体显现出军事政治的统治模式。有学者将这种转变归因于巴文化的影响。实际上开明族进入成都平原与巴人接触交往是比较后期的事。从开明死后从楚地逆流漂至蜀国“复生”的传说来看，应追溯到楚文化的传入。

第三节　巴蜀文化的结构模式与特征

关于巴蜀文化不同时期的文化结构要素的组成和构架关系，实际上在前文对其文化结构要素的发展演变叙述中已经有所触及。

一、巴尚武：“祭一戎”模式与特征

当我们再对这一问题进行具体分析时，首先应该注意到，巴国从廪君时代就开始以武力并吞其他部落，历史上以其崇尚武力能征善战著称，征商纣王、与楚和蜀交战等记录不绝于史籍，都城的建立也是为了军事防御。同时，“俱事鬼神”，巫风盛行，如以廪君的白虎崇拜整合賨人等，表明巴地的文化构成要素是祭祀与军事相互配合。礼制是社会秩序规范和社会分层的标准。礼器最初虽用于宗教祭祀，但在巴人势力兴起之时，近邻发达农业文明的礼器已不具宗教意义，主要是社会上层地位的象征。因此，中原青铜礼器文化影响只到社会上层，并未覆盖整个巴地，域外发达农业文明的文化要素难以融入其中。因而，巴文化的结构组成要素的来源基本上是单一的，不具有复合文化类型特征。在祭祀与军事配合的统治模式下，即便要吸收其他文化中的一些结构要素，也是选取能与其模式相符合的成分。由于处在相互征战的周边环境中，出于增强战斗力需要，主要接受的是异质文明的战斗武器，从而出现发达的军事装备和宗教精神的原始性同时并存。

巴人的生活定居环境大多背山靠水，其文化所覆盖的地域包括川东北山地和川东南长江上游一带，主要在四川盆地东部的嘉陵江流域。地貌为 30 多条

山脉组成的平行岭谷，地势特征为背斜面山地窄而陡，向斜面谷地宽而缓，方山丘陵和单斜丘陵交织，间有平坝。《华阳国志·巴志》说杜宇时期“巴亦化其教而力农焉”。根据考古发掘材料，巴地较早就出现了粗放农业。巴地山区动植物资源丰富，众多的河流使捕渔资源充足，因而廪君部落善于渔猎，巫蛋部落习于水上生活，賨人擅长射猎等。巴地适宜粗放的农业和渔猎经济模式，其文化结构要素也是与此环境适应的结果，并一直沿袭至后来的部落联盟时期。经济生产模式除了由丰富的自然资源决定外，还取决于地理环境的限制，因山脉阻隔了巴地与外界的联系，使能适应环境的简单生产技术保持长期稳定。正是这种制约导致巴文化无法吸收比较发达的农业文明的文化结构要素。

巴人“祭—戎”结合的文化结构模式是适应渔猎经济社会环境的结果。由于巴人生存主要依赖于自然资源，没有发达的农业文明以及相辅助的上层建筑，其宗教信仰主要是自然崇拜及祖先崇拜且缺少系统性与整合力，因而宗教的影响局限于单一部落。例如廪君部落的崇虎与賨人的射虎就相互对立，但巴人却以此两部落为主体组成部落联盟。因此，巴文化结构模式的整合动力只能用战争来加以解释而非宗教。巴地自远古即有人类居住，随着长时期的资源索取，再丰富的自然资源也会趋于枯竭，因此需要不断扩大生存空间，去征服其他部族，方能维持原有的生活。社会组织和价值观念等结构要素以战争和尚武精神为中心被组合在统一的结构模式之中。自然，尚武精神就成为这种环境下的普遍价值观念。巴文化从廪君时代的兴盛直到最后衰弱，社会组织的基本形态主要为氏族社会。由于巴地的地理环境特征，人口大多分散居住，与外界缺少联系，只有战争方能成为一种向心力，把分散的群体聚合为氏族乃至国家。除了地理环境因素的制约外，这也受制于文化系统的结构模式。氏族或部落组织是战争所需要的社会组织形式，正如人类早期的觅食群体会在狩猎大型动物时定期聚合为临时的大群体。氏族部落社会通过血缘或婚姻联系起来，而非出于利益结合。通常氏族部落社会以代表同一血缘的图腾为崇拜对象，通过血缘关系增强凝聚力，氏族部落的首领即是家族的族长，以族长为首领指挥战争则便利而有效，并且原有的社会组织结构难以被战争破坏。巴地的地理环境和经济条件不利于建立一个强大的国家。巴人处于与异质文化毗邻的社会环境中，在争夺资源空间的同时，必然要冲破原有传统的局限，因而其社会组织不得不变迁以适应周边地缘环境，但变迁的发生主要限于跟战争相关的方面。氏族组织的价值观念整合于尚武精神和战争的结构模式中。

二、蜀尚文：“祭—农”模式与特征

蜀地的文化结构要素以宗教仪礼为主。蚕丛时代的情况因材料有限无法详知，现有的文物遗迹和文献材料可以证实鱼凫时代是以宗教仪礼为构架关系的。在遗址玉器坑中出土有成套的玉器表明宗教祭祀活动的存在，特别是以鸟头把勺为代表的祖神形象。虽然文物和遗址反映出传统礼制与受域外文化影响的宗教祭祀之间，呈现出不协调的特征，但祭祀坑中的玉器明显体现出本土的宗教习俗和礼仪等。有学者认为商代卜辞中，仅有蜀国与商人征伐，并无与诸方国交战的记载，且有商人卜问至蜀地祭祀之事，可见鱼凫时代的蜀国没有较多战事。此时因商业发达而兴建城市都邑，与北方筑城防御不同，这也可佐证蜀国的文化要素以宗教仪礼为主的特征。杜宇时代，以列罍之制为代表的礼器具有明显的地方特色，但没有承袭三星堆祭祀坑的宗教传统，而引入了中原的龟甲占卜和祭台等祭祀礼制，开始出现由神权政治向王权政治的转变趋势。同时，杜宇"从天出"死后魂化为鸟的传说，意在表示君权神授，给蜀王赋予了相当的神性色彩。杜宇将其名更改为"蒲卑"，也意在用神性来巩固政权，即王权仍需辅以神权。杜宇死后被蜀民奉为农神，这显然是与农业文明相适应的宗教崇拜，证明史籍文献所特别强调的杜宇教民务农确有其事。

但农业之神毕竟不能治理洪水泛滥的成都平原，终被作为水神的开明替代。开明时代的蜀王也表现出"君权神授"的意味，开明死后逆流溯江漂至蜀地，以及蜀侯恽死后被奉为掌雨之神的传说，说明其与水有密切关系。开明朝仍然重视祖先崇拜，建祖庙而祭祀之，更幻衍出天庭的秩序，将蜀王列入登天之守内神。开明时代的礼仪制度仍然保留富于本土特色的列罍之制，但随着楚、秦等域外文化的传播，传统礼仪制度的控制能力逐步减弱，且未能如前代很好地将本土和域外文化整合形成适宜于自身的新的礼仪制度。由于战事频发，军事开始被赋予宗教色彩，出现了铸有"巴蜀图语"的兵器，以庇佑战争的胜利。这种"祭—戎"模式的转型不同于传统的"祭—农"模式，加之又缺少相辅的有效运作机制，因而"祭—戎"的整合很不稳固，最终在这种模式下走向国运衰微也就势所必然。上述的结构模式是跟巴蜀文化的生态环境、社会环境以及与域外文化的接触相适应的结果。

位于蜀地中心区域的成都平原被龙门山脉和龙泉山脉包围，四面皆是丘陵或山地。成都平原形状略呈菱形，海拔由西北向东南下降，河流纵横，雨量充沛，常有暴雨洪水泛滥。殷商至东周期间，成都平原的气候比现在湿润温热，野生动物种类丰富，禾本科植物也比较多。这种气候环境和动植物资源有利于渔猎采集经济的发展。农业的发展取决于治水的辅助，因此从鱼凫时代至开明时代，治水之事屡见史载。水患的治理解放了农业，推动了国力的强盛。

蜀地最初的文化取决于适应自然环境的经济生活。蜀人最初见于史载的蚕从部适应了成都平原西北部的山地；鱼凫时代的蜀人充分利用平原丰富的渔猎资源，并通过治水发展了灌溉农业；杜宇族主要生活在平原腹地，着力发展农业；到了开明时代，治水随着农业发展成为重中之重，灌溉农业进一步发展，开明时代的蜀人基本适应了平原环境。与此同时，域外不同部族进入蜀地，盆地不同地区的资源得到开发。因而，可以明显出看出蜀文化构成要素来源的多元化，各种不同的文化结构要素都在平原环境中被适当地整合。而且，进入蜀地的各个部族的文化也在不断地转化发展，呈现出文化结构的开放性特征。但平原内的灌溉型农业受治水技术限制，加之有丰富的动植物资源可供利用，因而发展得十分缓慢。蜀地农业文化整合的地域十分有限，只有随治水的成功促进灌溉型农业的发展之后，地域才有所扩大。蜀地文化最初是从山地向平原腹心汇集，当平原的灌溉型农业获得稳定发展之后，其他由山地迁徙的部族便回归盆地周边山区，定居于平原边缘，对域外文化的进入产生抑制作用。

进入蜀地的各部族定居于动植物资源丰富并有灌溉型农业的平原之后就极少迁徙，尤其是大型聚落相对集中于一定地域，由此建立起以经济为后盾的政治中心。政治中心的确定，表明社会组织已经达到相当发达的程度。在这样的中心地域自然就存在如何将先后迁入的各个部族的结构要素整合于中心的问题。通常来说，最佳的途径就是通过宗教礼仪来凝聚不同的部族。因此蜀人从鱼凫时代便开始借用中原礼器制度，并重组其构成和内涵，到了开明时代末期，礼制愈趋接近中原。蜀人的宗教祭祀活动丰富而有序，与礼器制度共同组成蜀文化的完备系统，有序地整合了各种文化结构要素，并在域外文化的传播过程中尽可能地保持传统，以维持适宜本土的文化结构模式①。

巴地和蜀地因不同的地域环境而形成不同的文化模式。巴文化的“祭—戎”模式所体现的尚武特征来自资源空间的竞争压力。山地环境限制了巴地的农业发展，直接利用自然资源的生产方式需要不断开拓领地，生存需求催生出尚武的文化特征。蜀地处于平原地区，地理环境和气候条件适宜农业发展，族群之间的竞争压力较小，由此形成蜀文化“祭—农”模式的尚文特征。相比族群竞争，蜀地的洪水等自然灾害是蜀民必须面对的更大挑战。所有族群都面临着共同的外部挑战，这一情况本身也会促使族群关系相对团结。以治水兴农为主的生存方式孕育了蜀地尚文的文化特征。

---

① 李安民：《巴蜀文化结构初论——巴蜀文化的文化学研究》，《四川文物》2007 年第 10 期。

第四章　质形一体：巴蜀文化资源的主要类型及历史传承

巴蜀地区既是多种古代民族聚居地，又是道教的发源地，还曾是南方佛教的中心地区，在我国宗教史上占有十分重要的地位。巴蜀传统戏剧、曲艺、技艺，以及民间音乐、舞蹈、美术、手工艺等非物质文化遗产仍鲜活传承于今时的生产生活中，是中华优秀传统文化的重要组成部分。在新民主主义革命时期，巴蜀地区既建立有川陕革命根据地，又是朱德、陈毅、邓小平等老一辈无产阶级革命家的故乡，同时四川也是红军长征活动范围最广、行程和经过时间最长的一个省。光荣的革命历史将革命足迹遍留巴蜀，为巴蜀文化又增红色印记。

第一节　巴蜀民族与宗教文化

巴蜀先民自古以来就是若干个民族共存，他们长期交融，在盆地中形成了巴蜀先民的主体汉民族之后，在周边仍存在着若干个古老的民族，他们仍然保持着各自的文化传统。由多民族形成的巴蜀先民从人口上来看，大体上是由少而多、逐步增加的。但是，巴蜀先民人口的增减有过明显的大起大落，巴蜀地区最后成为全国人口最多的地区，其增减曲线的起伏之大，是全国所仅见的。人口的增减，大体上与文化的盛衰同步，而民族的构成与融合则更直接地反映了文化特色的源头与发展。巴蜀先民的民族构成十分复杂，古代文献中的记载也头绪纷繁，歧说甚多，但通过系统的整理研究，能够理出一个大致轮廓。

一、古巴蜀的民族

巴蜀地区最早的民族是主要定居于四川盆地东部的巴族与生活在西部的蜀族，这两个族群有来自不同族源的支系，故巴族与蜀族只是两个族群之中的主体民族。在川东的巴人族团之中，长期居于主导地位的是被称为巴王族的宗姬之巴。《华阳国志·巴志》载：“武王既克殷，以其宗姬封于巴，爵之以子。”这段记载应当是可信的，因为《左传·昭公十三年》和《史记·楚世家》皆载楚平王之母称为巴姬。巴与楚王族之间的通婚关系一直延续到战国，仍见《华阳国志·巴志》。古代史籍中所称的“巴国”“巴子国”，就是以宗姬之巴为首建立起来的。

以宗姬之巴为首的巴国，活动区域比较大，中心地区并不在四川盆地之内，而在今陕西省东南角的汉水上游，“巴山”“大巴山”“巴水”（“巴水”的名称今已不用，见《战国策·燕策二》）等山水之名，正表明这一地区与巴人的密切关系。大约到了春秋时期，巴国的活动中心沿汉水向东发展，到达鄂西地区，与楚国结盟，曾联合灭庸。后来联盟破裂，巴国的活动中心又向西南发展，以清江地区为活动中心。大约在春秋末叶进入川东，其路线很可能是溯清江而上。整个战国时期，巴国主要都在今川东地区活动。在这个广大区域之中，原来的土著民族也就与入川之巴相混，也成了巴人族团的一部分，后世也称之为巴人。巴国在川东地区曾五迁其都，枳（今涪陵）应是巴人入川后最早的根据地。而江州（今重庆）是最后的都城，秦灭巴就是灭的江州之巴。

在巴人族团之中，除了应视为中原华夏族系的一支的宗姬之巴外，还有属于百濮民族的廪君之巴，主要记载见于《后汉书·南蛮西南夷列传》，他们的主要活动区域是鄂西的清江（古时称为夷水、盐水）流域；属于夏人之后的丹山之巴，主要记载见于《山海经·海内南经》，其主要活动地点“在丹山西”。《水经注·江水》说“丹山西部巫山”，即今川东与湖北交界的地区，他们应属于华夏族系的一支。还有在《尚书·牧誓》中被称为“彭”，汉代又称为“賨人”“板楯蛮”的巴渝之巴，从族源上分析，他们也是濮人系统的一支。

《华阳国志·巴志》在叙述巴地的民族情况时说“其属有濮、賨、苴、共、奴、獽、夷、蜑之蛮”。既然称为“其属”，当是指在巴人族团之中较小的一些民族。除了共和奴的情况今天已难以查考之外，他们都属于百濮系统。濮人最初分布在长江中下游的广大地区，族系繁多，在《逸周书·王会》中就被称为“百濮”，由于“百濮离居，将各走其邑”（《左传·文公十六年》）。不少部落西迁到鄂西、川东乃至川西地区，故而扬雄《蜀都赋》说是“东有巴賨，绵宜百濮”；左思《蜀都赋》也说是“东则左绵巴中，百濮所充”。

川西的蜀也是一个多源的族团，整个族团又被称作蜀人。蜀人的主体族是蜀族，古代文献中又称为“叟”，有关它的文献记载比巴族要清楚一些。在

《蜀王本纪》与《华阳国志·蜀志》中，明确记载了五代“蜀王”，即蚕丛、柏濩（或作柏灌）、鱼凫、杜宇、开明。从这些文献中可以明显地看到，古代蜀族是一个多源的族团。

目前已知的蜀族的早期阶段蚕丛氏，并不居于后来古蜀王国的中心地区成都平原，而是居住在岷江上游的山地高原地区。西汉在今阿坝藏族羌族自治州的茂县地区设有蚕陵县，治今叠溪，后世还一直保持着蚕陵山的地名。汉代的蚕陵县应是蚕丛氏从山区迁入成都平原的最后一站，不是在岷山的“始”居之地，而是“末”居之地。他们从山区向平原迁移的路线，由从茂县、汶川至灌县途中遗留至后世的蚕崖关、蚕崖石、蚕崖市等地名（见曹学佺：《蜀中名胜记》卷六）尚可寻见。

从古代族系上分析，蚕丛氏应属于氐羌族系，其留在岷山地区而未迁至平原的部分，就是汉代的冉駹，冉駹与蚕丛，古音相通，至汉代仍“居岷山石室”，即所谓“依山居止，垒石为室”（《后汉书·冉駹传》），《后汉书》明确说属于“氐类”。近代考古发掘中大量发现的石棺葬，正是《华阳国志·蜀志》所说的蚕丛死后，“作石棺石椁”的丧葬习俗的遗存。

蚕丛氏之后是柏濩氏。柏濩氏的情况，古代史籍基本上无任何明确的记载。由于柏濩又称柏灌，应当是以灌口（今灌县，即都江堰市）为中心区域。从这种推测出发，估计柏濩是蚕丛氏从岷山沿岷江向平原迁徙途中，在山区与平原交会处即都江堰地区拓殖发展的这一阶段，柏濩氏很可能与蚕丛氏是同一族系，都是出自氐羌。《盐铁论·国疾》说“蜀出于羌”，可见汉代对于蜀与羌的关系还是很清楚的。

鱼凫氏是蜀王的第三代，有关记载较多。王象之《舆地纪胜》卷一五一引卢求《成都记》说，“导江县则古鱼凫国之国也”；袁说友《成都文类》载有孙松寿《观古鱼凫城》诗，其中说：“野寺依修竹，鱼凫迹半存。高城归野垅，故国霭荒村。”并注云：“在温江县（今温江区）北十里，有小院存。”这些都是唐宋人记载，可知古代的鱼凫氏的活动中心已在成都平原（唐代的导江县在今都江堰市以东 10 千米）。鱼凫即鱼鹰，以此为族名的民族应当是居于水滨、以捕鱼为特点的民族。近年来在广汉三星堆遗址第二期以后的文化层中，发现了不少陶制的鱼鹰头首形器柄。根据各方面研究，三星堆遗址极可能就是鱼凫氏时期的古蜀王国的都城遗址，以三星堆出土文物为代表的早期蜀文化，极可能也就是鱼凫氏时期的文化。

关于鱼凫氏的族属，目前学术界有两种不同的看法，一种认为其仍属氐羌系；另一种认为其是南方的濮人，是从湖北西部地区沿江西上而到达成都平原，取代了原来的柏濩王朝，融合了柏濩的广大民众，建立了以鱼凫族为主的蜀王政权。鱼凫氏的族属可能是南方的濮人，入川的鱼凫族成为古代蜀族的一部分，鱼凫也就成为第三代蜀王。这种论点的主要依据是：①鱼凫族以鱼鹰为崇拜物，应是原本生活于水乡；②在湖北西部，也多次发现与蜀中形制“酷似”的鱼鹰头首陶器；③在从湖北西部到四川西部的沿江一线，古代有若干个地点以“鱼复”“巴复”或音近字（今天是音近字，古代是同音字）为地名，如湖北沔阳有鱼复县、鱼复城，松滋有巴复村，四川奉节有鱼复县，涪陵有巴涪水，合江有巴符关，南溪有鱼符津，叙永县有鱼凫关，乐山有鱼涪津，彭山有鱼凫津，温江有鱼凫城甲。这种情况十分明白地反映了古时鱼凫族向西逐步迁徙的轨迹。

取代鱼凫氏的第四代蜀王是杜宇氏。关于杜宇氏的来历，除上引《蜀王本纪》记载之外，类似记载也见于《水经注》卷三三引来敏《本蜀论》。见于《华阳国志·蜀志》，大致相同。由是可知杜宇氏乃是南方的濮人北迁，与蜀地（江源在今崇州市）的土著亦即鱼凫王朝的民众结合而建立的新王朝。蜀人族团又加入了新的成分。所以说杜宇氏中北上部分为濮人，这是因为朱提本属犍为郡，《说文》：“僰，犍为蛮夷也。”僰与濮乃同音异写。杜宇在称望帝时又名“蒲卑”（《华阳国志·蜀志》）。蒲即濮，卑即郫，蒲卑就是濮人在郫邑所建之政权。故而杜宇氏中从朱提北上部分本为濮人，十分明显。

杜宇氏之后的第五代蜀王是开明氏。关于开明氏的来历，除上引《蜀王本纪》记载之外，类似记载也见于《水经注》卷三三引来敏《本蜀论》，见于《华阳国志·蜀志》，大致相同。透过神话般文字的外衣，可知开明氏是从荆地迁徙至蜀国，用和平的方式取代了杜宇氏的政权，成了最后一代蜀王。最后，被秦统一，古蜀王国不复存在。以五代蜀王为代表的蜀族，是川西、川南地区居住的多民族的主体。除此之外，这里还分布过一些其他的民族。如在今宜宾一带的僰人，曾建立过僰侯国，其分布远至于云南北部的广大地区，汉代在今宜宾设有僰道县，是川南的主要民族。僰、濮本为同音异写，其属于濮系民族是很明显的。在今西昌地区的邛都夷在《史记·西南夷列传》中与滇、夜郎为同一族系，很明显也是濮系民族。在邛都夷北部有徙与管都，在汉代各种文献中，都明确认定其为羌系民族。在岷山高原还有冉与駹，合称冉駹，我们在前面已经提到，与古蜀的蚕丛本是同族，为氐羌族系，汉代在他们的居住区域设置有湔氐道，《汉书·地理志》颜注明确指出：“氐之所居，故曰氐道。”这是正确的。

从上面简单的叙述可知，先秦时期的巴蜀先民虽然有多种民族，又有多次的迁徙融合，但究其本源，乃是两大族系的共存与融合。古蜀王国从东方从南方融入氐羌系蜀族的鱼凫、杜宇、开明这三大集团都是濮系民族，融入之后也都成为蜀族的一部分。这实际上是先秦时期西北方与东南方民族在四川盆地这个古代文化交汇中心进行大融合的长期的历史过程，是氐羌“子孙分别，各自为种，任随所之”（《后汉书·西羌传》）与“百濮离居，将各走其邑”（《左传·文公十六年》）这两种先秦时期重要的民族在四川盆地相互交融的过程，也是四川盆地之中古代蜀人族团形成的过程。融入蜀族的濮人实际上就是巴人。这之后在巴蜀地区就难以再行区分巴人与蜀人，也难以再行区分巴文化与蜀文化，而形成了早期的已融为一体的巴蜀民族，形成了早期的已融为一体的巴蜀文化。《华阳国志》对巴族史迹介绍很少，就因为在蜀族史迹中已包含了巴族的史迹在内。

《华阳国志》经常将巴蜀连称而且《蜀志》开头的两句话就是“蜀之为国，与巴同囿”，这不会是没有根据的。《蜀志》在叙述杜宇氏史迹时说：“巴亦化其教而力农务，迄今巴蜀民农时先祀杜主君。”这也很明确地表示在杜宇与开明氏时期，巴蜀已是一体，不可分开了。

二、古巴蜀的原始宗教

巴蜀地区各种宗教的发展历程在我国宗教史上占有十分重要的地位。巴蜀地区既是道教的发源地，又曾是南方佛教的中心地区。直到今天，鹤鸣山仍是道教的祖庭所在，峨眉山仍是佛教名山，它们在我国的宗教生活中有着重要的作用。

我国原始宗教的重要特点是多神崇拜，包括自然崇拜、灵物崇拜、图腾崇拜、祖先崇拜等，古巴蜀的原始宗教也不例外，在这方面有充分的反映。例如史载秦时李冰以汶山为神山。汶山即岷山，以岷山为神山，不会是李冰的主张，而肯定是蜀人早已有之的信仰。蜀地还有李冰与江神决斗的传说。成都祀奉江神的江渎庙最早见于《汉书·郊祀志》，具体的建庙记载最早见于隋代，以后历代保护维修，直到 1924 年，仍在文庙西街。

蜀人最早在岷山之上与石为伴，扬雄《蜀都赋》云“蚕丛始居岷山石室中”。在成都地区，古代文献上记载的大石崇拜遗迹甚多，如至今尚可见到的支机石、天涯石，几十年前尚可见到的五块石、五丁担、石镜、飞来石，几百年前尚可见到的石笋等。对于这些大石遗迹，大诗人杜甫在《石笋行》一诗中说：“是恐昔时卿相墓，立石为表今尚存。”成都平原不出产这类石料，必是西部山区运来无疑。这些大石遗迹，无可争辩是古蜀先民大石崇拜的物证。

祖先崇拜是任何民族都存在的一种古老的信仰。在不少民族中，祖先崇拜也往往与图腾崇拜、神灵崇拜有着种种关系。三星堆出土的几十件青铜人像与三棵青铜神树，以及其他大量的青铜器与玉石器肯定与祖先崇拜有关，只是我们今天已难以了解其真正的内涵。今天可以见到的最重要的实物，是专门祭祀蜀王杜宇与开明的望丛祠（杜宇又称望帝，开明又称丛帝，故名），以及望丛祠内相传为杜宇与开明的陵墓。望丛祠最初建于何时，今已不可考，只知望帝祠庙最早建在都江堰渠首工程之侧今二王庙地区，丛帝祠在今郫都区，南朝齐明帝时才将望帝祠移至郫都区与丛帝祠并为望丛祠，至今仍在郫都区城郊。可以肯定，对望帝、丛帝的祭祀很早就已开始，源远流长。例如，杜宇又被称为杜主，在巴蜀大地上很早就有杜主祠庙，后世因其提倡农耕而作为农神长期祭祀，祠庙的数目愈来愈多，一直到近代，巴蜀各地常见的“土主庙”，就是杜主庙的误写。例如成都市郊的双流区永兴乡政府所在地至今仍叫土主庙。

在上古之世常见的动物崇拜，巴蜀地区最突出的是巴人的白虎崇拜。《后汉书·南蛮西南夷列传》载，巴氏子务相被巴郡五姓共立为廪君，“廪君于是君乎夷城，四姓皆臣人。廪君死，魂魄世为白虎。巴氏以虎饮人血，遂以人祠焉”。樊绰《蛮书》卷十亦载：“巴氏祭其祖，击鼓为祭，白虎之后也。”在传世的巴蜀青铜器中常见虎纹，可见文献所载不误。巴人对白虎的崇拜，也是一种祖先崇拜。在三星堆出土文物中，有一个小金虎和一个小铜虎，可见蜀人也有虎崇拜，只是不如巴人那样普遍。

因为古巴蜀时期的文化是由不同族系的民族组成的多元并存的文化，所以在各民族的原始宗教中一直未能产生一个影响比较大、流传比较远的宗教。秦统一巴蜀之后，巴蜀大地诸民族的文化逐渐融合，融合之时又加入了大量中原文化的因素，这才在秦统一几百年之后产生了一个对后世影响最大的宗教——道教。

三、道教的产生与传播

道教是世界上几大宗教中唯一在我国土生土长的宗教，对中国文化影响很大。道教的前身是五斗米道，或称天师道，其创教之地乃在巴蜀。道教是融合了我国古代文化中多种社会思潮之后在汉代形成的。就主要者言之，道教的产生有三个来源：

第一个主要来源是古代的原始宗教与民间巫术，特别是南方的巫术。原始宗教与巫术并不是同一概念，但相互间有若干相通之处，崇拜多种鬼神，用各种方式祈福免祸是其主要表现。《华阳国志·蜀志·僰道县》下说大江两岸

"民失在于征巫，好鬼妖"。《华阳国志·李特雄期寿势志》说巴人"俗好鬼巫"。这些信鬼求巫的习俗是创立道教的良好土壤。所以在道教创立初期，张鲁等人"以鬼道教百姓，賨人（即巴人）敬信"；"巴、汉夷民多便之"（《华阳国志·汉中志》）。

第二个主要来源是自战国开始、秦汉时期特别流行的神仙学说，主要反映荆楚文化。《庄子》中就有不少关于"神人""至人""真人"的描述。如《逍遥游》中说："藐姑射之山有神人居焉，肌肤若冰雪，绰约如处子，不食五谷，汲风饮露，乘云气，御飞龙，而游乎四海之外。"按神仙学说，人是可以通过修行而成为这种长生不死、不食五谷、逍遥自在、神通广大的神仙的。社会上一些方士也就利用这种学说来推销他们可令人长生不老的方术。在《战国策·楚策》和《韩非子·说林》中都有献不死之药于楚王的记载。秦始皇与汉武帝为求不死之药而作的种种努力更是为人们所熟知。与古巴蜀文化有很密切关系的《山海经》中多次提到有不死国、不死山、不死民、不死树、不死药，可知这种学说在巴蜀也十分流行，只是未有记载流传而已。神仙学说与方士的活跃是道教之所以形成的重要原因。

第三个主要来源是始于战国、流行于汉代的黄老思想。黄帝是传说中的中华民族的人文初祖，其各种传说在战国时期才见于记载。战国时文人往往假托黄帝之名来推销自己的学说，宣传自己的思想。特别是道家学者，由于老子这位道家学说的祖师身世不明、地位不显，故而在百家争鸣之中就往往托名于黄帝以成说，如《淮南子·修务训》所说："世俗之人多尊古而贱今，故为道者必托之于神农、黄帝而后能入说。"其实是以黄帝之名来宣传老子学派的道家学说。这种黄老之学原来主要是一种哲学思想，也含有一定的对社会和人生的看法，可是在不断发展之中，内容逐渐增多，特别是由于老、庄之学起于南方，与荆楚巴蜀地区的神仙学说相互影响，逐渐与神仙思想、阴阳数术相结合。

上述三种社会思潮在战国末年到汉代这段时期，已经发展到具有了宗教的雏形。黄老之学的宣传者也有了"黄老道"的称呼，如《后汉书·王涣传》："桓帝事黄老道，悉毁诸房祀。"又《皇甫嵩传》："张角自称大贤良师，奉事黄老道。"

东汉末年的社会为道教的创立提供了必要的社会基础。东汉后期，外戚与宦官相互争斗，穷奢极欲，专横残虐，强征暴敛。"视民如寇仇，税之如豺虎。"（《后汉书·左雄传》）"虐遍天下，民不堪命。"（《后汉书·单超传》）再加上灾荒，乃至出现了"河内（今河南武陟一带）人妇食夫，河南（今洛阳一带）人夫食妇”（《后汉书·灵帝纪》）的惨状。在社会矛盾如此尖锐的情况下，苦难深重的广大穷苦百姓急迫地要寻求生活之路，寻求互助之路，原来的一些宗教的雏形就很容易被群众接受、拥护，并积极参加，原始道教的两大教派就在这种情况下形成了。在北方，以黄老道为主出现了太平道，以于吉的《太平清领书》为主要理论武器，以人无贵贱、人人平等来号召群众，其主要领袖是张角。在信徒日益增加的基础上，张角发动了黄巾大起义，但后来被各路军阀联合镇压了下去，太平道也同时被镇压而解体，残存的信众大多融入五斗米道。

五斗米道产生于巴蜀，时间比太平道略早。据《三国志·魏书·张鲁传》：“张鲁字公祺，沛国丰人也。祖父陵，客蜀，学道鹄鸣山中，造作道书以惑百姓，从受道者出五斗米，故世号米贼。陵死，子衡行其道。衡死，鲁复行之。”《华阳国志·汉中志》、《后汉书·刘焉传》、《魏书·释老志》、葛洪《神仙传·张衡传》等均有上述记载。鹄鸣山或作鹤鸣山。根据《后汉书》李贤注、李吉甫《元和郡县志》与《唐六典·户部》之载，鹤鸣山在大邑县西北，至今仍名鹤鸣山。《三国志》称“世号米贼”，《华阳国志》称“世谓之米道”，《水经·沔水注》称“世号五斗米道”。从这几处相同的“世号”来分析，“米道”“五斗米道”是他称而不是教派的自称，是旁人见他们“受道者出五斗米”而如此称呼的。因为张陵虽“造作道书”但这道书并未能流传下来，所以只能从稍晚一些的道教文献来推测。历代道教徒都称张陵所创之道为“正一盟威之道”“正一道”。张君房《云笈七签》卷六引《正一经》：“天师自云：我受于太上老君，教以正一新出道法。”又引《玉纬》称，太上老君授张陵“正一科术要道法文”“正一盟威妙经”，称张陵为“正一真人”“天师”。洪适《隶续》卷三所载汉碑《米巫祭酒张普题字碑》中有“仙历道成，玄施延命，道正一元，布于伯气”的词句。所以，张陵当年在蜀中创立的教派很可能应当叫正一道。因为张陵是代天行道的天师，所以又被称为天师道，上引汉碑中就有“祭酒约施天师道，法无极才”之语。

张陵的身世及创教经过，据葛洪《神仙传》及《道藏》中所收的《汉天师世家》所载，知他本沛国丰（今江苏丰县）人，生于东汉建武十年（34年），是汉初名臣张良的八世孙，7岁开始读《老子》，通晓天文、地理、图谶之学。年轻时就有从学弟子千余人，并开始漫游天下，曾经“涉河洛入蜀山得炼形合气之书，辟谷少寐”，与蜀中方仙道有了很深的关系。他又赴京入太学，博通五经，举“贤良方正直言极谏科”。永平二年（59年），任江州（今重庆）令，在巴蜀生活了一段时间，因不满官场腐败，辞官入洛阳北邙山修炼长生之道。朝廷三次召他出来做官，均遭其拒绝。以后又长期漫游名山，求道炼丹，得到了不少《黄帝九鼎丹书》之类的秘籍。“闻蜀人多纯厚，易可教化，且多名山”，又“闻巴蜀诊气为灾，当往除之”，乃第三次入蜀，曾在很多地方停留，最后选定了鹤鸣山，著作道书二十四篇。相传汉安元年（142年）上元之夜，太上老君被他感动，向他传授了正一盟威之道，以及经箓、玉印、剑、冠、玉简等神物。他得道之后，大力传道，为人治病，百姓翕然奉之以为师，弟子众至数万。他将弟子加以组织编列，订立条制，互助共济，修复道路，在此基础上，设立了“二十四治”，即24个教区。初期的“二十四治”全在当时的巴蜀境内，其中又以阳平治（在今彭州）、鹿堂治（在今绵竹）、鹤鸣山治（在今大邑）最为重要。相传他于永寿二年（156年）在鹤鸣山被毒蛇咬死，享年123岁，也有说是在云台峰升天。

张陵之所以在遍游天下之后选中蜀中创教传教，除了当时整个社会矛盾尖锐的大气候之外，巴蜀地区本身也有其适宜于传教的环境。第一，本地的各种原始宗教的流行就为创教传教提供了良好的土壤。第二，这里道家思想盛行，而且早有著作流传。如西汉著名学者严遵，“专精《大易》，就于《老》《庄》，常卜筮于市，假蓍龟以教……得百钱则闭肆下帘，授《老》《庄》。著《指归》（即《老子指归》），为道书之宗”（《华阳国志·先贤士女总赞上》）。东汉的新都人杨厚，“修黄老，教授门生，上名录者三千余人”（《后汉书·杨厚传》）。第三，汉代的巴蜀方术与图谶之学特盛。《后汉书·方术列传》中立传的巴蜀代表人物就有七位，为首的就是阆中的任文公。已知的巴蜀地区最早的道教题材的遗物是简阳逍遥洞发现的“汉安元年（142年）四月十八日会仙友”题刻（刘燕庭：《金石苑》第一册），是汉顺帝时遗物，与张陵创教同时。可知神仙观念在巴蜀地区早已有之。第四，大邑鹤鸣山本是邛崃山脉的一支，当年这里是羌人活动区。张陵选择鹤鸣山作为创教传教之地，很可能与氐羌原始宗教有关。张陵死后，信徒以为升天，“米民之山僚，遂因妄传”。张陵在鹤鸣山创立五斗米道之后，信徒发展很快。而五斗米道作为一种宗教，在不断发展中也逐渐完善与严密，有了道书如《微经》《天官章本》《黄书》以及教义、教仪、组织与戒律。

张陵死后，其子张衡与其孙张鲁继其业。因张陵被称为“天师”，张衡遂被称为“系师”，张鲁被称为“嗣师”，五斗米道也多被称为天师道。由于张陵长寿，故而张衡的事迹不显（相传张衡死于光和二年，即179年）。大约与张衡同时或稍后，五斗米道另一位首领张修在巴郡、汉中郡传道，发展很快。黄巾起义爆发时，他也响应而起义，与中原的张角齐名。张角被镇压之后，张修的力量才逐渐消失。

张鲁是继张陵之后发展早期道教的最有影响的人物。由于天师道在蜀中的势力日益扩大，汉灵帝时的益州牧刘焉就干脆任命张鲁为督义司马，让他带领徒众去攻杀汉中太守张固，将蜀中信教的主力引向汉中。张鲁占领汉中之后，就名正言顺地搞政教合一。张鲁攻占巴郡之后，又在巴郡搞政教合一，“雄踞巴、汉垂三十年”。张鲁后来因兵力不强，降于曹操，建安二十一年（216 年）病死。张鲁死后，天师道一度沉寂下来，到西晋时期才又逐渐活跃。在巴蜀地区，犍为人陈瑞是西晋天师道的重要领袖。《华阳国志・大同志》载，陈瑞自称天师，教徒首领称祭酒，传教中心称道治，徒众以千百数，各地均建有传舍，这些都与汉代天师道一致①。

到了十六国的成汉时期，由于李特统治集团的主体巴賨原来大多是张鲁天师道的信徒，故而从西北入蜀之后就与青城山下“岩居穴处，求道养志”的著名道士范长生联合，尊范长生为“天地太师”，封官丞相。李雄统治巴蜀 30 年，天师道事实上与张鲁时期的地位相似。其情况也与张鲁统治汉中时期相似。所以能如此，在中原人士眼中，仍是“以左道惑百姓，人多事之”（《晋书・周抚传》）；“以妖异惑众，蜀人多归之”（《资治通鉴》卷九七），是宗教力量在起作用。

由于北方的太平道在魏晋时期就未再有活动，徒众转入天师道。张鲁死后，据《汉天师世家》载，他之子、第四代天师张盛遵张鲁生前之嘱，到张陵当年曾经住过的江西龙虎山设坛传教，此后龙虎山遂成为历代天师世袭的本山（据近代研究，此载很可能不确，张陵子孙迁居龙虎山当在唐末）。江南各地的天师道在东晋南朝时代十分活跃，或称五斗米道，如书圣王羲之家族就是“世事五斗米道”；或称为天师道，如大贵族郗鉴家就是“事天师道”的。南朝刘宋道士陆修静对五斗米道做了若干改造，后称南天师道；北魏道士寇谦之自称代张陵为天师，也对天师道做了若干改造，后称北天师道。由于各派都强调对“道”的信奉，寇谦之又将天师道称为“道教”，所以这以后就都称之为道教（“道教”一词，原为诸子百家所共用的概念，是以道化教人之义。在道教文献中最早见于《老子想尔注》）。但溯其本源，其创教之地乃在大邑的鹤鸣山。

---

① 刘礼堂：《唐代长江上中游地区的民间道教信仰》，《武汉大学学报（人文科学版）》2006 年第 11 期。

四、从南方传入的佛教

佛教是从印度通过西域传入我国的外来宗教，传入时间在西汉末年至东汉初，这已是中国佛教史研究者的一致结论。传说我国专门派人到西方学佛并迎来僧人是在汉明帝时期，初次来华的僧人是天竺的迦叶摩腾（另有关于竺法兰的记载，乃后人伪造，不可信）。他到洛阳后建立了我国第一座佛寺白马寺（这个寺名很可能是以后才有的）。关于遣使与僧人来华的具体时间，早期记载均无确切年代，后世则有永平三年、七年、十年、十三年等不同说法。佛教传入我国之后，开始时发展极为缓慢，整个东汉未见有多少活动，直到东汉末年的桓、灵之世，又有安世高等僧人来到洛阳翻译佛经，才开始祭祀浮屠，而且是与黄老并列的。至于佛像，中原地区至今未见东汉遗物。文献中的记载最早也是在汉桓帝时期。

可是，近年来在四川地区的考古工作中却发现了若干例东汉晚期的佛教造像：乐山麻浩 1 号崖墓的石刻佛像，最早的报告见于 1940 年的《华文月刊》第 6 期载杨枝高《四川崖墓考略》一文；乐山柿子湾 1 号崖墓的石刻佛像，图像与报告见《东南文化》1989 年第 2 期所载唐长寿《乐山麻浩、柿子湾崖墓佛像年代新探》一文；什邡皂角乡白果村东汉砖石墓中出土的画像砖上的佛塔（这是我国所见到的最早的佛塔）与菩提树，图像与报告见《四川文物》1987 年第 4 期载谢志诚《四川汉代画像砖上的佛塔图像》一文，实物现藏四川省博物馆；宜宾黄塔山东汉墓出土的一尊坐于青狮上的佛像，报告同上；彭山县（今彭山区）1942 年发现的东汉崖墓中的摇钱树陶座上的一尊坐佛与两尊站立侍者，实物现藏于南京博物院，图像与报告见南京博物院曾昭橘等著《沂南古画像石墓发掘报告》；绵阳何家山 1 号崖墓 1989 年出土的摇钱树上的铜铸佛像，图像与报告见《四川文物》1991 年第 5 期载何志国《试谈绵阳出土东汉佛像及其相关问题》一文；乐山西湖塘出土的施无畏印陶俑，无专题报告，图像见《文物》1992 年第 11 期载吴焯《四川早期佛教遗物及其年代与传播途径的考察》一文，实物藏乐山市崖墓博物馆。以上材料陆续公布之后，在学术界引起了不小的震动。成都很早就是向南的南方丝绸之路的起点，又是西南地区向北至中原地区的起点，是南北的交汇点。目前所发现的东汉晚期佛教遗物毫无例外都在这一条通道上，绝不是偶然的。而从传入到让民间有所信仰、到建佛塔、刻铸佛像，再将佛塔形象反映到画像砖上，也必然有一个较长的过程①。

在佛教传入我国的途径这一问题上，多途说的可能性更大。因为除了上述的南方丝绸之路外，近年来在沂南、连云港等地发现的东汉佛教造像表明佛教也从海上丝绸之路传入。佛教从西域、南海和滇缅三条渠道大致同时传入我国，应当是很正常的。四川佛像的发现可以证明在三国以前，四川已传入佛教。随着近年来考古材料的陆续发现，这种推断已逐步为更多的研究者所接受。

佛教在汉代从南方丝绸之路传入巴蜀，有无寺庙？有无文献记载呢？目前只能找到一条仅供参考的材料，这就是关于大邑雾中山开化寺的材料。由道教祖庭大邑鹤鸣山前行六千米，就是佛教圣地雾中山。这里曾是佛寺遍布的地方，至今仍有开化寺等佛寺三所，有唐代石佛寺摩崖。据地方志记载，这里最早的佛寺建于东汉明帝永平十六年（73 年），名大光明山普照禅寺。晋永和年间西域高僧佛图澄到此住持，改名显应寺。唐高宗时复名普照寺。明宣宗时有蕃僧普达舍耶等来此再创重建，更名为开化寺。开化寺是雾中山寺庙群的主庙，也是寺庙群的总称。明代最盛时，山上有佛寺 50 余所。由于现在所见到的地方志都是清代所修，褒奖乡梓又是过去地方志之通病，故而上述记载是否完全为信史，尚待考察。目前见到的原始记载有两个部分，一是宋黄休复在《益州名画录》和范成大在《成都古寺名画记》（见《全蜀艺文志》卷四二）中都说著名画家李升在大圣慈寺东观音堂画有《雾中山图》，可见唐代的雾中山佛寺已有很高的知名度。二是在开化寺保存的三通明碑，一通由佛学家胡子衡撰文，一通由曾任大学士的万安撰文、另一位大学士杨廷和书丹，一通由著名学者和文学家杨慎撰文。这三通碑均名为《开化寺碑记》，都说雾中山自东汉就有佛事，还是由伽叶摩腾与竺法兰来此修建的。关于雾中山开化寺的历史，关于伽叶摩腾是否到过蜀中等问题，目前由于史料太少，有待进一步研究。但上述材料的确是为巴蜀地区佛教传播提供了若干新的线索。

---

① 刘礼堂：《唐代长江上中游地区的民间佛教信仰》，《武汉大学学报（人文科学版）》2005 年第 4 期。

第二节　巴蜀非物质文化遗产

巴蜀非物质文化遗产是中华优秀传统文化的重要组成部分，积淀着巴蜀地区深厚的历史文化底蕴。巴蜀非物质文化遗产大体包括：一是传统戏曲与曲艺，最著名的有川剧，此外还有四川清音、扬琴、竹琴、川北花灯、川渝皮影、芦山灯戏、四川金钱板、资阳九莲灯、广元的射箭提阳戏与南充的川傩戏等；二是民族民间音乐舞蹈，重要的有巴中与南充的巴渝舞和巴象鼓、川北薅草锣鼓等；三是民间美术手工艺与传统生产技艺，重要的有巴蜀名酒酿造技艺、绵竹版年画、遂宁大英县卓筒井工艺、广安竹丝画帘、青神竹编、自贡龚扇和扎染、成都糖画、蜀锦、蜀绣、漆艺、荥经砂器工艺、自贡井盐深钻汲制技艺等。以下主要介绍最具影响力的巴蜀名酒酿造技艺与川剧。

一、巴蜀名酒酿造技艺

早在汉代，四川酿酒即十分发达。这里不仅有地下出土的大量汉代酒器，有司马相如和卓文君夫妇当垆卖酒的佳话，有出土的汉代画像砖和画像石中的多幅酿酒图、酒肆图、宴饮图，还有若干文字记载，如扬雄《蜀都赋》、左思《蜀都赋》等，在成都凤凰山的一座汉基中曾出土过 19 件陶酒罐，有两个明白地刻着“甘酒”二字，这是真实的汉代文字记录。

唐代是四川酿酒大发展的时期，到了宋代川酒已经有了纯净透明的蒸馏酒。陆游在蜀中所作《寺楼月夜醉中戏作》一诗云：“水精盏映碧琳腴，月下冷冷看似无。此酒定从何处得，判知不是文君垆。”这种透明度很高的酒，当然与卓文君时代的酒是大有不同的。正是在唐宋时期四川酿酒业所取得的成就的基础上，四川产生了若干质量上乘的美酒，一直发展为今天四川的一系列国家级名酒，为其代表的有四川引以为骄傲的“五朵金花”：五粮液、泸州老窖、剑南春、全兴大曲、郎酒。

五粮液出于被称为“万里长江第一城”的宜宾，这里从来就有酿酒、饮酒的传统，唐宋时期的美酒就已颇有名气。杜甫在这里留下了“重碧拈春酒，轻红擘荔枝”（《东楼》）的诗句；黄庭坚在这里写下的有关酒的诗文有 17 篇之多，特别称赞“荔枝绿”“姚子雪曲”等名酒；范成大在这里写下了“我来但醉重碧酒，星桥脉脉向三更”（《七夕至叙州登锁江亭》）的诗句。抗战时期，曾在宜宾挖出了有北宋年号纪年的大酒坛若干。明代初年，宜宾城里酿酒的糟房林立，如“温德丰”“德盛福”“长发升”等都是其中有名的糟房。“温德丰”用大米、糯米、荞子、高粱、玉米五种粮食混合为原料，酿出了有名的“杂粮酒”。这种五粮混用的方法，很可能就是黄庭坚在《荔枝绿颂》中“王墙东之美酒，得妙用于六物”的“六物”的余绪。“杂粮酒”的五粮配方比例，多年来是由“温德丰”创建人陈氏一家传子不传女这样一代一代作为秘方传下来的。直到清同治八年（1869 年），陈家无子，才传与第一高徒赵铭盛。赵铭盛改“温德丰”为“利川永”，决心扩大规模，更上一层楼。民国初年，赵铭盛被宜宾酒业公会推为酿造总技师。赵铭盛临终前，又将秘方传给爱徒邓子均。邓子均对秘方做了两次调整，一度加入胡豆，成为“六粮”。1928 年，调整后的秘方最后定型，仍是“五粮”。1929 年，邓子均接受晚清举人杨惠泉的建议，将“杂粮酒”更名为“五粮液”。从此，五粮液逐步从宜宾走向全国，在 20 世纪 30 年代就已销往美国，受到欢迎。上海的“利川永”货栈特地将一块“名震全球”的大匾送给“利川永”。新中国成立后，“利川永”逐步扩大为宜宾酒厂。1953 年，年逾六旬的邓子均向政府献出了秘传数百年的“陈氏秘方”。1957 年，宜宾酒厂被正式命名为“宜宾五粮液酒厂”。1958 年，五粮液登上全国名酒的金榜，以后连评连中，成为我国白酒中的杰出代表。2010 年，在上海举行的“献礼 2010 上海世界博览会”品鉴活动中，五粮液获得上海世博会评选的酒类最高奖项——千年金奖。五粮液的独特酿制工艺，可以归结为用料配方巧、发酵时间长、摘酒把关严、曲药制作精、勾兑技术妙。目前已不再保密的五粮液的原料配方：高粱 36%、大米 22%、糯米 18%、小麦 16%、玉米 8%。

泸州老窖系列（包括特曲、头曲、二曲）产于长江之畔泸州。泸州是一座古老的酒城，黄庭坚在泸州就写下了“江安食不足，江阳酒有余”（泸州古称“江阳”）的诗句。另一位宋代诗人唐庚也在此写下了“百斤黄鲈脍玉，万户赤酒流霞”的诗句。可知早在北宋时，这里已是“酒有余”“赤酒流霞”的酒城。北宋王朝在这里专门设置“酒务”征收酒税，占泸州商税总额的十分之一。而且，据《宋史·食货志下七》载，北宋时期，四川地区的泸州和夔州、达州等地不禁民间私酿，所酿之酒，“自春至秋，酿成即鬻，谓之‘小酒’，其价自五钱至三十钱，有二十六等；腊酿蒸鬻，候夏而出，谓之大酒’，自八钱至四十八钱，有二十三等”。这里的“小酒”，是酿成即售、售价较低的酒；“大酒”头年冬天酿制，还要经过“蒸”，再贮存半年醇化老熟，第二年夏天方能出售，售价亦高。凡要长期贮存的酒，酒精浓度必然要高，否则就会酸败。由此看来，“小酒”应是古老的酿制酒，“蒸”过的“大酒”应是后起的蒸馏酒。泸州地当“三省通衢”，宋代已是“五商幅凑”的水陆都会，成为繁华的酒乡，其各方面条件都是相当优越的。1984 年，泸州小市城建工程中，曾在地下发现古老的窖池五口，窖内留有酒糟，很可能是宋代遗存，遗憾的是当时未做考察，即被破坏掩盖。几年前，豫记温永盛曲酒厂创办人温宣豫的后人温筱泉老人捐献了他家珍藏的清同治八年（1869 年）豫记温永盛曲酒厂开办时的酒瓶，瓷质，上有“三百年老窖”五个大字。据老人回忆，他家从雍正七年（1729 年）在泸州酿酒，到他已 11 代（他的儿孙仍在酿酒）。他祖父温宣豫买下了别人的 10 口陈年老窖，窖龄都在 300 年以上，故专门开设豫记温永盛曲酒厂，酿制“三百年老窖大曲”。这一批窖池至今仍在泸州曲酒厂一车间（南城营沟头）中继续生产着闻名中外的泸州老窖曲酒，只是在上面新修了现代化的厂房而已。1958 年，轻工部曾组织各方面专家对老窖窖龄做了考察，确知建窖时间在明代万历年间（1573—1619 年）。所以，现在仍有沿称“三百年老窖”旧名的，但其实已是“四百年老窖”了。清代著名诗人张问陶在乾隆五十九年（1792 年）船过泸州以后，写下了“暂贮冰盘开窖酒，衔杯清绝故乡天”（《峡中谢人送橘柚》）的诗句，可知两百年前泸州酒就以“清绝”为特点，而且以“窖酒”为名。张问陶《泸州》中的“城下人家水上城，酒楼红处一江明。衔杯却爱泸州好，十指寒香给客橙”，则写尽酒城风貌，被传诵至今。

泸州酒发展到民国年间，大曲酒最高年产量达 1 800 吨，位居全国之冠，有 36 家曲酒厂争雄，一般酒厂还有 600 余家。就是上面介绍过的世代酿酒、位于南城僻静之处、曾被清末名臣张之洞喻为“酒好不怕巷子深”的温永盛曲酒厂，于 1915 年以“三百年老窖大曲”参加在美国旧金山举办的巴拿马太平洋万国博览会，一举夺得金奖，名扬中外。从此，泸州老窖参加了数不清的展览会、评奖会，次次金榜题名。当然，最光荣的记录是新中国成立后全国五次评酒，泸州老窖五次金牌，被人们称为“金牌不倒五连冠”，被专家们选为中国浓香型白酒的典型代表，喻为“浓香正宗”，与另一位“金牌不倒五连冠”的“酱香正宗”茅台酒，长期双星并峙，以它“浓香、醇和、爽甜、味长”的特点饮誉中外。

剑南春产于川西平原西北隅的绵竹，这里距古蜀文化中心广汉、成都不远，是川西久享盛名的酒乡。1979 年，绵竹清道发现了春秋时期的蜀人船棺葬，里面就有青铜酒器霁和提梁壶，可见绵竹饮酒历史之久远。从现有资料看来，绵竹最早生产出的名酒是宋代的“蜜酒”与“鹅黄”。宋代大文豪苏轼游赤壁，写下了著名的前后《赤壁赋》，赋中说：“苏子与客泛舟，游于赤壁之下”，“客有吹洞箫者，倚歌而和之”。这位“客”，就是绵竹道士杨世昌（见吴宽《匏翁家藏稿》卷20）。这位蜀中老乡是苏轼好友，送了他一件礼物，就是酿制蜜酒的秘方。为此苏轼专门写了一首《蜜酒歌》，盛赞这种“珍珠为酱玉为醴”，“甘露微浊醍醐清”的蜜酒。在诗的序中，苏轼说：“西蜀道人杨世昌，善作蜜酒，绝醇酽，余既得其方，作此歌以遗之。”这种“绝醇酽”的蜜酒，张邦基在《墨庄漫录》中误以为是用蜂蜜酿酒，其实是一种米酒，因为苏轼在《志林》中有“作蜜酒格”，明白说是“每米一斗，用蒸饼面二两半，饼子一两半”。所以以“蜜”为名，应是其色味如蜜之佳。这种淡黄色的美酒，杜甫在汉州饮过，他说“鹅儿黄似酒，对酒爱新鹅”（《舟前小鹅儿》）。宋代祝穆《方舆胜览·汉州》下记有“鹅黄乃汉州名酒，蜀中无能及者”。宋代的绵竹县正是在汉州政区之内。可以肯定，这种“蜀中无能及者”的“鹅黄”，与“蜜酒”应是一类，很可能就是一酒异称。南宋时，陆游也有“叹息风流今未泯，两川名酝避鹅黄”（《游汉州西湖》）和“新酥鹅儿黄，珍橘金弹香”（《对酒》）的诗句，可知这种名酒是久负盛名的。类似“鹅黄”这类酿制酒在绵竹是何时发展为蒸馏酒的，文献阙载。目前只能知道，清初康熙年间，绵竹优良的地理条件和多年的酿酒工艺终于结出了名震蜀中的硕果，这就是有名的绵竹大曲。正如《绵竹县志》所载：“大曲酒，邑特产，味醇香，色洁白，状若清露。”著名诗人李调元足迹遍中华，自称“天下名酒皆尝尽”，可最后“却爱绵竹大曲醇”。绵竹大曲的出现使绵竹的酒业生产有了一个大发展，几家陕西富商也到绵竹安家设厂，到了清末，单是著名的大曲作坊就有18家，产品不仅在四川享有很高声誉，而且远销云南、贵州、陕西、甘肃，各地商人云集绵竹，当时有人在诗中写道：“山程水路货争呼，坐贾行商日夜图。济济直如绵竹茂，芳名不愧小成都。”民国时期，绵竹酒业最旺时，有酒厂200多家，其中有大曲作坊38家，拥有老窖200个，大曲年产量350吨。绵竹大曲远销上海、南京、重庆。单在成都就有专销绵竹大曲的酒庄、酒行50余家，被称为成都“酒坛一霸”。1943年，重庆的绵竹大曲长期供不应求，绵竹酒商不得不在各报刊登“谢客”启事。新中国成立后，绵竹城关几个大曲酒作坊合并为绵竹酒厂之后，技师们乘新中国的太平盛世，群策群力，生产出一种比传统的绵竹大曲质量更优的大曲，暂名“混料轩”。酒厂请绵竹大曲的多年爱好者、蜀中著名诗人、川大教授庞石帚老师命名，庞老师以绵竹所在地理位置，将《唐国史补》中的蜀中名酒“剑南之烧春”加以省减，于1958年名之曰“剑南春”。从此，一种新的名酒诞生了，并很快受到中外饮酒者的好评。1979年，它在第三届全国评酒会上，以“色清透明，窖香浓郁，味厚味绵，余香悠长，浓中带浆，恰到好处”的评语，登上中国名酒的金榜，以后连获三届金牌，并获商业部的金爵奖。2008 年，剑南春酒传统酿造技艺入选国家级非物质文化遗产。如今，剑南春已行销几十个国家和地区。今天，剑南春的配料比例也已不再保密，其原料也是“五粮”，但与五粮液不同，具体配方是：高粱 40%、大米 20%、糯米 20%、小麦 15%、玉米 5%，混合粉碎。

全兴大曲产于蜀都成都。成都平原酿酒的古老历史可以从出土文物得见一斑。1964 年在成都百花潭中学战国墓出土了一件铜壶，这件酒器上有举杯豪饮的宴乐图，是迄今为止先秦所有有宴乐图的酒器中最典型的一件。成都地区汉魏时期造酒的一种方法载于《齐民要术》卷七《笨曲并酒第六十六》：“蜀人作酴酒法：十二月朝，取流水五斗，渍小麦曲二斤，密泥封。至正月、二月冻释，发，漉去滓，但取汁三斗，杂米三斗。炊作饭，调强软。合和，复密封，数十日便熟。合滓餐之，甘、辛、滑如甜酒味，不能醉人，多啖，温温小暖而面热也。”经过唐宋时期成都酒业的大繁荣，元明两代的经济衰退，随着清初四川经济的复苏，作为蜀都的成都，其酿酒业也开始了一个新的阶段。在众家酒坊之中，有一位王姓酿酒技师于乾隆五十一年（1786 年）在东外大佛寺侧，利用“全身佛”三字的谐音，开办“福升全”（谐“佛身全”）酒坊，以求大佛保佑，专门取用著名的薛涛井井水酿酒。薛涛井并不是薛涛取水之井，而是明代蜀王取水制薛涛笺之井。此井清澈甘冽，被誉为东郊第一井，相传唐代的成都名酒“锦江春”就是用此井水酿造。“水是酒之血”，福升全用薛涛井水酿成的大曲酒果然质量优良，被称为“薛涛酒”。诗人冯家吉在《薛涛酒》一诗中写道：“枇杷深处旧藏春，井水留香不染尘。到底美人颜色好，造成佳酿最熏人。”清道光四年（1824 年），生产日益兴旺的福升全在城内暑袜街建立新厂，以“福升全”之末字为首字，名叫“全兴成”，以一口明代古井水酿酒，并将多年酿制薛涛酒的技术加以改进，酿出了比薛涛酒更优的曲酒，就命名为全兴酒。全兴酒按质量高低形成一个系列，由高到低是：冷气大曲、陈年大曲、茵陈大曲、大曲。优质的全兴酒在成都酒业中长期居于首位，一直保持到新中国成立后。1951 年，在老号福升全的旧址成立了成都酒厂，其他厂的能工巧匠均聚集于此，在原来全兴酒的基础上生产出了新一代全兴大曲。1963 年，它首次参加全国评酒就一举夺魁，荣获中国名酒金奖。1984 年和 1988 年两次参赛，均继续保持了中国名酒的荣誉。2018 年，全兴大曲获 2018 年度酒类新品“青酌奖”。

在我国名酒中，全兴大曲是唯一一种在大城市中生产出的名酒。一般来讲，大城市对于名酒的生产是不利的。全兴大曲能在既无青山又无绿水的环境中保持中国名酒的地位，关键在于独特而严格的工艺要求。成都没有优质泉水，但成都酒厂在酿造中有严格的“水谱”，丝毫不能马虎；“曲是酒之骨”，全兴曲的制作使用与众不同；“料是酒之肉”，全兴大曲用料更独具特色，要大量加入陈糟，还要加入米糠。全兴大曲用料用水都十分严格，讲究“稳准细净”，其基本配方：粮糟比 1∶5，粮糠比 1∶0.25，粮曲比 1∶0.20，粮水比 1∶0.8，不能有半点差错，否则就会失去“雅倩隽永”的传统风格。

郎酒出产于古蔺县二郎镇，是四川“五朵金花”中唯一的酱香型名酒，也是全国唯一可以与茅台比肩的酱香型名酒。二郎镇处于川黔交界处的崇山峻岭之中，与贵州的茅台镇同在赤水河畔，有着相同的自然条件。这里又是川盐入黔的重要转运站，历来商贾繁多，酒业发达，清代时就是“家唯储酒卖，船只载盐多”的著名集镇。1904 年，夫妻都是酿酒高手的邓惠川在此开设“絮志酒厂”，再扩建为“惠川糟房”，他多次到茅台镇考查，对茅台酒生产的主要工艺“回沙”即反复发酵蒸馏工艺做了深入研究和改进，并在酒曲中加进多种中草药，生产出了新型的茅台型美酒，取名为“回沙郎酒”，很快就名噪川、滇、黔三省，并销往港、澳地区与东南亚一带。1933 年，茅台镇第一酒厂成义酒厂被大火烧毁，二郎镇集义酒厂有眼光的老板雷绍清立即高薪将成义酒厂总酒师礼聘到二郎镇，又从惠川糟房请来技师莫绍成，集茅台酒与回沙郎酒两家之长，酿出了比回沙郎酒更好的酒，名为郎酒，与茅台难分高下，连包装也都是一个模样的土陶罐。可是，惠川糟房在 1944 年解体，回沙郎酒停产。1949 年，集义酒厂也散了伙，郎酒停产。新中国成立初的几年间，郎酒已从我国消失。1957 年，根据周恩来同志的指示，恢复郎酒厂。两年后，重新生产出郎酒，但产量不高。郎酒的大发展是在 1979 年以后。这一年，郎酒被评为全国优质酒。1981 年在一次全国名优酒协作会上，郎酒的总评分仅比茅台低 0.32 分，使全国酒业同行为之震动。1984 年，郎酒理所应当地在全国评酒中荣获国家名酒的金牌。1985 年，获商业部金爵奖。1988 年，再获国家名酒金牌。2008 年，荣登“中国最具竞争力品牌榜单”。在二郎镇，有这样一首民谣：“郎酒好，有四宝：美景、郎泉、宝洞、工艺巧。”所谓美景，是指这里温润的气候、山清水秀的生态和特有的微生物生长圈。贵州专门搞了茅台搬家的试验，四川也搞过“全盘郎酒化”的异地厂，结果都失败了，就因为离开了这特有的自然环境。郎泉，是一口冬夏长涌的古泉，是郎酒厂的命脉，年产两千多吨的郎酒厂生产用水全部取用于此，绝无杂水，这在全国大酒厂中是独一无二的。近年来对郎泉水做了多次分析，结论是“极优良的矿泉水”，是“十分理想”的酿造用水。宝洞，是两个大型天然溶洞——天保洞和地保洞，是郎酒的贮存库，可利用面积达 12 000 平方米。郎酒与任何白酒不同，必须贮存三年以上方能醇化老熟。两个天然溶洞的湿度与温度使其成为极为理想的贮酒场所。工艺巧，是指郎酒生产的十分独特的工艺流程，其主要特点是高温制曲、两次投粮、回沙发酵、九次蒸酿、七次取酒、三年陈贮。从粮食到可以饮用的郎酒，大约要经过四年的时间，要经多次反复发酵、反复蒸馏①。

二、川剧艺术

川剧是流行在四川、云南、贵州城乡的地方戏。虽然它是我国地方戏中拥有观众最多的剧种之一，但历史并不长，形成于清代中后期。川剧的源头有五支，川剧的声腔也有五种。

高腔，这是川剧中比重最大的一种，来源于江西的弋阳腔。李调元在《雨村剧话》中说："弋腔始于弋阳，即今高腔，所唱皆南曲……响无曲谱，只沿土俗，以一人唱而众和之。"这种不用伴奏、一人唱众人和（今川剧称为"帮腔"）的形式，在川剧高腔中得到了充分的表现，直到新中国成立后，才开始用乐器伴奏。高腔来源于弋阳腔，但在四川的"川化"过程中，又吸收了四川的秧歌调、车灯调、船夫号子等成分，较之古老的弋阳腔更有民间风格，格调也较为明快和强烈。

弹戏，即古之乱弹，来源于北方的梆子腔，因为用一种四川叫"盖板子"的胡琴（琴筒不蒙蛇皮，而蒙薄木板）伴奏，用木梆敲打节奏，所以又叫"盖板"或"梆子"。因为由陕入川的人多，所以弹戏这种"川化"的梆子腔在清中叶曾非常流行，除上述的魏长生外，在北京演出而有名的四川艺人就还有彭万官、陈金官等十多人（见吴太初《燕兰小谱》），北京称之为"川梆子"。

昆腔，来源于昆曲。因为昆曲难以民间化，所以"川化"得最少，在川剧中也使用得最少，近代已没有全本的昆腔戏演出，一般都是以小段形式穿插在其他声腔之中，或用于一段唱腔的开始，叫"昆头子"，仍用笛子伴奏或不用伴奏。

胡琴，又分西皮和二黄，源于同属皮、黄系统的安徽徽调和湖北汉调。在"川化"过程中融进了陕西二黄、四川扬琴、川梆子，用胡琴（与今天的京胡相近）伴奏，是川剧中仅次于高腔的重要声腔。

灯戏，是川剧五种声腔中唯一的一种四川民间音乐，乡土味极浓，只用来表演活泼、诙谐的小戏，仍然保留了民间小曲的风格。

---

① 袁庭栋：《巴蜀文化》，辽宁教育出版社，1995，第 322 页。

上述五种声腔，除灯戏来自民间，昆腔、高腔、胡琴、弹戏原来都是各有专班，一直到清末的同治、光绪年间，仍是大体如此。如舒颐班专唱昆曲，太洪班专唱胡琴，翠华班、宴乐班专唱高腔，魁胜班、查师爷班专唱弹戏等，但相互间已开始渗透，如魁胜班也唱少许胡琴。到辛亥革命前后，才开始各声腔同台演出，然后发展为每个班都唱几种声腔，每个演员都唱几种声腔，今天这种五腔合一班的格局才最后形成。辛亥革命后新建的科班，如三庆会的升平科班等所培养的新一代川剧艺人也就都是不分声腔的多面手了。不过，也有个别的戏班未参与这股融合的潮流，例如个别汉调剧团就一直保存到 20 世纪 60 年代。

五种声腔合一的川剧形成之后，逐步形成了川剧的四大流派，称为四条“河道”：①川西河，又称成都河、上河，以成都为中心，代表戏班是三庆会和新又新，这个河道的胡琴戏造诣极高，被誉为胡琴戏的“正宗路子”。川西河先后拥有的著名艺术家有浣花仙、杨素兰、康芷林、唐广体、周慕莲、贾培之、天籁、萧楷臣、周企何、阳友鹤、刘成基等。②川南河，又称资阳河、中河，流行在资阳、内江、自贡、泸州、宜宾、乐山地区，历来以唱高腔擅长，是著名的唐派高腔的“窝子”，代表戏班是大名班。川南河先后拥有的著名艺术家有唐金莲、萧长志、岳春、张德成、蒲松年、罗开堂等。③川北河，流行在绵阳、遂宁、南充、达县等地，受陕西梆子和川北民间花灯戏（南充至今还有花灯剧团）的影响很大，擅长弹戏和灯戏，代表戏班是太洪班、时合班，著名艺术家有康彬如、陈全波等。④下川东河，又称重庆河、下河，以重庆为中心，戏路广、新意多，丑角大师傅三乾、“京汉调”胡琴戏的开创者吴晓雷等著名艺术家都是下川东河的代表人物。

因为川剧是综合各家、广收博采而形成的，又在长期竞争之中发展，所以成为我国地方戏曲中水平高、影响大的著名剧种。综合起来看，川剧具有以下几大特色：

从剧本上看，川剧剧本来源广泛，经过积累和淘汰、加工和重编之后，川剧剧本近千种，大的戏班可以上演一年不重戏。一直到新中国成立后重庆市川剧院上北京演出时，仍一次带去大本戏 80 个，折子戏 300 多个，可以连演半年不炒冷饭。在川剧的形成、发展阶段，四川不少著名文士都参与了川剧剧本的整理和改编。如清代中叶著名诗人李调元从官场退隐之后，在家养戏班，潜心戏曲理论研究与剧本改编，“归来只在梨园坐，自敲檀板课歌童”。川剧中著名的弹戏四大本《春秋配》《梅绛雪》《花田错》《苦节传》，就是经他加工修改过的。清末御史赵熙是著名诗人，他所改编的《情探》具有很高的艺术感染力。著名剧作家黄吉安一生编剧本 80 余个，犹以《柴市节》脍炙人口。三庆会戏班的义务编剧冉樵子（本名冉开先）擅写高腔戏，《刀笔误》《琴挑》等至今上演不衰。对于川剧剧本的高水平，在戏曲界几乎是众口皆碑的。《情探》等剧曾被一些高等学校当作范文讲授。此外，川剧中以四川人特有的幽默感而发出的种种连珠妙语，真可以达到“奇言惊四座，妙语解人颐”的效果，川剧喜剧如《拉郎配》《乔老爷上轿》《鸳鸯谱》《迎贤店》《投庄遇美》等之所以能在国内外受到热烈欢迎，其原因仍在剧本。

从表演上看，川剧的表演艺术既有一套高度写意的程式，又有丰富的生活情趣，其最大特点是十分精细而多样化。从几个比较浅显易懂的例子即可知晓。

我国戏剧的行当，都分为生、旦、净、末、丑，下面再分，各有不同。在各剧种当中，川剧是分得最细的，其表演程式也是最细的。我国戏剧的表演技艺，艺人多有一些精炼的总结，这方面的总结，川剧尤为精细。例如小生的情绪风度，名演员袁玉堃总结为 10 种：喜、怒、哀、惊、怕、痴、疯、病、醉、派（四川方言，即摆阔、玩气派）。单是小生中的书生，又有 10 种表现手法：瓜（四川方言，天真、傻乎乎）、秀、酸、呆、俊、刚、柔、狠、伪、浮。川剧表演艺术家阳友鹤的手法、身段、步法有几百种，他写的《川剧旦角表演艺术》一书已成为全国所有剧种旦角演员最重要的教科书，国内很多地方戏演员都专程入川学习川戏的表演技艺。

川剧声腔有各种曲牌腔调 800 余种，其中高腔曲牌 300 多种（常用的有 100 种左右）。行腔除一般的字正腔圆的要求之外，练唱分为喊嗓和吊嗓两类。喊嗓主要是训练和改变自然嗓音，吊嗓主要是练唱腔。唱腔讲究“腔无情，不见人；腔不巧，不见好；腔不美，淡如水”；要求“字重腔轻”“依腔就字”“字为主，腔为宾”“高腔轻过，低腔重煞”“腔高不薄，腔低不弱”“慢板要紧，快板要松，散板要稳”。

川剧演唱与其他剧种最大的不同是重视高腔的帮腔。在从弋阳腔发展演变而成的各种高腔剧种中，唯有川剧的帮腔在曲牌中可以独立使用，可以帮整句乃至数句，甚至少数曲牌只帮不唱。川剧帮腔已由原来弋阳腔中简单的“以一人唱而众和之”发展为具有多种功能的演唱形式，其功能可以归纳为 10 种：①在道白和唱腔之间过渡，起领唱作用，俗称“放帽子”；②一支曲牌一开始就帮腔的叫“平起”，起定调、定节奏的作用；③在一支曲牌之间或几支曲牌之间帮腔，起转调的作用；④帮助刻画人物的内心感情，烘托气氛，特别是突然高八度的“咦”腔，作用十分明显；⑤在演员演唱描绘事物的同时，用帮腔描绘周围环境，起陪衬作用；⑥以第三者的身份从侧面描述戏剧情节；⑦代剧中人物说出不便说出的话，或从旁剖白人物的内心世界，往往可以起到画龙点睛的作用；⑧加强重点词句，加重语气，帮助观众理解；⑨渲染舞台气氛，这类帮腔往往是没有唱词的“没词歌”，只用语气词或衬字；⑩从观众或评论者的角度对剧中人或事加以褒贬，甚至对全剧做一个总结。

川剧还有一个其他剧种很难模仿的特点，即在民间有极为深厚的群众基础。在四川，有数不清的业余川剧演唱者，称为“玩友”，他们在四川遍布城乡的茶馆中，或院落、打谷场上，围坐清唱，锣鼓喧天，称为“打围鼓”。在过去，几乎城市中每条街有围鼓，农村中每个场镇有围鼓，还形成了成都、重庆、自贡、广汉连山镇、富顺牛佛镇、绵阳丰谷镇、金堂淮口镇、安岳国卿寺等远近闻名的玩友中心。玩友们还编创唱本，如《清玩雅音》之类。玩友登台演出，就成为“票友”，票友下海成为专业演员者不乏其人，著名艺术家浣花仙、贾培之、陈淡然等是其中的佼佼者。直到今天，在影视歌舞的强烈冲击之下，四川城乡仍有无数玩友在打围鼓，不少地方还组织了玩友协会①。

川剧表演中过去有不少艺人创造了一批“绝活”，有的因无人继承而失传，有的则至今还在舞台上表演，被人们称为绝技，如变脸（可连变九次）、踢慧眼、吐火、滚灯等。变脸已作为“中国一绝”走向世界，但其中奥妙仍未公之于世。

第三节　巴蜀红色文化

四川是充满红色记忆的地方，红军强渡大渡河、飞夺泸定桥的历史被人们传唱。四川的革命文化资源十分丰富，既有川陕革命根据地，又是朱德、陈毅、邓小平等老一辈无产阶级革命家的故乡。四川也是红军长征活动范围最广、行程和经过时间最长的一个省。红军长征在四川经历二十个月，经过了十个市州，将近七十个县。红军长征在四川发生的战役战斗最多，同时四川是党中央、红军在长征途中召开会议最多的省份，特别是在川西北地区。两河口会议确立了北上建立陕甘革命根据地的战略方针；巴西会议挫败了张国焘的分裂主义路线，将红军从危机中解救了出来。这两次会议是决定党和红军前途命运的关键会议，在中共党史上有着重要的历史地位。

---

① 袁庭栋：《巴蜀文化》，辽宁教育出版社，1995，第 343 页。

革命文化是中华民族宝贵的精神财富。发展社会主义先进文化，必须继承和发扬党和人民从五四运动以来形成的革命文化传统，积极坚守与弘扬革命文化传统。要加强对四川革命文化遗址的保护和开发，将革命文化遗址打造为红色旅游精品景区，使其成为干部教育的重要阵地、青少年教育的重要课堂、广大群众接受教育的重要场所，传承革命文化传统的理想信念，促进经济文化繁荣发展。目前四川入选的全国红色旅游景点景区主要有：以邓小平故居为代表的广安市红色旅游系列景区（点）；巴中市、达州市、广元市、南充市川陕革命根据地红色旅游系列景区（点）；四川红军长征红色旅游系列景区（点），包括泸州市古蔺县红军四渡赤水太平渡陈列馆、石棉县安顺场红军强渡大渡河纪念地、甘孜藏族自治州泸定县红军飞夺泸定桥纪念馆等长征重要战役战斗遗址。广元市剑阁县的红军血战剑门关遗址是四川保护和开发最突出的红色旅游景点之一，全县旅游收益达到 20 亿元①。

最能突出体现巴蜀红色文化的革命传统教育基地和景区（点）有以下四处：

一、广安邓小平故居

邓小平故居坐落在广安区协兴镇牌坊村的邓家老院子，为普通农家三合院，占地 800 余平方米，有大小房屋 17 间，穿斗木质结构，青瓦粉壁，古朴典雅，庭院绿树成荫，翠竹掩映。故居正房大门上方悬挂着江泽民同志题写的“邓小平同志故居”金字横匾，大门两侧为四川著名作家马识途撰写的对联：“扶大厦之将倾，此处地灵生人杰，解危济困，安邦救国，万民额手寿巨擘；挽狂澜于既倒，斯郡天宝蕴物华，治水秀山，兴工扶农，千载接踵颂广安。”

故居陈列馆采用丰富翔实的珍贵图片、实物和手稿等，以及声、光、电等多媒体技术，生动形象地展现了邓小平同志为中国革命和建设事业不懈奋斗的光辉一生。展区主题鲜明，分为“走出广安”“戎马生涯”“艰辛探索”“非常岁月”“开创伟业”“您好小平”6 个单元。“走出广安”主要讲述了邓小平的家世、童年及少年读书生活，以及旅法勤工俭学走上革命道路，在莫斯科中山大学学习，投身国内革命洪流等早期革命经历。“戎马生涯”记述了邓小平从领导广西革命斗争，参加长征到战斗在抗战前线，再到挥师解放战场，为建立新中国、实现中华民族独立和解放立下的赫赫战功。“艰辛探索”讲述了新

① 陈佰霞、乐欢、尹德志：《四川革命老区红色文化资源助推绿色发展的几点思考》，《理论观察》2019 年第 9 期。

中国成立后，邓小平主政大西南，特别是作为以毛泽东同志为核心的党的第一代中央领导集体的重要成员，为建立和巩固社会主义制度进行的艰辛探索。“非常岁月”反映了“文化大革命”中，邓小平在江西的日子和他复出主持中央日常工作，大刀阔斧全面整顿的经历，讲述了他“两落两起”的传奇经历。“开创伟业”是展览中浓墨重彩的一部分。邓小平作为党的第二代中央领导集体的核心，是中国改革开放和社会主义现代化建设的总设计师。“开创伟业”分为“拨乱反正，打开一条新路”“发动和领导改革”“开启对外开放大门”等9个专题，讲述了在新的历史时期，邓小平领导党和人民实现伟大历史转折，开创中国特色社会主义道路，改革开放，进行现代化建设的伟大功绩。“您好小平”用色彩斑斓的巨幅照片以及6组多媒体访谈材料，表达了人民对邓小平的深切怀念之情，以及在邓小平理论指引下中国发生的翻天覆地的变化。

二、中国红军城

四川省北部和陕西省汉中市接壤的旺苍县，是1932年到1934年红四方面军开展革命活动的根据地。当时中共川陕省委、川陕苏维埃政府、西北革命军事委员会、红四方面军总部所在的大约两平方千米的旺苍老县城，也就成了当时中国无产阶级革命第二大政治、军事和文化中心，被国内外称为旺苍红军城。中国红军城占地1.5平方千米，由旺苍县城老城的文昌街、王庙街、龙潭街3条主要街道和木市巷、何家巷2条小巷构成，现存有川陕省委、川陕省苏维埃政府、西北革命军事委员会和红四方面军总部等川陕苏区40多个党政军主要领导机关遗址，是全国现存面积最大、保存最好、遗址点最多的红军遗址群之一。

1932年12月，红四方面军由南江、巴中进入旺苍，开展了大规模的打土豪、分田地的革命斗争，受到长期被军阀地主残酷压迫的人民群众拥护。红军经过大小数十次战斗，打败了国民党反动派和地方军阀割据势力的围剿，红军队伍由入川时的四个师、一万五千人扩充到五个军、八万余人，创建了以旺苍为中心的川陕苏维埃革命根据地。以旺苍为中心的川陕革命根据地成为中国无产阶级革命运动的第二大区域的指挥中心。红军在旺苍的两年多时间里，由旺苍县城的西北军委、红四方面军总部指挥的著名反三路围攻战役中，有智取木门镇、青龙寨阻击战、三江坝战斗，有反六路围攻时的快活岭战斗、旺苍坝追歼等有效消灭敌军的战斗。在这些战斗中，红军歼灭敌人三万，活捉敌旅长一人，击毙敌旅长二人，歼灭敌下级军官无数，沉重打击了国民党和四川地方军阀的反动统治，使川陕革命根据地得到恢复和扩大。

三、万源红军公园

万源市是第二次国内革命战争时期川陕苏区的重要区域，素有“红色万源”的美称。1932 年 12 月，徐向前、李先念、许世友等红军将士在万源进行了红四方面军历史上“时间最长、规模最大、战斗最艰苦、战绩最辉煌”的“万源保卫战”，创造了许多可歌可泣的战争神话：许世友血战大面山，撼天动地壮军史；张才千激战玄祖殿，新兵上阵歼强敌；李先念阻敌花萼山，伟业丰功耀千秋；徐向前夜袭青龙观，横扫千军如破竹。为纪念万源保卫战取得的辉煌胜利，于 1984 年 1 月动工兴建了万源保卫战战史陈列馆，时任中共中央总书记胡耀邦题写馆名，徐向前、李先念、许世友、张爱萍等党和国家领导人先后题词。该馆位于城北后山坡红军公园内，距城区 1 千米，占地 20 余亩，馆舍面积 2 500 平方米，按园林式设计，两套四合院布局，建筑精巧，造型美观，有四个展室，展线长 170 米。馆藏革命文物 1 238 件，其中国家一级文物 2 件，二级文物 15 件，三级文物 90 件，资料性文物 1 000 余件。2001 年 6 月被中宣部命名为“全国爱国主义教育示范基地”；2004 年年底，又被国家发展和改革委员会、中共中央宣传部、国家旅游局等 13 个部门委列入“全国 100 个红色旅游经典景区”。2014 年 12 月红军公园创建为国家 3A 级旅游景区，吸引了大量游客前来瞻仰参观，共接待国内外游客 300 多万人次。

四、重庆歌乐山烈士陵园

重庆歌乐山烈士陵园位于重庆市西北部，占地面积 1 159 平方米，设在国民党军统特务重庆集中营和中美特种技术合作所的旧址、1949 年“一一·二七”政治大屠杀的发生地。1997 年被中宣部列为“全国百个爱国主义教育示范基地”。其基本陈列为“中美合作所”集中营史实展，以 490 张图片、108 件实物和“一一·二七”大屠杀半景画详细披露了国民党军统集中营和中美特种技术合作所黑暗凶残的内幕，生动翔实地介绍了杨虎城、叶挺、江竹筠、罗世文、车耀先等革命先烈为新中国的建立前仆后继、英勇不屈的斗争事迹。

中美特种技术合作所东西长约 7 千米、南北长约 10 千米。这个“特区”周围完全用碉堡、岗亭和铁丝封锁着，任何人也不能擅自通行。它名义上是以中美联合对日作间谍战、中美交换情报为幌子，实际上，完全是一个训练法西斯刽子手的机构，对中国共产党员和抗日民主人士进行大量的搜捕和迫害。国民党统治时期，这里是关押和杀害革命志士的人间地狱。“皖南事变”后，新四军军长叶挺将军曾被囚禁于此，著名共产党人罗世文、车耀先、江竹筠，爱国将领杨虎城、黄显声等均在这里惨遭杀害。1949 年 11 月 27 日，国民党逃离大陆前夕，对囚禁在这里的 300 多位革命人士实行集体大屠杀，制造了震惊中外的“一一·二七”大血案。新中国成立后，在这个“特区”内，办起了工厂、农场和学校，原来的白公馆、渣滓洞两个监狱被开辟为展览馆，陈列了当年的实物、图片等。如今，每年有上百万游人来此参观、凭吊烈士英灵。

在弘扬巴蜀红色文化的同时，应该引起注意的是，还有很多革命遗址保护现状堪忧。革命遗址中，县级以上的文物保护单位共有 1 018 个，不到总数的一半，剩余的 1 153 个革命遗址尚未得到有效的维护和修缮。特别是较为偏远的地区，如甘孜藏族自治州红二军团、红六军团入川路线的一些红军遗址保护得很差，阿坝藏族羌族自治州小金县城北 70 千米两河口镇的关帝庙是两河口会议遗址，现主体建筑已毁无存，仅余后部马房。这种状况既有管理的原因，也有经济的原因。革命遗址的管理主体比较混乱，管理责任不明确。除了民政局和文化局以外，宣传部、教育局、共青团以及县、镇政府都以不同的形式参与对革命遗址的直接管理。管理权限交叉重叠、界限不清。很多革命遗址位于偏远落后地区，经济欠发达，政府财力有限，资金投入相对较少，造成革命遗址维护修缮和开发利用的困难很大。对于革命遗址的保护需要建立健全相关领导机制，充分发挥部门职能，加强管理队伍的建设。同时，加大保护开发的投入力度，以红色旅游推动政治效益、社会效益和经济效益不断增长，形成良性循环①。

---

① 董亮：《四川革命遗址保护、党史研究与红色旅游开发》，《成都工业学院学报》2014 年第 9 期。

第五章　互惠互利：成渝双城文旅产业一体化融合发展研究

2020年1月中央财经委员会第六次会议首次提出成渝地区双城经济圈战略，10月中央政治局会议审议通过《成渝地区双城经济圈建设规划纲要》，巴蜀文化的发展迎来了春天。巴蜀文化具有悠久的历史、丰富的资源和厚重的积淀。推动成渝双城文旅产业一体化发展，既有利于区域经济的转型升级，也有利于推动巴蜀文化的创造性转化和创新性发展，有利于塑造区域一体化的形象，提升区域软实力。

第一节　成都都市圈文旅产业发展的现状与前沿动态

一、四川省及成都市文旅产业近年来发展政策回顾

（一）四川省级文化旅游产业发展政策

四川省高度重视文化旅游产业发展，制定了一系列政策，尤其是《四川省“十三五”旅游业发展规划》《中共四川省委 四川省人民政府关于大力发展文旅经济加快建设文化强省旅游强省的意见》《四川省“十四五”文化和旅游发展规划》成为四川省建设文化旅游强省的重要指导文件。从“十三五”对旅游业的整体规划到“十四五”对文化和旅游业的精准定位，文化和旅游产业正式成为四川近年来的重要经济支柱产业。“十四五”规划的颁布和实施，则进一步推动四川省完成建设文化旅游强省的战略目标。

1.《四川省“十三五”旅游业发展规划》

文化旅游产业逐步成为重要的经济增长点。四川省人民政府于2017年4月正式下发了《四川省“十三五”旅游业发展规划》。该规划提出了进一步深化“供给侧结构性改革”，大力发展“全域旅游”，更大力度促进“旅游+”

产业融合发展。这三大布局为四川省“十三五”期间旅游业的发展提供了政策保障，提出了具体的要求。“建设世界重要旅游目的地”要求对四川省的旅游业重新进行定位。“旅游产业过万亿元”的新目标将使四川省旅游业的经济产值实现新突破，具体而言要保证达到15%的发展增速。这样的发展速度和效率是四川省旅游业在五年内需要实现的新目标，争取到2020年年底，全省旅游业总收入最终达到1.2万亿元，实现旅游业总收入创历史新高。该规划是省委省政府从顶层设计上为旅游业的发展保驾护航，通过有效引导，不断推动旅游业的发展，让旅游业最终成长为四川省经济战略性支柱产业。

《四川省“十三五”旅游业发展规划》要点如下：

第一，四川省将按照供给侧结构性改革的要求，运用全域旅游发展新模式，突出“全域布局、全业支撑、全民参与、全程服务”①。在战略布局中，从产业和空间两个维度，构建全省“511”旅游发展新格局②。“511”发展新格局中的“五大旅游区域”及“十大精品旅游线路”，提纲挈领地总括了四川省旅游产业未来发展方向，以及重点发展区域，统筹规划了四川省旅游产业的发展路径。该规划具体的发展区域、定位及发展思路详见表5-1和表5-2。

表5-1 四川省“五大旅游区域”的定位及发展思路

序号	区域	涉及市州	定位	发展思路
1	成都平原核心旅游区	成都市 德阳市 绵阳市 遂宁市 乐山市 雅安市 眉山市 资阳市	将其建设成为中国西部最为重要的入境旅游目的地	进一步提升以古蜀文明、大熊猫、三国文化、时尚购物、都市休闲为代表的旅游资源在国际上的影响力； 实现成都市率先建成世界重要旅游目的地和西部最大的旅游集散中心的目标，构建以成都为中心的环成都都市旅游圈，以及两山两湖及沱江丘区的国际休闲度假旅游产业带，最终实现辐射带动全川，促进旅游大发展； 以成都、乐山、资阳、峨眉山、简阳国家级旅游业改革创新为示范，加快建设全省旅游业改革创新先导区

① 四川省人民政府：《四川省“十三五”旅游业发展规划》。

② 四川省人民政府：《四川省“十三五”旅游业发展规划》。

表5-1(续)

序号	区域	涉及市州	定位	发展思路
2	川东北旅游区	广元市 南充市 广安市 达州市 巴中市	以国内客源市场为重点	加快建设中国南方（秦岭南麓）滑雪场项目群和嘉陵江流域文化体验休闲旅游项目群； 提升乡村旅游发展水平，积极创建大巴山国家旅游产业扶贫试验区； 推进蜀道申遗和三国历史文化、民宿旅游品牌培育，大力发展“川陕苏区、伟人故里”红色旅游
3	川南旅游区	自贡市 泸州市 内江市 宜宾市	南向国际旅游经济走廊	川南城市群旅游一体化发展，重点服务本地和重庆、云南、贵州游客； 推进金沙江流域高坝、峡谷资源综合利用，重点发展生态旅游、乡村旅游、文化旅游； 泸州、宜宾发展对外旅游开放口岸
4	川西北旅游区	阿坝藏族羌族自治州 甘孜藏族自治州	核心聚焦欧美日韩等国际旅游市场	加快大九寨、大贡嘎、大亚丁品牌旅游目的地提质增效； 培育民族、民俗文化等旅游品牌，全面启动国道318/317川藏世界旅游目的地建设； 打造一批高端的特种山地旅游、特色乡村旅游和民族生态文化旅游精品； 发展大众自助自驾旅游，推进航空线路与落地自驾游线路无缝对接； 加强旅游城镇以及沿线旅游厕所、交通等基础设施建设
5	攀西旅游区	攀枝花市 凉山彝族自治州	国际阳光康养旅游度假目的地	积极推动旅游业与阳光康养、生态农业等融合发展，做好养老、康养市场，重点建设以G5京昆高速攀西段为轴线的攀西阳光康养旅游带； 建设以向家坝、溪洛渡等为主体的金沙江、雅砻江世界高坝峡谷旅游项目； 建设以汉源、越西、西昌、德昌、米易、会理、会东、攀枝花为代表的阳光度假城市； 打造以泸沽湖摩梭文化、昭觉为龙头的彝族文化旅游精品产品； 将四川凉山彝族国际火把节培育成世界性旅游节庆活动

资料来源：《四川省“十三五”旅游业发展规划》。

表 5-2 四川省“十大旅游精品线路”的目标市场及发展思路

序号	线路	目标市场	发展思路
1	大熊猫国际生态旅游线	国际国内双重市场	整合成都大熊猫繁育研究基地、雅安碧峰峡、都江堰熊猫谷、卧龙四大人工圈养大熊猫种群基地，46个大熊猫自然保护区和岷山、邛崃山、大小相岭三大山系野生大熊猫栖息地，推出成都熊猫基地—都江堰熊猫谷—卧龙—宝兴—四姑娘山—雅安碧峰峡等全世界唯一的、具有垄断地位的“熊猫家园·乐园”主题线路产品； 加快完成汶川至四姑娘山、国道351（小金—宝兴—雅安）等公路改造和卧龙、宝兴的生态小微营地等住宿体系目的地化产品建设
2	九环世界遗产线	东南亚、国内市场	完善提升阿坝州内成都经汶川、松潘的九环西线旅游公共服务设施； 推进西1线（国道347茂县—黑水—红原—阿坝段）、西2线（省道301松潘—瓦切—红原段）、西3线（国道213和国道248松潘—若尔盖—红原段）建设； 加快绵阳、广元和德阳前往九寨沟的九环东1线（彭州—绵竹—茂县）、东2线（国道347绵阳—安县—北川—茂县段）、东3线（广元—青川—平武—川主寺—红原）、东4线（国道212广元—文县—九寨沟段）等旅游线路的公路改造升级和公共服务设施建设； 推进跨省入川旅游线建设，联动甘、青推出中国大西部自驾游环线线路，加快松潘—若尔盖—郎木寺—合作—兰州、红原—阿坝—久治—西宁公路交通和旅游服务设施建设
3	成乐文化生态度假环线	东南亚、国内市场	重点提升和增强成乐、乐雅高速休息站的旅游服务功能，完善“成—乐—绵”旅游客专的开设，满足自驾自助游客需要； 构筑乐山大佛—峨眉山—瓦屋山—周公山区域“动态观光、聚合度假”旅游产品体系； 加快省道106（资阳—仁寿—眉山—丹棱—洪雅段）、省道307（乐山—夹江—洪雅—雅安段）、国道245、省道435和国道108（峨眉山—峨边—金口河—汉源—荥经—雅安段）区域旅游小环线建设

表5-2(续)

序号	线路	目标市场	发展思路
4	国道318/317川藏最美景观旅游线	欧美、国内市场	以建设成为川藏公路国家旅游风景道为目标，加快雅康、汶马等高速公路建设及国道318/317改造升级； 完善提升国道318/317与大九寨、稻城亚丁和海螺沟等成熟旅游目的地的交通联系，构筑国道318/317沿线200千米范围的纵1线（省道217马尔康—小金段）、纵2线（国道248和省道217马尔康—金川—丹巴—泸定—磨西—石棉段）、纵3线（国道227、国道350和国道248壤塘—炉霍—道孚—八美—新都桥—九龙段）、纵4线（炉霍—色达—甘孜）、纵5线（省道456、国道317和国道227石渠—甘孜—新龙—理塘段）、纵6线（德格—白玉—巴塘）等若干旅游支线、小环线网络体系； 推进跨省入川旅游线——国道318（巴塘—芒康—左贡—林芝—拉萨段）、国道317（德格—昌都—那曲—拉萨段）公路交通和旅游服务设施建设
5	香格里拉文化与生态旅游线	东南亚、国内市场	主线为成都—雅安—康定—雅江—理塘—稻城—亚丁—木里—盐源—西昌—成都，串联国道318/317川藏最美景观旅游线； 构成环亚丁香格里拉旅游环线和区域圈，重点完善亚丁—乡城—得荣、亚丁机场—稻城—乡城、木里—泸沽湖—盐源等旅游公路建设； 推进跨省入川旅游线建设，联动滇、藏推出“大香格里拉”文化生态旅游线，加快稻城亚丁—三江口—云南丽江、得荣—云南香格里拉、泸沽湖—云南丽江等公路交通和旅游服务设施建设
6	蜀道三国文化旅游线	日韩、国内市场	加快成都、绵阳、广元沿G5京昆高速、国道108（绵阳—梓潼—翠云廊—普安—剑阁）、国道347（梓潼—阆中）等公路的三国文化遗址的挖掘和产品开发； 重点打造剑门关、唐家河、明月峡、阆中古城等三国文化体验产品，省域内形成成都—德阳—绵阳—剑门关—昭化古城—广元—苍溪—阆中—南充—遂宁—成都旅游精品环线； 推进跨省入川旅游线——广元—汉中、广元—甘肃等公路交通和旅游服务设施建设

表5-2(续)

序号	线路	目标市场	发展思路
7	嘉陵江山水人文旅游线	国内市场	以嘉陵江为纽带，由北向南经朝天—广元—苍溪—阆中—仪陇—蓬安—南充—武胜，构建嘉陵江田园风光、古城古镇古村等为主题的旅游线； 推进跨省入川旅游线建设，联动成、渝推出“两江一刻”（长江上游国际黄金旅游带、嘉陵江旅游带和大足—安岳石刻）旅游线，加快广安—重庆、成都—安岳—重庆、宜宾—泸州—重庆等公路交通和旅游服务设施建设
8	秦巴南国冰雪旅游线	国内市场	主线为成都—绵阳—平武—青川—广元—旺苍—南江—通江—万源—宣汉—达州—平昌—巴中—盐亭—中江—成都，以大巴山山地风光、革命老区红色旅游、秦巴南麓滑雪场群、古镇古村为主题，建设川东北旅游欢乐世界，成为大巴山国家风景旅游道的主要构成部分； 加快对南江—巴中、巴中—通江—万源、达州—大竹、达州—营山—南充等公路的“旅游化”升级； 推进跨省入川旅游线——南江—汉中、通江—镇巴、万源—安康、达州—开江—万州等公路交通和旅游服务设施建设
9	攀西阳光康养旅游线	欧美、俄罗斯、国内市场	以建设成为“滇川国家旅游风景道”为目标，推出成都—汉源—石棉—冕宁—西昌—德昌—米易—攀枝花阳光度假、彝族风情体验游线路产品； 沿原国道108，打造观天路景观（雅攀高速）旅游支线和特色乡村旅游小环线； 着力完善国道108（德昌—会理段）、省道208（甘洛—越西—昭觉—金阳段）、省道307（西昌—昭觉—美姑—雷波段）、省道103（马边—美姑段）、省道212（西昌—普格—宁南段）、省道310（会理—会东—巧家段）等公路交通和旅游服务设施； 推进跨省入川旅游线建设，联动云南推出大泸沽湖文化风情、攀西南方丝绸之路和彝族文化体验旅游线，加快攀枝花—丽江、攀枝花—大理等公路交通和旅游服务设施建设

表5-2(续)

序号	线路	目标市场	发展思路
10	长征丰碑红色旅游线	国内市场	主线为皎平渡—会理—冕宁—石棉—泸定—宝兴—小金—马尔康—红原—松潘—若尔盖，重点完善沿途公路、休息站等公共服务设施，加快重点景区建设； 提升改造国道 350（丹巴—道孚—炉霍—甘孜段）等线路； 推进跨省入川旅游线建设，联动云、贵、甘、陕推动“长征遗址”申遗，推出红色长征精品旅游线，联动黔、渝推出赤水河流域白酒文化旅游线，加快松潘—陇南、若尔盖—迭部等公路交通和旅游服务设施建设

资料来源：《四川省“十三五”旅游业发展规划》。

第二，《四川省“十三五”旅游业发展规划》提出了全省旅游产业改革的十大核心任务，如进行旅游体制机制改革，进一步加大创新力度，不断深入推进旅游供给侧结构性改革等。该规划部署了具体的旅游产业建设项目，如全域旅游示范区的创建，推进全域旅游发展，精心打造旅游示范区，在全省全面铺开示范区建设工作，充分利用和发掘我省旅游资源，争取富有特色资源的示范区达到全省面积的三分之二，以此构建全国最大旅游示范区。全域旅游的大布局、高定位，给我省旅游业的发展、繁荣提供了强劲动力支持。

第三，《四川省“十三五”旅游业发展规划》明确了旅游产业的发展方向。该规划要求推动旅游设施、旅游装备的本土化制造，进一步推进旅游相关产品的原创开发，包括原创设计与制造。交通助力旅游，景区与交通体系实现全时效通达，提升景区的交通便利性。2020 年前，全方位实现省内 5A 景区与交通网络无缝对接，保障其最大通达性。

《四川省“十三五”旅游业发展规划》晒成绩、定目标、谋篇布局、释放福利，可谓是看点多多。

2.《中共四川省委 四川省人民政府关于大力发展文旅经济加快建设文化强省旅游强省的意见》

2019 年 4 月，《中共四川省委 四川省人民政府关于大力发展文旅经济加快建设文化强省旅游强省的意见》正式出台，四川省委、省政府高度重视，多方调研，集中智慧，详细地对全省文化旅游产业制订了全方位的发展方案。四川省未来五年的文化旅游产业发展的大方向进一步明确，总体目标进一步明晰，具体路径有了更加全面立体可行的设计。该意见的核心在于“一干多支、五区协同”，并且推进全省“四向拓展、全域开放”。这样的战略高度为文旅产业发展提供了政策支撑。该意见要求统筹文化旅游产业布局，完善“一核五带”“十大精品”。

“一核五带”，“一核”即建设成都文旅经济发展核心区；“五带”即建设布局全省各具特色的文化旅游经济发展带，包括环成都文旅经济带、川南文旅经济带、川东北文旅经济带、攀西文旅经济带、川西北文旅经济带。发展布局详见表5-3。

表5-3　四川省文旅“一核五带”发展布局

序号	类别	核心特点	发展思路
1	成都文旅经济发展核心区	全面建设成都，使其成为世界文化名城、世界文创名城、旅游名城、赛事名城、国际美食之都、音乐之都、会展之都	重点发展传媒影视、创意设计、现代时尚、音乐艺术、电子竞技等产业，提升文化创新力和核心竞争力；实施旅游国际化战略，健全国际旅游集散、购物、离境退税等服务平台，增强旅游吸引力和影响力，进一步发挥对全省文旅发展的辐射引领作用
2	环成都文旅经济带	古蜀文明、大熊猫文化等交相辉映	推进三星堆文化、三国文化、三苏文化、道教、佛教、石刻等文旅资源内涵共融、联动传播； 重点培育数字出版、动漫游戏、移动电视、无线音乐等产业，争创国家文化出口基地； 推进旅游一体化发展，加强世界遗产、环龙门山、环龙泉山等文旅资源和线路协同开发、整体推广，提升旅游发展品质和国际化程度
3	川南文旅经济带	民俗文化、长江文化紧密结合	推动酒文化、竹文化、灯文化、盐文化等为主题的文化产业发展，发挥自贡国家文化出口基地带动作用，提升对外文化贸易能级； 围绕长江黄金水道建设开发水上旅游产品，促进文旅资源综合利用，实现乡村旅游、研学旅游、工业旅游等业态共同发展，构筑四川南向国际旅游经济走廊

表5-3(续)

序号	类别	核心特点	发展思路
4	川东北文旅经济带	巴文化、蜀道文化等相互促进	深入挖掘巴人文化、革命文化、春节文化、丝绸文化内涵，丰富载体展现形式，打造特色文化品牌，培育国家重点文化出口企业； 大力发展蜀道三国文化游、伟人故里红色游、秦岭南麓生态康养游、嘉陵江山水人文游，建设国内一流的山水生态与历史文化旅游目的地
5	攀西文旅经济带	彝文化、“三线”文化、康养文化等联动发展	以摩梭文化、茶马古道文化为重点建设彝族文化体验区； 依托“三线”建设、航天科技、水电工业等资源打造“三线”文化观光走廊； 推进安宁河流域和金沙江沿岸农业文旅融合发展，围绕阳光康养发展生态农业、体育运动、文化创意、红色教育等业态，建设国际阳光康养旅游目的地
6	川西北文旅经济带	高原生态文化、藏羌民族文化、长征文化等融合发展	把生态功能和文化保护放在首位，坚持以文旅发展为主导； 深入挖掘藏羌民族优秀传统文化，弘扬长征精神，打造高原特色文化品牌； 加强川滇藏大香格里拉区域合作，大力发展冰雪温泉、自助旅游、红色旅游、山地探险、科考研学等业态，打造具有国际知名度和影响力的国际生态文化旅游目的地

资料来源：《中共四川省委 四川省人民政府关于大力发展文旅经济加快建设文化强省旅游强省的意见》。

“十大精品”指十大知名文化旅游精品①，即“大九寨”“大峨眉”“大熊猫”“大香格里拉”“大贡嘎”“大竹海”“大灌区”“大蜀道”“大遗址”“茶马古道”。要求实现高水准、高水平规划建设，进一步完善多功能配套。

---

① “大九寨”——九寨沟、黄龙、川西北大草原等为一个文旅组团；“大峨眉”——峨眉山、瓦屋山、三苏祠等为一个文旅组团；“大熊猫”——卧龙、碧峰峡、唐家河等为一个文旅组团；“大香格里拉”——稻城亚丁、泸沽湖等为一个文旅组团；“大贡嘎”——海螺沟、木格措等为一个文旅组团；“大竹海”——蜀南竹海、沐川竹海等为一个文旅组团；“大灌区”——都江堰、东风堰等为一个文旅组团；“大蜀道”——剑门蜀道、阆中古城等为一个文旅组团；“大遗址”——三星堆、罗家坝等为一个文旅组团；“茶马古道”——蒙顶山、古城松潘等为一个文旅组团。

这“十大精品”中有的组团以自然地理为脉络，选择一个基本依托点进行同性质延伸，充分发掘利用四川境内丰富的自然资源、秀美壮丽的山川、神奇多样的动植物；有的组团则依靠积淀深厚的历史文化资源；有的组团是红色革命文化资源等。这“十大精品”基本上涵盖了自然、人文、历史文化旅游产业的核心要素。立体化、多层次是这些精品文化旅游组团的重要特征。这些精品文化旅游组团是我省文化旅游业的核心功能组团，吸引力强，影响范围广，全面彰显了我省旅游资源的独特性和多样性。从精品文化旅游组团的打造、完善、推出，可以看出省委省政府全力加强文化旅游产业发展的决心与对其的支持力度。

《中共四川省委 四川省人民政府关于大力发展文旅经济加快建设文化强省旅游强省的意见》是继《四川省“十三五”旅游业发展规划》之后，又一省级层面支持文旅产业发展的重要专项文件，是对《四川省“十三五”旅游业发展规划》的重要补充、修正和提升。文化旅游产业的发展需要制定科学可行的发展规划，该意见正是对这一发展规划的直接保障。四川省要深入发掘自身独特的自然文化资源，充分发挥自身禀赋，利用特殊的区位优势，站在高质量、高水准的基点之上，严格把控自然人文景区的具体规划设计，积极融入“一核五带”的发展新规划；始终以打造文化旅游项目为支撑，对文旅项目的设计、规划、建设、运行进行动态监管，并提供全方位的保障，促进规划项目落地生根，并成功运营，夯实文旅产业基础，使其成为新的经济增长点，丰富大众生活。

《中共四川省委 四川省人民政府关于大力发展文旅经济加快建设文化强省旅游强省的意见》凸显了四川省省级层面对文旅产业发展的高度重视，指明了发展方向，明晰了发展思路，提出了一系列针对文旅产业发展的政策和具体的实施举措，在财政、金融、人才等方面予以大力支持，建立全面保障机制，“真金白银”大力支持，力度空前，诚意十足。《中共四川省委 四川省人民政府关于大力发展文旅经济加快建设文化强省旅游强省的意见》与《四川省“十三五”旅游业发展规划》相辅相成，合力齐发，全方位开启了四川文化旅游产业发展的新时代。

我省不断加大推进旅游产业发展的力度，文化强省、旅游强省成为我省的发展目标。四川省历史悠久，文化积淀深厚。新时代，我们要充分挖掘利用各类文化资源，将其与旅游业紧密融合，统筹规划，以“旅游+”的跨界模式实现新的飞越。巴蜀文化是有别于其他地域文化的独特存在，我们要在《中共四川省委 四川省人民政府关于大力发展文旅经济加快建设文化强省旅游强省的意见》与《四川省“十三五”旅游业发展规划》的指导下，提升巴蜀文化的知名度和影响力。四川省要全方位提升四大“力”—— 文旅产业竞争力、四川旅游吸引力、巴蜀文化影响力、文化旅游供给力。这四大“力”是我省未来五年文化旅游产业发展的核心内容。“治蜀兴川”离不开我省文化旅游产业的大发展，文化旅游产业的大发展也正是新时代“治蜀兴川”的重要路径。

3. 相关会议精神

2018 年 11 月，全域旅游成为我省文化旅游产业的基本发展方向。四川省委十一届三次全会对文化旅游产业的部署，成为我省文化旅游产业发展的基本目标。文旅深度融合发展则是保障我省文化旅游业健康可持续发展的必然选择。旅游强省、文化强省立足于城市发展，世界重要旅游目的地建设则是走向世界，立足于打造具有国际影响力的旅游城市。这一远景规划指明了我省文化旅游业发展的新高度。

2019 年 4 月 29 日，四川省召开了文化和旅游发展大会。会议提出：大力推动“文旅融合”，这是新时代文化旅游产业发展的必然趋势。我省拥有丰富的自然文化资源，特色鲜明，优势独特，发展文化旅游产业在我省大有可为。现阶段文化旅游产业逐步走向成熟，并且在经济、社会发展中不断发挥其重要作用。四川省文化旅游产业应抓住机遇，强化优势项目，解决存在的问题，补齐发展中的短板，实现大发展、大繁荣，不断开创新局面。

2020 年 9 月 25 日，“2020 四川省文化旅游发展大会”在乐山召开。时任四川省委书记彭清华在会议上表示，要加快推进文化强省、旅游强省的决策部署，顺应形势的新变化，采取有效措施，大力巩固向好态势，激发动力活力，推动全省文化和旅游经济加快恢复振兴、最终实现高质量发展。以打造巴蜀文化旅游走廊为牵引，着力构建文旅融合发展新格局。

2021 年 9 月 28 日，“2021 四川省文化和旅游发展大会”在阿坝藏族羌族自治州九寨沟县召开。时任四川省委书记彭清华指出，要在学习贯彻习近平总书记关于文化和旅游工作重要论述的基础上，准确把握四川文化和旅游发展的阶段性特征和趋势性变化，积极应变、主动求变，开创文化和旅游发展新局面。提升巴蜀文化影响力、区域协同带动力、文化和旅游产业竞争力、优质产品供给力、文化和旅游综合支撑力，努力走出一条具有时代特征、体现四川特色的文化和旅游高质量发展新道路。

“文旅融合”稳步推进，文化旅游产业发展成为我省经济社会发展的重要构成。四川省在全省工作整体布局中明确了文化旅游产业的重要地位，将文化旅游产业作为一件大事来抓，全方位推动文化旅游产业的发展，文化旅游的发展离不开政策支持。《中共四川省委 四川省人民政府关于大力发展文旅经济加快建设文化强省旅游强省的意见》与《四川省“十三五”旅游业发展规划》等正是为文化旅游产业量身定制的政策。此外，通过多种途径促进文化旅游产业交流，提供展示平台，鼓励有资源有特色的县发展文化旅游业，授予文化旅游业发展良好的县“天府旅游名县”的荣誉称号。这样文化旅游业就成为全省上下齐心、共抓共管、协同引导的重要经济增长点，同时还能丰富人民群众的文化生活。

4.《四川省“十四五”文化和旅游发展规划》

通过“十三五”旅游规划的实施，全省文化和旅游发展取得了较好的成效，全省文化和旅游综合实力实现了新突破、迈上了新台阶。在“十三五”旅游规划的基础上，“十四五”提出了新的期许，是开启全面建设社会主义现代化四川新征程的关键时期，是我省文化和旅游发展的重要战略机遇期。其中，成渝地区双城经济圈建设、新时代推进西部大开发、黄河流域生态保护和高质量发展、长江经济带高质量发展等重大区域战略，成为我省文化和旅游业发展的新动能。

《四川省“十四五”文化和旅游发展规划》要点如下：

第一，秉持“坚持以人民为中心”“坚持创新发展”“坚持融合发展”“坚持绿色发展”的“四个坚持”为中心的文化旅游基本原则，制定总体发展目标；力争基本建成文化强省旅游强省，世界重要旅游目的地建设取得突破；实现“巴蜀文化影响力显著提升”“四川旅游供给力显著提升”“文化和旅游竞争力显著提升”“文化和旅游软实力显著提升”的“四大目标”。

第二，全面优化文化和旅游发展布局。以“十三五”规划为基础，在“十三规划”已有的成就上，继续落实“一干多支、五区协同”的战略部署。在“十三五”规划提出并实施的四川省“五大旅游区域”基础上，强化成都在全省文化和旅游发展中的核心地位和引领作用，与巴蜀文化旅游走廊、长征红色旅游走廊、西南民族特色文化产业带、茶马古道历史文化走廊四大走廊联动建设，更加全面和深入地继续实施“一核五带”的文化旅游产业布局。继续全面深入推进“十三五”规划中的大九寨、大熊猫、大遗址等十大精品文化旅游路线，继续坚持“十三五”规划提出的四川省五大旅游区域发展思路，并在其实施基础上，积极统筹以成都为核心的环成都、川南、川东北、攀西、川西北文旅经济带协调发展，着力构建文化和旅游发展新格局。

第三，“十四五”规划针对“十三五”规划中提出并实施的重要旅游发展布局，制定了更高的发展目标，即“增强成都核心引领功能”“高标准建设文化旅游走廊”“高品质打造文化旅游精品”“联动发展文旅经济带”。要不断健全现代公共文化服务体系，包括“完善公共文化服务设施网络”“提升公共文化服务效能”“持续打造文化和旅游公共服务品牌”“推动公共文化服务数字化社会化发展”。继续深化旅游业供给侧结构性改革，“建设世界级旅游景区”“大力发展高端度假旅游产品”“推进‘天府旅游名牌’建设”“开拓精品旅游路线”。推进大众旅游协作，大力倡导、鼓励、发展健康旅游、研学旅游、工业旅游、体育旅游、低空旅游、冰雪旅游、旅游演艺、全域旅游。

第四，推进旅游公共服务设施建设。这是对“十三五”规划的进一步拓展与完善。要构建“快进漫游”旅游交通网络，完善旅游公共服务设施，全面提升旅游服务质量。

（二）成都市级文化旅游产业发展政策

1.《成都市促进旅游业改革发展若干政策措施的通知》

2016年10月，为了进一步促进成都市文化旅游发展，市委市政府印发了《成都市促进旅游业改革发展若干政策措施的通知》。这一通知立足于以改革促发展，以深化改革为发展保驾护航。通知提出了市文旅产业改革与发展的具体措施，一共二十条①，可以说全方位地为文化旅游业发展中可能遇到的问题，提供了切实可行的解决方案，争取尽早实现成都市成为世界旅游目的地的远景目标。这二十条重要举措最大的亮点在于“奖”，可以说通篇即是政府扶持旅游业发展的各项奖励说明，实实在在地为旅游业发展提供了坚实的物质支持。

二十条举措以“奖”为核心，其中出现了“基金”两次、“奖励”七次、“补助”两次、“信贷支持”一次，涉及基础设施改造升级、土地使用灵活审批、资金投入与支持。这二十条举措从经济层面给予成都市文化旅游业以强大保障。资金的投入与扶持，是文化旅游产业发展的基本支撑。这也极大地吸引了更多更广泛的社会力量积极参与文化旅游业发展。同时奖励极大地刺激了文化旅游产业主体的积极性，使其不断地对旅游设施软件、硬件进行升级改造，营造更为良好的旅游环境。此外，二十条举措中还涉及土地用途的利用变通，允许重大旅游项目以“圈外独立选址方式报批用地”。成都市政府对文化旅游产业发展的支持力度空前。

---

① 二十条举措如下：一是设立旅游基金，市县两级政府设立旅游产业发展基金，吸引社会资本投资。二是支持打造世界级、国家级旅游资源品牌，对成功申报、创建各类国家级旅游资源品牌称号的，给予百万奖励。三是支持涉旅资源旅游化，对于有条件设施实施旅游化提升改造的，给予补助。四是鼓励旅游企业做精做强，对于饭店评级、接待入境游客排位靠前的旅行社、旅游产品企业参展获得国家级奖励或国家地理标志认证的，旅游企业国外发展的，给予奖励。五是推进智慧旅游建设，对达到智慧旅游景区、饭店、旅行社标准的，分别予以奖励。六是支持旅游业改革创新，应用新技术推动旅游产品转型升级的予以奖励。七是支持旅游产业融合发展，对纳入市级立项的旅游产业融合项目，给予建设经费补助。八是支持乡村旅游转型升级，获评国家级示范称号的，给予奖励。九是支持旅游基础设施、公共服务设施建设。十是加强对小型微型旅游企业和乡村旅游的信贷支持。十一是支持开展区域旅游合作。十二是支持旅游用品、旅游装备制造业发展。十三是促进旅游消费，对特色旅游项目予以奖励。十四是推进旅游科学统计和数据应用。十五是加强旅游用地规划衔接，对列入省市重点的项目加大用地指标支持。十六是确保重大旅游生态建设项目用地，对纳入土地规划重点项目表的项目，可按圈外独立选址方式报批用地。十七是支持自驾车房车营地灯旅游综合体项目用地。十八是支持旅游融合发展用地，支持既有项目发展新功能的土地用途利用变通。十九是弘扬文明旅游风尚。二十是加强旅游市场诚信体系建设。

2.《成都市“十三五”旅游业发展规划》

2017年5月，《成都市“十三五”旅游业发展规划》正式颁布。成都市政府高度重视，全面布局，科学规划，核心在于将成都建设成为国际一流的世界旅游目的地，极大地扩大成都在世界上的影响力，面向世界，成为世界知名旅游城市。同时立足于国内，继续强化成都这一超级旅游城市的地位，最终实现成为国家旅游中心城市的目标。致力于实现旅游经济快速增长，国际影响力大幅度提升，产品效益显著提升，市场主体更加强大，人民群众更加满意五大提升。

《成都市“十三五”旅游业发展规划》针对成都市自然环境，对整个区域的空间布局进行了更加科学的规划，还包括一系列的优化措施。坚持和贯彻落实省规划的全域发展战略，以成都市为核心基点，“双核共融，两翼齐飞，两圈拓展，多极共兴”。这样的发展布局可以极大地发挥全域旅游的辐射作用，实现成都市跻身世界旅游名城的远景规划目标。

成都主城区作为传统的旅游核心区域，天府新区作为新崛起的旅游核心区域，二者和谐共融，共同展现成都风貌，向世界展现天府之国的独特魅力，吸引入境旅游。辽阔的成都平原，还要一双可以飞翔的翅膀予以辅助，龙泉山、龙门山就像一双翅膀。成都市应构建“两翼”旅游综合功能区，多层次突出成都全域旅游的特色。“两圈拓展”即环城生态游憩圈、全域旅游拓展圈；“多级共兴”即县域中以都江堰市为旅游产业发展支撑极，简阳市、邛崃市、大邑县为旅游产业发展增长极，辅以其余县市区为发展极，强化与城市“双核”旅游核心区的联动发展。

《成都市“十三五”旅游业发展规划》“八大工程”具体包括：

第一，实施旅游产品结构优化工程。集中力量构建“7+4”① 旅游产品体系；加强特色项目建设工程②。

第二，实施全域旅游综合发展工程。包括全域示范区③的建设、乡村旅游升级提档等。

第三，实施基础设施与公共服务提升工程。成都具有独特的区位优势，努力发展成为具有国际影响力的旅游大城市，争取成为亚太地区旅游枢纽港，吸

---

① “7”包括文化创意、商务会展、遗产观光、养生度假、美食体验、蓉城休闲、时尚购物；“4”包括山水运动、科技旅游、自驾旅游、医疗旅游。

② 实施安缇缦国际旅游度假区、天府新区成都航空大世界、温江西部自驾车综合服务枢纽等一批在建重大旅游项目，做强做特平乐古镇、天台山、安仁古镇、三岔湖旅游度假区、大慈寺-太古里-水井坊文化旅游片区等一批精品旅游项目，启动建设泰和青城山旅游度假区、音乐花乡、陇海三郎国际旅游度假区、大熊猫国家公园等一批特色旅游项目。

③ 包括支持锦江区等全域旅游示范区创建；开展城市街巷休闲旅游发展行动，提升少城文创旅游片区、浣花溪诗歌文化片区、太古里-水井坊-九眼桥休闲文化片区、文殊院佛禅文化片区、金沙古蜀文化片区、东郊记忆文化创意片区等特色街区等，打造开放式休闲旅游化街区等。

引境外游客，构建并完善国际游客购物离境退税体系、国际化旅游标识导引系统。建设以双机场为核心的“2+4”旅游集散体系，建设“6+N”的旅游信息咨询服务体系。具体细化处理公共卫生间的环境问题，进行“厕所革命”。加强安全保障工作。

第四，实施智慧旅游与双创促进工程。新时代，牢牢把握“互联网+”的发展机遇，将智慧旅游融入传统旅游业中，利用新时代新技术手段实现旅游新发展。以此响应国家提倡的“大众创业、万众创新”精神，开展旅游创新创业行动。

第五，实施“旅游+”发展工程。产业大融合，加大旅游业与工农业、文体教育业、医疗卫生业等产业的融合发展，为旅游产业发展提供助力。

第六，实施绿色低碳旅游推进工程。构建绿色旅游发展机制，开发与保护相结合，打造绿色成都。

第七，实施旅游开放合作深化工程。大力对内对外开放，构建全方位、立体化、宽领域、多层次、广泛辐射性的合作格局，开放协同发展，推动区域旅游一体化发展。

第八，实施旅游国际化营销拓展工程。增强成都作为世界旅游目的地城市的国际影响力。

“八大工程”结构优化是文化旅游业快速发展的核心支撑。全域旅游综合发展促使文化旅游业整体发力，突出并进一步完善了特色旅游资源。强化基础设施建设，提升公共服务水平则是旅游发展中亟须的基础物质保障。充分利用互联网资源，鼓励大众积极参与互联网时代的智慧旅游，将旅游与会展及经济社会其他行业紧密结合，利用其他行业的助推力，进一步发展文化旅游业。将保护“绿水青山”与旅游资源开发利用结合起来，发展绿色旅游。“八大工程”兼顾国内与国外，重点在国内，实现区域间合作共赢，同时向国际旅游市场进发。

3.《成都市促进旅游业加快恢复发展的政策措施》

2020 年 8 月，为复苏受新冠肺炎疫情影响的文化旅游产业，《成都市促进旅游业加快恢复发展的政策措施》及时发布，成都市政府高度重视受疫情影响的旅游业，因此根据具体情况，详细制定了具体的指导措施①。一是加大对

① 《成都市促进旅游业加快恢复发展的政策措施》提出的具体举措包括：一是支持旅行社加大力度开拓游客市场，对年内接待外地游客人数到一定标准的，予以奖励，刺激暑期旅游消费，对暑假期间住宿达到一定时间的，予以奖励；二是鼓励在线旅游平台积极引流，对在线旅游综合营销平台企业销售成都旅游产品排名前列的，予以奖励；三是支持旅游包机、旅游专列，充分调动旅行社组团发团积极性，鼓励组织旅游包机、专列游客来蓉，扩大文化旅游产业消费；四是鼓励更多文旅商户参与消费券活动，启动“成都新消费，用券更实惠”第三阶段“畅游成都旅游消费季”活动，安排财政资金，鼓励包括各大景区、博物馆、旅行社、酒店民宿等在内的旅游、住宿、文创、娱乐、体育、餐饮、百货行业符合条件的商户参与，引导市民扩大消费、吸引游客来蓉消费，激发消费市场活力。

优秀旅行社的奖励力度，鼓励和支持旅行社积极开拓市场，奖励超标准完成既定游客数量的旅行社，充分调动旅行社在旅游业恢复发展中的积极性，发挥其作用，并针对即将到来的假期做出了详细指导。二是积极推动利用互联网在线平台引流，对在线旅游营销业绩优秀的予以奖励。三是交通方面，包机、专列、旅行团也成为吸引游客的重要手段。四是针对商户，鼓励新形式的营销方式，“券”惠游客。鼓励有条件的各大旅游主体积极参与“畅游成都旅游消费季”活动。这些举措涉及旅游业各方参与者，使旅游主体不断施展十八般武艺，来刺激游客消费，拉动旅游业恢复与发展。

《成都市促进旅游业加快恢复发展的政策措施》及时有力，为文化旅游业打了一剂强心针，为疫情过后的产业复苏繁荣提供了强大的政策保障和科学完善的实践举措。这些政策措施有的是学习其他旅游发达城市的经验，有的是结合成都市文化旅游业发展特色、量身打造的符合成都市情况的创新性举措。这些政策措施以“奖”为激励方式，涵盖“线上线下”，支持文化旅游业的恢复与发展。政府注入财政资金，支持文化旅游主体，鼓励多种途径“拉游客”，采用优惠券等刺激消费举措，全方位调动旅游业参与者的积极性。大力引导大众旅游消费，激发创新动能，恢复文化旅游市场的信心和活力。

4.《成都市“十四五”文化广电旅游发展规划》

2022 年 7 月颁发的《成都市“十四五”文化广电旅游发展规划》成为成都市文化旅游产业发展的新纲领性文件。成都市“十四五”文化旅游规划在成都市“十三五”规划实施基础上进一步完善和深入。建设成渝地区双城经济圈，共建巴蜀文化旅游走廊，打造世界级休闲旅游胜地的国家战略，赋予了成都建设巴蜀文化旅游走廊极核城市的重大机遇。

《成都市“十四五”文化广电旅游发展规划》要点如下：

第一，坚持“坚守方向，坚守立场”“以人为本，全民共享”“以文塑旅，以旅彰文”“全球视野，国际标准”“绿色发展，协调互促”“科技牵引，开放创新”的基本原则。全面凸显“文化铸魂、文化赋能和旅游为民”的旅游带动作用，努力实现“历史文化传承力显著增强”“公共文化服务力显著增强”“文旅产品供给力显著增强”“文旅产业竞争力显著增强”“天府文化影响力显著增强”的发展目标。

第二，促进文化和旅游消费，大力实施文化和旅游消费提振行动，打造消费新场景，重点推进重大项目建设。构建巴蜀文化旅游走廊极核城市和全省文旅经济发展核心区空间布局。进一步优化文创名城空间布局，构建“极核辐射、一圈环构、两翼齐飞”的文创发展新格局。继续优化全域旅游空间布局，突出公园城市特点，构建“一核引领、两极支撑、三带共兴”的全域旅游发展格局。优化音乐之都空间布局，着力构建“两核驱动、五片协同、多点竞发”的音乐产业发展格局。优化文旅产业集聚区布局。

第三，高度重视并进一步繁荣发展文化事业，推动艺术创作生产“再攀高峰”。健全现代公共文化服务体系，构建高能级文化设施网络，传承与弘扬天府文化，科学发掘和保护文物，推进博物馆高质量发展，活化利用历史文化资源。

二、成都都市圈文旅产业发展现状

（一）资源类型及主要景点分布

四川省处于我国西南腹地，省域以四川平原为核心，北靠秦巴山地，南抵云贵高原，西接青藏高原，处于长江上游地区，地域辽阔广袤。大自然亿万年间的神奇造化，创造了瑰丽壮美、奇绝险峻的巴蜀风光；南北东西地域文化碰撞、交流、融合，孕育了灿烂繁盛而又独具特色的巴蜀文化。作为传统旅游强省，四川省文化旅游资源丰富，无论数量还是种类，无论分布状态还是品质均属于上乘，在全国位居前列。四川省自身所具有的自然资源类型多样，魅力别具，风光壮美与优美并存；历史文化积淀深厚，千年来“天府之国”的美誉、数个朝代的风云际会、古蜀国的神秘文化在新时代焕发了新的活力。此外四川省人文景观多样化，有着别样的风采；藏族、彝族、羌族等民族聚居，民族风情摇曳多姿；自然人文资源综合实力强，相互交融、相互映衬、相得益彰。

1. 旅游资源类型

一是特色的历史人文资源①，历史文化内涵深厚，同时又与俗文化相互融合，雅俗共赏，具有独特的吸引力。二是雄奇的自然景观资源②，重峦叠嶂，雄奇秀丽，引人入胜。三是先发的乡村旅游资源③，乡村旅游发展态势良好，并且还在继续开发新的乡村旅游示范区，田园牧歌，诗意栖居。四是崛起的商

---

① 包括：古蜀文化旅游资源——以三星堆考古遗址、金沙公园为代表；三国文化旅游资源——以武侯祠博物馆、剑门关、锦里商业街区为代表；唐宋诗歌文化旅游资源——以杜甫草堂博物院、眉山三苏祠为代表；少城文化旅游资源——以宽窄巷子为代表。

② 包括以贡嘎山、四姑娘山、稻城亚丁为代表的雪山旅游资源，以九寨沟、峨眉山为代表的秀美山水旅游资源。

③ 包括以战旗村、三圣花乡为代表的农家乐资源，以黄龙溪古镇、洛带古镇、元通古镇、怀远古镇等为代表的古镇文化旅游资源。

务会展资源[①]，展现的是成都作为一座现代化大都市、作为新兴的准一线城市所具有的高水准商业资源。五是热辣美食文化资源[②]，自古川菜自成体系，旅游业的发展，美食文化在其中发挥了重要作用。四川是一个麻辣国度，无辣不欢，无麻不爽，人间百味都在四川得到充分释放。六是休闲消费娱乐资源[③]，成都有着全国著名的消费商圈，雅俗共赏，休闲娱乐与文化结合一起，别具风味。七是特色的宗教文化资源[④]，蜀地自古以来就是宗教圣地之一，道教、佛教汇聚在此，形成了四川特色宗教文化，问道青城山，蜀禅云水间。

2. 旅游景区数量统计

一是A级以上景区数量众多。四川省的景区数量众多，优质景区在全国也位居前列[⑤]。截至2020年3月，四川省有679家A级以上旅游景区，其中，5A级景区总数位列全国第四位[⑥]。

二是世界遗产数量众多。截至2020年年底，四川省共有世界遗产5处[⑦]，包括峨眉山金顶、乐山大佛、九寨沟、黄龙、大熊猫栖息地、都江堰，兼具自然与人文，绚丽多姿。

---

① 包括以中国西部首屈一指的金融城、大源CBD、天府中央商务区为代表的商务办公载体资源，以西博会、糖酒会、成都车展等为代表的高层次会展资源。

② 包括以川菜、火锅为代表的正餐饮食文化资源和以兔头、串串、棒棒鸡等为代表的小吃文化资源。

③ 包括以春熙路、太古里为代表的购物消费场景资源，以九眼桥、兰桂坊为代表的酒吧文化资源，以人民公园鹤鸣茶社为代表的茶文化资源等。

④ 佛教文化旅游资源以乐山大佛、峨眉山金顶为代表，道教文化旅游资源以青城山、青羊宫为代表，蜀禅文化旅游资源以文殊院、昭觉寺、宝光寺为代表。

⑤ 其中包括：13家5A级旅游景区，总数位列全国第四，269家4A级旅游景区，275家3A级旅游景区，119家2A级旅游景区，3家1A级旅游景区。

⑥ 雅安市碧峰峡旅游景区（2020年认定），甘孜藏族自治州海螺沟景区（2017年认定），南充市仪陇朱德故里景区（2016年认定），广元市剑门蜀道剑门关旅游区（2015年认定），阿坝藏族羌族自治州汶川特别旅游区（2013年认定），绵阳市北川羌城旅游区（2013年认定），南充市阆中古城旅游区（2013年认定），广安市邓小平故里旅游区（2013年认定），阿坝藏族羌族自治州黄龙景区（2012年认定），乐山市乐山大佛景区（2011年认定），阿坝藏族羌族自治州九寨沟旅游景区（2007年认定），乐山市峨眉山景区（2007年认定），成都市青城山·都江堰旅游景区（2007年认定）。

⑦ 分别为文化与自然双遗产——峨眉山·乐山风景名胜区，自然遗产——黄龙国家级风景名胜区、九寨沟国家级风景名胜区、四川大熊猫栖息地，文化遗产——青城山—都江堰。

三是各级各类风景名胜区众多①。国家级、省级风景名胜区，国家级、省级自然保护区，森林公园，地址遗迹，国家历史文化名城，传统村落，博物馆，国家级、省级文物保护单位，国家级、省级非物质文化遗产，数量在全国位居前列。

3. 重点新建景区名录

重点新建景区名录具体见表 5-4。

表 5-4 “十三五”期间成都都市圈（四川省）在建及新建重点景区

区域	市州	在建及新建重点景区
成都平原核心旅游区	成都市	万达（融创）文化旅游城、保利石象湖（法国地中海俱乐部度假村）、金堂温泉度假旅游区、安仁古镇旅游区、平乐古镇·天台山旅游区、两湖一山旅游区
	德阳市	三星堆文化旅游区、蓥华山—红峡谷旅游区、云湖旅游区、九龙山—麓棠旅游区、崴螺山国际芳香养生观光产业园
	绵阳市	白马王朗旅游区、虎牙旅游区、李白文化产业园、小寨子沟旅游区、仙海湖旅游区、七曲山旅游区、嫘祖文化旅游区
	遂宁市	浪漫地中海七星国际文化旅游度假区、世界荷花博览园旅游度假区
	乐山市	峨眉山国际旅游度假区、岷江东岸度假区、五马坪度假区、嘉阳—桫椤湖旅游区、峨沙康养长廊
	雅安市	碧峰峡旅游区、蒙顶山旅游区、牛背山旅游区、九襄—汉源湖旅游区
	眉山市	三苏文化旅游区、黑龙滩旅游度假区、彭祖国际健康养老养生度假区、国际竹艺城、江湾神木园旅游区、中岩文化旅游区、老峨山佛教文化旅游区、瓦屋山旅游区、七里坪—柳江古镇旅游度假区、玉湖岚山旅游度假区、槽渔滩旅游风景区
	资阳市	安岳石刻文化旅游区

① 截至 2018 年年末，四川省拥有 15 处国家级风景名胜区、79 处省级风景名胜区。四川省有 166 个自然保护区，占地 8.3 万平方千米，达到全省面积的 17.1%，包括 32 个国家级自然保护区；有 64 个湿地公园，湿地公园中包括 29 个国家级湿地公园、35 个省级湿地公园；还有 137 处森林公园，占地 232.48 万公顷，达到全省面积的 4.78%，包括 44 处国家级森林公园，位列全国前十位；另有 220 余处地质遗迹，包括 3 处世界级地质公园、18 处国家级地质公园，数量居全国前列。四川省有 8 座国家历史文化名城，225 个传统村落被列入中国传统村落名录。四川省有 253 座博物馆，230 处全国重点文物保护单位、1165 处省级文物保护单位，139 项国家级非物质文化遗产名录、522 项省级非物质文化遗产名录。

表5-4(续)

区域	市州	在建及新建重点景区
川东北旅游区	广元市	剑门关—翠云廊旅游区、唐家河—青溪古镇旅游区、白龙湖旅游区、曾家山—明月峡旅游区、米仓山旅游区、昭化古城旅游区
	南充市	阆中嘉陵江旅游度假区、构溪河湿地旅游区、凌云山旅游区、天乐谷景区、第一桑梓旅游区、有机生活公园、朱德故里旅游区、望龙湖—龙王寨旅游区
	广安市	协兴生态文化旅游区、华蓥山旅游文化景区、宝箴塞民俗文化旅游区、龙女湖国际旅游度假区、白坪—飞龙乡村旅游度假区、五华山旅游度假区、白龙峡漂流旅游区、枣山玉屏湖农家乐源乡村旅游区
	达州市	八台山—龙潭河旅游区、巴山大峡谷旅游区、海明湖—五峰山旅游度假区、铁山旅游区、賨人谷旅游区
	巴中市	空山国际山地生态旅游度假区、光雾山旅游区、诺水河旅游区、恩阳古镇旅游区、驷马水乡旅游区
川南旅游区	自贡市	中航自贡—千年盐都航空文化旅游新区、卧龙湖国际旅游度假区、青龙湖旅游度假区、彩灯大世界、自贡世界地质公园
	泸州市	中国酒镇·酒庄、黄荆老林旅游区、佛宝旅游区
	内江市	穹窿地貌旅游度假区、石板河旅游区、甜源·中国甜文化体验第一城、大千欢乐世界主题乐园、大千文化旅游产业园、范长江文化旅游园区、隆昌石牌坊旅游区、古宇湖旅游区、资中古城文化旅游产业示范园
	宜宾市	“千年叙府·宜宾老城”文化旅游区、蜀南竹海国际生态休闲旅游区、“大师古镇·天下李庄”文化体验旅游区、兴文石海世界地质生态旅游区、“向家坝·金沙平湖”旅游度假区
川西北旅游区	阿坝藏族羌族自治州	九寨云顶、中查沟国际旅游度假区、九鼎山旅游区、卧龙旅游区、四姑娘山旅游区、黄龙旅游区、大东女国旅游区、马尔康嘉绒藏族文化旅游区、中壤塘觉囊文化旅游景区、米亚罗景区、桃坪羌寨—甘堡藏寨旅游区
	甘孜藏族羌族自治州	稻城亚丁国际旅游区、藏乡田园旅游区、太阳谷旅游区、海螺沟旅游度假区、格萨尔文化旅游区、大格聂旅游区、巴格玛尼—松格玛尼景区、洛须—邓玛旅游景区、高原丹霞景区。

表5-4(续)

区域	市州	在建及新建重点景区
攀西旅游区	攀枝花市	红格温泉旅游度假区、二滩旅游区、普达阳光国际康养度假区、阿署达花舞人间景区、庄上梅子箐阳光康养旅游度假区、苏铁旅游度假区、米易康养城
	凉山彝族自治州	金沙江下游高坝峡谷群特色度假旅游区、马湖旅游区、灵山旅游区、大槽河温泉瀑布景区、夹马石景区、喜德温泉度假区、会理古城旅游区、文昌故里景区、西昌康养城、七里坝谷克德旅游扶贫示范区、悬崖村—古里大峡谷景区、乐安湿地旅游区、西昌古城旅游区、螺髻山旅游区、凯地里拉温泉度假区、木里大寺—洛克九百里旅游区、寸东海子—康乌大寺旅游区、泸沽湖—公母山旅游区

资料来源：《四川省“十三五”旅游业发展规划》。

“十四五”规划在“十三五”规划基础上进一步完善与推进景区景点建设，推进重大项目建设，以重点项目促进文化和旅游产业发展，重点建设一批标志性、引领性、枢纽性重大文化和旅游项目。加快谋划一批数字文化、智慧旅游、康养旅游、体育旅游、工业旅游、冰雪旅游、音乐旅游、低空旅游等四川特色业态项目。如省级有天府新区省级文化中心、四川博物院馆；市（州）级有成都自然博物馆、天府艺术公园、金沙演艺综合体、成都城市生活美学馆、四川大学博物馆群、中华彩灯大世界、自贡恐龙文化科技产业园、攀枝花金沙江大峡谷旅游度假区、二滩湖农文旅融合度假区、长征国家文化公园(泸州片区)、三星堆古蜀文化遗址博物馆及重大旅游服务设施建设等45个实施项目。

（二）旅游发展数据统计

四川省文化旅游产业发展基础较好，发展势头向上，旅游接待人数、旅游收入等指标均呈稳步上升趋势。

1. 旅游接待人数稳步上升

2015—2019年四川省旅游接待人数稳步上升。国内旅游发展势头不减，形势大好①。具体见图5-1。

① 2018年国内游客人数为7亿人次，同比增长4.5%，2019年国内游客人数达7.5亿人次，同比增长7.1%。

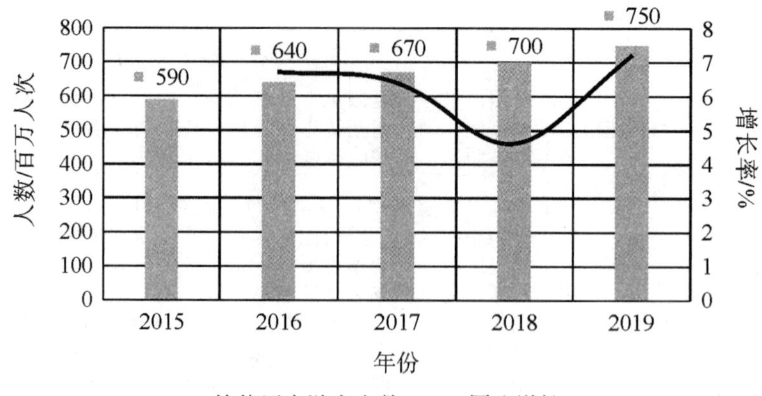

图 5-1　2015—2019 年四川省接待国内游客人数统计

吸引国外游客数量增多，入境旅游增长明显①。具体见图 5-2。

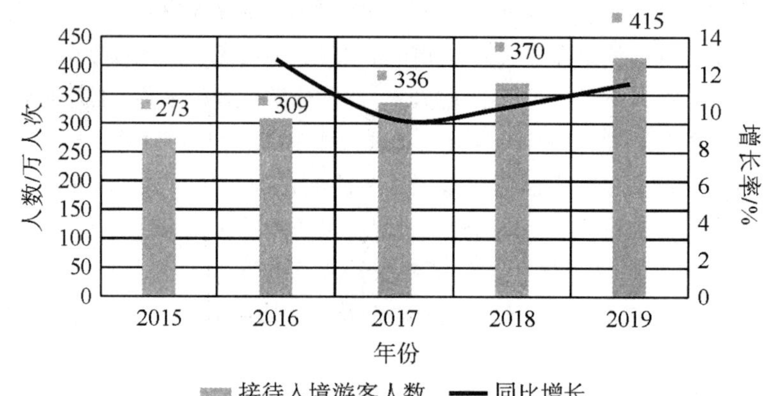

图 5-2　2015—2019 年四川省接待入境游客人数统计

2. 旅游收入稳步增长

2015—2019 年全省旅游总收入稳步增长，占生产总值的比重也稳中有升②。具体见图 5-3。

① 2018 年接待国外游客 369.8 万人次，同比增长 10.0%，2019 年接待国外游客人数为 414.8 万人次，同比增长 12.2%。

② 《四川日报》2019 年 4 月 28 日："2018 年四川旅游总收入为 10 112.8 亿元，同比增长 13.3%，占 GDP 42 902.1 亿元的 23.57%，旅游业迈入'万亿级'产业集群。2019 年四川旅游总收入为 11 594.3 亿元，同比增长 14.4%，占四川省 GDP 46 615.82 亿元的 24.87%。"

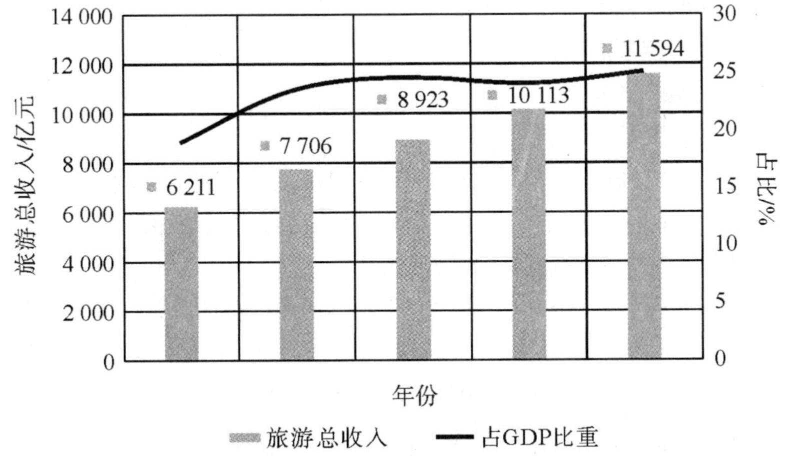

图 5-3　2015—2019 年四川省旅游总收入及占 GDP 比重统计

2019 年 4 月四川省委省政府主持召开首届文化和旅游发展大会，对全省文化旅游的发展产生了巨大作用，形成了全力猛抓文旅的良好氛围。核心项目的建设工作稳步推进，为成都经济社会发展提供新的供给、为文旅产业发展注入新的生机。2019 年，我省文化旅游产业平稳提升，具体表现在企业数量、产业收入等①方面。我省的文化旅游产业跑出了真正意义上的加速度，成果成效令人惊喜，产出丰厚，为我省经济发展提供了强劲的助推力。

2020 年新冠肺炎疫情大规模暴发，对文化旅游产业冲击巨大，2020 年 1 月到 7 月，四川省的文化旅游收入 3 188.92 亿元，刚刚恢复到 2019 年同时期水平 46.5%，其中入境旅游接待量巨幅下降。我省作为旅游大省，面对疫情，四川省委省政府迅速果断采取行动，从政策层面推出了一系列大力支持文化旅游产业发展的措施，对企业存在资金困难的，提供充分的融资帮助，最大限度保障文化旅游产业复工复产。这些强有力的举措为我省文化旅游产业复苏提供了支撑，有效地带动并进一步助推全省文化旅游产业企业的稳步回升②。综

① 封面新闻《2020 年 1 月 7 日四川实现旅游收入 3 188.92 亿元，恢复到去年同期 46.5%》与中国网《2019 年四川省　化及相关产业实现快速发展》统计：1 789 家相关企业，3 612.68 亿元的收入，同比增长了 15.5%，增长速度快，超过全国平均水平 8.5 个百分点，比整个西部省份高 3.7 个百分点。从 2019 年到 2020 年 6 月，我省正在建设的文化旅游重点项目中，新开工 1 亿元以上的项目 122 个，续建 1 亿元以上项目 269 个，竣工并正式投产亿元以上项目 25 个。

② 据四川省人民政府网站《美丽中国的四川篇章为何这样“活”——　旅融“活”》：2020 年 1 月到 7 月，全省在建的重点文化旅游项目共计完成投资达 493.61 亿元。成都融创文旅城、绵阳方特东方神画等典型的重点文化旅游项目正式开始运营，世界顶级娱乐地标恒大文化旅游城、乐高乐园加速推进。

上，四川省以文化旅游产业为重要经济发展动力，显现出极为强劲的吸引力、强大韧劲和巨大潜力。

（三）发展亮点及问题剖析

1. 发展亮点

一是建立“天府旅游名县”动态考评机制，“能上能下”激活发展。2019年4月，四川省文化和旅游发展大会评选出第一批“天府旅游名县”①，另外还有30个县入选“天府旅游名县”候选县②。

“天府旅游名县”已然成为我省文化旅游产业的新名片，四川省文化和旅游发展大会产生了巨大的社会效应，评选出的“天府旅游名县”可以说是全川境内文化旅游产业的超级IP，极大地促使全省形成全面狠抓文旅产业的新局面。同时，这些文化旅游产业新名片在全国形成了新的旅游吸引点，游客蜂拥而至，投资更加多元化，成了我省高水平、高质量发展文化旅游产业的强大支撑。“天府旅游名县”实行的是动态评选机制，因此极大地促使称号获得者不断优化文化旅游项目，提升文化旅游服务质量，合作共赢，使我省文化旅游产业改革的红利进一步释放。

授牌之后的“五一”黄金周，首批“天府旅游名县”游客比同期大幅度增加，旅游收入也比同期有更大幅度的上涨，分别达到了20%和25%。2020年1月到10月，10个“天府旅游名县”、30个“天府旅游名县”候选县最终实现的旅游收入高达3 950亿元，占全省文化旅游产业总收入的四成，游客数量也高达六成。除了单纯的旅游收入外，其中不少区县还因此获得了更大规模投资项目，到2020年10月底，这10个“天府旅游名县”、30个“天府旅游名县”候选县获得的实际的投资金额高达872亿元。如此巨大的投资金额必然带来巨大的经济收益，据统计10个“天府旅游名县”的文旅产业对当地税收贡献率高达15%，对当地的经济发展与增长贡献更大，超过了25%。

2020年9月，正值初秋美好时节，美丽的峨眉山迎来了四川省文化和旅游发展大会。此次会议正式发布了第二批“天府旅游名县”③及候选县④。

---

① 包括成都市青羊区、都江堰市、广安市广安区、乐山市峨眉山市、南充市阆中市、剑阁县、宜宾市长宁县、阿坝藏族羌族自治州汶川县、凉山彝族自治州西昌市、凉山彝族自治州稻城县10个县。

② 包括德阳市广汉市、绵阳市青川县等。

③ 《四川第二批天府旅游名县命名县和候选县名单公示》：第二批“天府旅游名县”包括成都市武侯区、攀枝花市米易县、绵阳市北川县、南充市仪陇县、达州市宣汉县、巴中市南江县、雅安市雨城区、眉山市洪雅县、阿坝藏族羌族自治州理县、甘孜藏族自治州康定市。

④ 包括成都市金牛区等10个县市区获选“天府旅游名县”候选县。

2021 年 9 月四川省第三批“天府旅游名县”① 及候选县②正式公布。

四川省文化旅游资源独具特色，优势突出，应高水平建设“天府旅游名县”，狠抓质量，提升品位，全面推动我省文旅产业融合发展，最终使文化旅游产业成为我省文化强省、旅游强省的坚实基础，为我省经济大发展提供助推力。“天府旅游名县”是我省在促进文化旅游产业发展的创新之举，动态浮动，竞争共赢，完美地构建了符合我们自己发展特色的“四川模式”，被国际旅游组织高度评价。

2019 年 11 月时任四川省委书记彭清华在《突出特色优势强化文旅融合高质量推进天府旅游名县建设》中，对省委省政府各职能部门提出了新要求，部署了新工作③，政府各个职能部门要尽职尽责，加强联动，资源整合，从政府层面给予“天府旅游名县”以充足保障；同时对这些荣誉称号获得县给予充分肯定和鼓励，也提出了新的希冀，希望“天府旅游名县”能够再接再厉，对标国内先进地区，面向世界，走出富有四川特色的文化旅游发展道路。此后在 2021 年 3 月，中共四川省委办公厅、四川省人民政府办公厅发布了《关于进一步做好天府旅游名县建设工作的通知》。

这就意味着“天府旅游名县”进一步得到省委省政府的高度肯定，并且省委省政府在更高层面提出了更高的要求，同时也指明了“天府旅游名县”未来新的发展方向。对于政府职能部门来说则需要优化管理，为文化旅游产业发展提供全方位更优化的服务。同时给予已经获得和未来即将获得这项荣誉的县以极大的鼓励，肯定它们在我省文化旅游产业发展中做出的贡献。

二是“发展平台”多、“荣誉称号”众多。

“中国优秀旅游城市”由原国家旅游局组织评选，是一座城市在旅游领域所获得的最高荣誉。截至 2010 年年末，全国共有 337 座城市分九批通过评审，

---

① 包括成都市成华区、乐山市市中区、九寨沟县、广汉市、江油市、邛崃市、广元朝天区、大英县、大邑县、泸州市江阳区、自贡市大安区。

② 包括成都市龙泉驿区等 18 个县市区获选“天府旅游名县”候选县。

③ “建设天府旅游名县需要全省各方面的携手参与和共同努力。省文化和旅游产业领导小组要切实肩负起牵头抓总、统筹协调作用，各成员单位要按照职能职责，加强协调联动、资源整合，形成工作合力。各市（州）党委政府要制定配套政策和保障措施，加大对天府旅游名县创建工作的协调支持力度，督促重点工作任务落地落实。各天府旅游名县要珍惜荣誉、再接再厉，对标看齐国际国内旅游先进地区，当好‘领头羊’、树立新标杆，为推动四川文旅产业高质量发展做出新的更大贡献。”

其中四川省共有21座城市①入围，总量居于全国前列。

2019年7月12日，《关于公示第一批拟入选全国乡村旅游重点村名录乡村名单的公告》由文化和旅游部发布，第一批拟入选全国乡村旅游重点村名单共320个，其中四川省有12个村（居）入选②。

2020年9月四川省在峨眉山召开了高水准高规格文化旅游展览会，包括第六届中国（四川）国际旅游投资大会、四川省文化和旅游发展大会、第七届四川国际旅游交易博览会等，四川省迎来新一轮文旅加速跑。

2020年9月4日，四川有三个县市③入选第一批国家级全域旅游示范区名单④。同年11月17日，四川省有四个县市⑤入选"2020中国县域旅游综合竞争力百强县市"。

2. 问题剖析

在亮点比较多的同时，也有一些问题：

一是横向对比仍有发展空间。

当前，四川省文化旅游产业发展成绩亮眼，但是放眼全国，横向对比兄弟省市，仍有长足的进步空间。

从旅游总收入来看，2017年四川省与广东省旅游总收入相差3 000亿，2018年相差3 500亿元；2017年与江苏省相差2 600亿元，2018年相差3 100亿元。2019年贵州省、云南省及重庆市等兄弟省（市）旅游总收入增长率均超过30%，赶超发展趋势明显。而2019年"中国县域旅游竞争力百强县"的榜单中，四川省只有7个县（市）入选，低于湖南省和贵州省。

二是文化挖掘深度不够。

以圣诞节和春节为例，这两个节日中西方的"圣诞老人"和中国的"春节老人"是核心文化符号，但是二者的境遇落差较大。欧美国家以基督教的圣诞节为契机，精心设计并大力包装圣诞老人形象，以圣诞老人为中心衍生出

---

① 包括成都市、崇州市、峨眉山市、绵阳市、广安市、乐山市、宜宾市、泸州市、攀枝花市、雅安市、江油市、都江堰市、阆中市、南充市、自贡市、西昌市、邛崃市、德阳市、广元市、遂宁市、华蓥市。

② 包括成都市蒲江县甘溪镇明月村、德阳市绵竹市孝德镇年画村、成都市郫都区唐昌街道战旗村、凉山彝族自治州昭觉县支尔莫乡阿土列尔村、眉山市丹棱县顺龙乡幸福村、甘孜藏族自治州丹巴县聂呷乡甲居二村、成都市彭州市龙门山镇宝山村、乐山市峨边县黑竹沟镇底底古村、南充市阆中市天林乡五龙村、成都市都江堰市柳街镇七里社区、泸州市纳溪区大渡口镇民强村、达州市宣汉县三墩土家族乡大窝村。

③ 成都市都江堰市、广元市青川县、乐山市峨眉山市。

④ 此名单由文化和旅游部评选。

⑤ 都江堰市、阆中市、剑阁县、邛崃市。

了很多良好的周边产品，将其成功打造成为全球闻名的超级 IP。而我们的“春节老人”落下闳却未能借助强势的春节文化做好包装推荐，至今仍鲜为人知。虽然也将落下闳的故事编排成了戏剧，但是宣传力度不够，传播不够广泛。两相对比暴露出四川省文旅旅游产业发展的短板，即坐拥优质文化旅游资源禀赋和潜力 IP，但在文化深度挖掘方面还很不够，错失众多发展机遇。

三、成都都市圈文旅产业发展前沿动态

（一）发展新模式新业态

近年来，文化旅游新业态成为推动文化旅游产业发展的重要模式。新业态成了文化旅游产业培育发展的新方向。成都高度聚焦新业态发展，将其作为成都都市圈的重要任务来完成。省委省政府相继出台的《规划》《意见》等都为成都新业态的发展提供了重要保障。“一核五带”的整体布局使新业态新模式成为文旅产业的新切入点，也是重要的突破口。新业态新模式需要借助新技术新思想，跨界融合是模式创新的不二选择。文化、大健康、互联网与旅游的组合形成新型文旅业态，旅游不再是单一模式，而是以“旅游+”为基本结构形成新的文旅产业营销方阵。市场潜力也得到了极大的释放。

进一步深化并加快文化旅游产业的跨越式发展，在具体实施层面要以文化旅游项目为支撑，夯实发展基础，在我省各地规划、建设具有当地特色，同时又极富有市场潜力的文旅产业示范园区，以市场需求为导向，进行新项目开发。全省各个地区要从自身特色资源出发，以自己的独特资源为立足点，综合运用“旅游+”“文化+”“文旅+”完美融合各项娱乐消费项目，大力支持“月光经济”，体验创意消费，培养和发展一大批以“旅游+健康”、“旅游+互联网”、农旅一体化、“旅游+文化”等为典型的新业态文化旅游模式，打造一批具有典型性的文化旅游项目。

（二）典型案例解读

1. 成都市青羊区“旅游+”

成都市青羊区居于城市中央，为成都市传统意义上的主城中心区域。天府广场为整个成都市的中心，围绕着天府广场有一圈优质旅游资源，如历史文化遗迹金沙遗址公园、“大庇天下寒士”的杜甫草堂、少城文化的宽窄巷子等。随着文化旅游产业的不断发展繁荣，青羊区对区域内各大旅游景区进行了多方位的提升改造，更新基础设施，提升文化内涵，并且重点推进“旅游+”盘活利用既有文化旅游景区等存量空间设施载体，鼓励原创，丰富文化旅游产业，大力发展影视、创意设计、音乐、文博体验产业，打造成都文旅标杆区、首善区。

2. 阆中打造文化旅游“月光经济”

阆中作为自然风水名城，有丰富而又独特的自然文化资源。阆中市政府深入挖掘特色资源，并予以大力培育。阆中久远深厚的历史文化积淀、神秘独特的自然山水，都成为阆中发展文化旅游产业的“王牌”。阆中市以阆中古城为核心载体，发展各种特色旅游项目，吸引八方来客，其中表现阆中美景的光影秀《奇美阆中》，成为阆中夜间经济（“月光经济”）的最大亮点，为当地的经济发展做出了重大贡献，成为新的经济增长点①。

3. 广汉三星堆推进申遗

三星堆作为古蜀文明的代表，目前再次发掘出土了震惊国人的金面具。国内外考古专家都对三星堆有着浓厚兴趣。神秘而又奇幻的三星堆成为我省一张耀眼的名片。作为古蜀文明的遗存，三星堆考古遗址具有重大的历史文化价值，将其申报世界文化遗产势在必行。广汉市政府以三星堆考古发掘出的文物为对象，创造一系列文化原创产品，在多个领域延伸三星堆文化元素，如手游、影视、动漫等，充分运用各种新媒体，利用“互联网+”，将三星堆这一独特的资源利用到极致，从而带动当地文化旅游产业发展，形成新的更具吸引力的文化旅游高地。

第二节　重庆都市圈文旅产业发展的现状与前沿动态

一、重庆市文旅产业发展政策回顾

2016 年 12 月，重庆市政府印发《重庆市旅游发展总体规划（2016—2030 年）》。旅游业在《重庆市旅游发展总体规划（2016—2030 年）》中被定位为综合性战略支柱产业，立足国际，面向世界，使重庆成为具有更大世界影响力的旅游目的地。《重庆市旅游发展总体规划（2016—2030 年）》从发展基础与面临形势、总体发展思路、重点发展规划、五大功能区域旅游规划、发展体系规划、重点项目与工地规划、规划实施保障等方面对重庆未来十五年的旅游产业发展思路进行了系统性阐述。

《重庆市旅游发展总体规划（2016—2030 年）》坚持创新驱动发展，全域旅游发展，产业融合发展，依法治旅兴旅。该规划提出了重庆文化旅游发展的

① 据阆中市政府统计，在阆中市参与夜间旅游的游客占游客总数量的 67.7%，比 2018 年增长了 12.16%，新兴的“月光经济”对整个旅游收入的贡献率高达 20%。

五大功能区域，科学规划空间发展格局，以此为重庆整个旅游业的核心发展战略，提出了发展旅游业成为综合性战略支柱产业的整体要求，全盘布局。“五大功能区域”发展思路见表 5-5。

表 5-5　重庆市“五大功能区域”发展思路

序号	区域	涉及县市区	定位	发展思路
1	都市功能核心区	渝中区，大渡口区、江北区、沙坪坝区、九龙坡区、南岸区等内环以内区域	商业核心区，居于重庆旅游发展主体地位；以建设国际旅游休闲大都市为发展目标	强化旅游经济以城带郊效应，建设大都市旅游目的地核心区； 构建五圈、两江、四岸空间格局，即提升解放碑、观音桥、沙坪坝、杨家坪、南坪五大商圈；推进长江、嘉陵江两江；沿江四岸旅游产业发展； 着力打造温泉城、山水城、文化城、服务城、休闲城，推动服务业转型升级
2	都市功能拓展区	大渡口区、江北区、沙坪坝区、九龙坡区、南岸区处于内环以外的区域，北碚区、渝北区、巴南区	温泉、森林、文化等旅游资源丰富；以建设环城休闲度假旅游目的地为发展目标	环城集聚效应为突出点，建设环主城休闲度假旅游拓展区； 构建一圈、四廊、八射空间格局。一圈即二环围合的近郊区域；“四廊”即缙云山山脉、中梁山山脉、铜锣山山脉、明月山山脉走廊；八射即依托成渝、渝遂、渝武、渝邻、渝蓉、渝宜、渝湘和渝黔八条高速公路； 着力打造温泉旅游城、口岸枢纽城、山水度假城，实现产城融合发展
3	城市发展新区	涪陵区、长寿区、江津区、合川区、永川区、南川区、綦江区、大足区、璧山区、铜梁区、潼南区、荣昌区、万盛经开区	地处成渝城市群的连绵带和诸多遗产资源的连接带，境内水系丰富，旅游资源富集；以建设专项旅游和乡村旅游示范发展区为发展目标	以世界遗产旅游和乡村旅游为重点，促进以城带郊、以郊促城、景城一体的大都市旅游目的地发展； 构建一圈、四地、多中心旅游发展格局，一圈即世界遗产圈；四地即围绕资源整合和产业集散发展，打造包括休闲商务旅游目的地、乡村度假旅游目的地、乡村文化体验旅游目的地、生态养生旅游目的地、等四大旅游目的地；多中心，即依托区域性中心城市和高速通道，打造涪陵、合川、永川、大足、南川、江津等旅游集散中心； 发展遗产经济，推动产业转型，促进区域整合

表5-5(续)

序号	区域	涉及县市区	定位	发展思路
4	渝东北生态涵养发展区	万州区、开州区、梁平区、城口县、丰都县、垫江县、忠县、云阳县、奉节县、巫山县、巫溪县	以长江三峡库区为主体，国家重点生态功能区，旅游资源丰富；大三峡国际黄金旅游目的地建设为发展目标	全面提升三峡旅游品质和国际化水平，建设具有世界影响力、吸引力、竞争力和可持续发展的大三峡旅游目的地，打造雄奇三峡、世界邮轮品牌。 构建“112N”（一带、一廊、两集散中心、多个精品景区）旅游发展布局。一带即长江三峡国际黄金旅游带；一廊即峡江文化长廊，以长江水路为依托，打造以水上体验为主的峡江文化长廊；两集散中心，即依托长江干流及环库区高速公路、高等级公路通道及万州机场、巫山机场，打造万州、巫山两个旅游集散中心；多个精品景区，即重点推进一批精品旅游景区建设，整合周边资源，带动区域旅游发展
5	渝东南生态保护发展区	黔江区、武隆区、石柱县、秀山县、酉阳县、彭水县	自然山水秀丽、历史文化独特、民族风情浓郁；以建设大武陵生态民俗旅游目的地为发展目标	以推进国家旅游度假区、国家生态旅游示范区、民族风情体验旅游区为抓手，建设以武隆喀斯特、乌江画廊、桃花源为核心的大武陵旅游目的地，打造武陵仙居、世外桃源品牌； 构建一带、六组团发展布局，一带，即突出神奇武陵风光，峻秀乌江画廊等原生态自然造化和土家苗族风情、淳朴古镇边乡等本土性民俗文化；六组团即大仙女山时尚山原旅游组团，乌江画廊峡谷观光旅游组团，武陵山乡民俗休闲体验旅游组团，黄水林海生态观光旅游组团，酉阳世外桃源组团和边城古镇民族风情旅游组团

资料来源：《重庆市旅游发展总体规划（2016—2030 年）》。

二、重庆都市圈文旅产业发展现状

（一）资源类型及主要景点分布

重庆文化旅游资源极其丰富，具有类型多样化、特色资源丰富的先天优势，发展潜力巨大，有着良好的可以成为国际旅游目的地的条件。根据重庆市人民政府办公厅印发的《重庆市旅游发展总体规划（2016—2030 年）》，重庆的旅游资源主要有以下四个特点：

一是资源类型具有多样性，各类资源组合优势极其明显①。旅游资源的规模和体量都不小，极富开发潜力。

① 据统计，重庆单体旅游资源高达 4 042 个，涵盖 8 个主类、39 个亚类、110 个基本类型。包括 2 449 个自然旅游资源，1 593 个人文类旅游资源，分别占总旅游资源的 60.6%和 39.4%。这些旅游资源类型极其丰富，包括江河湖泊、高山峡谷、温泉康养、民风民俗、历史文化、都市风情、主题娱乐、游船邮轮等。

二是旅游资源分布集中，富有鲜明的地方特色[①]，以三大空间区域旅游资源“大都市、大武陵山区、大三峡”为核心。这三大空间区域具有极强的延展性，其中大三峡旅游资源区开发利用向腹地进军，形成了数量丰富的小区域聚合的旅游圈，极富特色。除了以上三大空间区域旅游资源，重庆还有别具一格的沿长江都市风情、麻辣火锅美食等旅游资源，这些软资源是重庆另一张独特的旅游名片，魅力十足，吸引力强。

三是旅游资源优势极为突出，具有强劲的市场吸引力。重庆具有大山大川，起伏捭阖，都市风情与山河壮美集于一体。巴渝文化历史悠久，形成了浓郁的独具特色的民俗风情。大都市、大山水、大乡村[②]，水乳交融、交相辉映。重庆具有一张张亮丽的旅游名片，这些旅游资源立体多元，又完美融合，形成了独具特色的风景线，成为众多游客的必去打卡胜地。

四是旅游资源品位高[③]，具备较大的全球影响力。重庆是一座充满活力、个性鲜明、风情独特的大都市。历史与现代、文化与自然、人文与地理相得益彰，成就了重庆这一座山水都市旅游城。

重庆市优质旅游资源单体统计见表5-6。

---

① 重庆的旅游资源分布集中于三大空间区域——大都市、大武陵山区、大三峡。大都市旅游资源构成了以都市、乡村、温泉、遗产为基点的四大特色旅游圈。大武陵山区旅游资源则形成了多样化的特色资源组合，如堰塞湖、喀斯特地貌、高山草场、民俗风情文化等。

② 即山水之城、温泉之城、遗产之城、风情之城的大都市旅游资源，三峡文化、高峡平湖、天坑地缝、林海名川、乌江画廊的山水旅游资源，武陵山乡、古镇边乡、锦绣草原、酉阳土家、云中花海、田园风光乡村旅游资源。

③ 根据旅游资源分级评价，重庆旅游资源中属于优良级别的资源有230个，其中包括31个五级最优旅游资源，极富市场知名度。重庆拥有中国山水文化地标——长江三峡、山水都市。重庆成为世界名城还有赖于反法西斯战争远东指挥中心、抗战文化、合川钓鱼城。此外南川金佛山世界自然遗产、武隆喀斯特地貌、大足石刻世界文化遗产也是重庆重要的旅游名片。

表 5-6　重庆市优质旅游资源单体分布

序号	区域	涉及县市区	旅游资源名称	数量统计
1	主城9区（都市功能核心区+都市功能拓展区）	渝中区、大渡口区、江北区、沙坪坝区、九龙坡区、南岸区、北碚区、渝北区、巴南区	五级（7个）：重庆红岩连线旅游区，沙坪坝区融汇温泉、歌乐山国家森林公园，北碚区北温泉风景区、缙云山国家级自然保护区，巴南区东温泉、南温泉； 四级（32个）：渝中区重庆人民大礼堂及人民广场、湖广会馆、中国三峡博物馆、洪崖洞民俗风貌区、中国民主党派历史陈列馆、重庆天地旅游区，江北区金源方特科幻公园、重庆科技馆、观音桥商圈都市旅游区、铁山坪森林公园，大渡口区重钢工业遗址博物馆，沙坪坝区磁器口古镇、红岩革命纪念馆、歌乐山烈士陵园，九龙坡区海兰云天温泉度假区、重庆动物园、贝迪颐园温泉、华岩—龙门阵旅游区、上邦温泉旅游区、巴国城、走马古镇、周君记火锅食品工业旅游体验园，南岸区南山植物园、加勒比海水世界景区，北碚区金刀峡景区、颐尚温泉、重庆自然博物馆、金刀峡古镇，渝北区龙兴古镇、统景温泉风景区、园博园，巴南区云篆山生态观光农业园、丰盛古镇； 三级（31个）：渝中区嘉西村—怡园景区、长江索道景区、鹅岭公园，大渡口区南海风情温泉、九宫庙都市旅游区，沙坪坝区海石公园、抗战名人旧居（张治中旧居·郭沫若旧居·冯玉祥旧居）、虎峰山景区，九龙坡区白市驿森林公园、九凤山景区、天赐温泉、天醉园、华生园金色蛋糕梦幻王国景区，南岸区南滨路景区、映像金阳历史风貌区，北碚区静观花木生态旅游区、偏岩古镇，渝北区印盒李花生态旅游区、碧津公园、宝林博物馆、张关水溶洞、巴渝民俗文化村、两江影视城、长安汽车工业园、玉峰山森林公园、鳄鱼中心，巴南区天坪山云林天乡景区、花木世界、木洞古镇、云篆山、桥口坝国家森林公园	70个

表5-6(续)

序号	区域	涉及县市区	旅游资源名称	数量统计
2	城市发展新区	涪陵区、长寿区、江津区、合川区、永川区、南川区、綦江区、大足区、璧山区、铜梁区、潼南区、荣昌区、万盛经开区	五级（11个）：涪陵区武陵山大裂谷景区、816地下核工程、白鹤梁水下博物馆，长寿区长寿湖风景名胜区，江津区四面山景区，合川区钓鱼城，永川区茶山竹海旅游景区，南川区金佛山—神龙峡景区，綦江区古剑山风景区，万盛经开区黑山谷景区，大足区大足石刻景区； 四级（26个）：涪陵区武陵山国家森林公园、大木花谷·林下花园景区，长寿区菩提古镇文化旅游区，江津区聂荣臻元帅陈列馆、中山古镇，璧山区观音塘湿地公园、青龙湖，合川区涞滩古镇，永川区乐和乐都—野生动物世界、黄瓜山森林公园、松溉古镇，南川区大观园，綦江区花坝旅游景区、东溪古镇、永新镇梨花山，万盛经开区龙鳞石海、黑山八角小城，铜梁区安居古城、巴岳山—西温泉风景名胜区，大足区龙水湖，潼南区杨闇公故里景区、农业旅游观光园、陈抟故里菜花景区、大佛寺、双江古镇，荣昌区万灵古镇； 三级（38个）：涪陵区太极医药工业园、青羊古镇，江津区黑石山风景区、石门大佛景区、聂荣臻故居、陈独秀旧居陈列馆、塘河古镇、白沙古镇，合川区文峰街，永川区卫星湖、桃花源、香海温泉，南川区生态大观园、永隆山森林公园、半溪河滨水公园、楠竹山森林公园、黎香湖湿地生态园、花山公园，綦江区“饭遭殃”食品工业园、农民版画院、博物馆、高庙坝生态旅游区、丁山湖、金立方木瓜酒工业园、营盘山公园、木瓜海棠园，大足区荷花山庄、海棠香国历史文化风情城、铁山古镇、四季香海芳香植物种植示范园，铜梁区黄桷门奇彩梦园、博物馆、桂花博览园，荣昌区昌州故里景区、清流伊斯兰风情小镇、古佛山、安陶博物馆、陶文化创意产业园	75个

表5-6(续)

序号	区域	涉及县市区	旅游资源名称	数量统计
3	渝东北生态涵养发展区	万州区、开州区、梁平区、城口县、丰都县、垫江县、忠县、云阳县、奉节县、巫山县、巫溪县	五级（6个）：丰都县名山风景区，奉节县白帝城—瞿塘峡、天坑地缝景区，云阳县龙缸景区，巫山县小三峡—小小三峡景区，巫溪县红池坝景区； 四级（28个）：万州区大瀑布群旅游区、潭獐峡风景名胜区、铁峰山国家森林公园，开州区汉丰湖、雪宝山国家森林公园、刘伯承同志纪念馆，梁平区双桂堂、百里竹海风景区、滑石古寨景区，城口县亢谷、黄安坝旅游区、九重山风景名胜区，丰都县雪玉洞—龙河流域、南天湖、雪玉山旅游度假区，垫江县牡丹花海、牡丹文化旅游城、五洞盐浴，忠县“中国柑橘城”、石宝寨、三峡港湾，云阳县张飞庙、四十八槽林场森林公园、三峡梯城景区，巫山县神女景区（神女峰·神女溪）、梨子坪森林公园，巫溪县大宁河、宁厂古镇； 三级（18个）：万州区悦君山、西游洞、同鑫蔬菜大观园，开州区厚坝休闲农业观光园、温泉镇、竹溪休闲农业观光园，城口县苏维埃政权纪念公园，丰都县方斗山乡村旅游示范区、长江休闲与乡村旅游带、古民居，垫江县牡丹樱花世界、长寿湖尾段、迎风湖养生度假区、青水生态农业大观园，奉节县鑫鼎农业生态观光园、竹园古镇，巫山县博物馆、庙宇古镇	52个
4	渝东南生态保护发展区	黔江区、武隆区、石柱县、秀山县、酉阳县、彭水县	五级（7个）：乌江画廊风景区、黔江区濯水古镇、蒲花暗河景区、武隆区喀斯特旅游区（天生三桥·仙女山·芙蓉洞）、石柱县黄水旅游区、酉阳县桃花源景区、彭水县阿依河景区； 四级（18个）：黔江区小南海、芭拉胡景区，武隆区白马山自然保护区、芙蓉江景区、龙水峡地缝、仙女峡漂流，石柱县大风堡景区、千野草场、七曜山自然保护区、西沱古镇，秀山县洪安边城景区、花灯寨，酉阳县龚滩古镇、龙潭古镇、乌江百里画廊风景名胜区、大板营自然保护区，彭水县摩围山、蚩尤九黎城； 三级（8个）：石柱县毕兹卡绿宫景区、黄水药用植物园，秀山县大溪酉水风景区、后溪古镇、凤凰山花灯民俗旅游区，酉阳县南腰界革命根据地、酉水河景区、阿蓬江大峡谷	33个

资料来源：《重庆市旅游发展总体规划（2016—2030年）》。

（二）旅游发展数据统计

重庆以文化促进旅游、以旅游彰显文化，积极开展“晒文化·晒风景”市民活动，重点发展推动核心旅游项目，不断提升山水大都市之城的魅力，不断丰富城市内涵，文化旅游产业经济效益突出①。就目前发展态势来看，重庆都市圈文旅产业发展有不少区域优势。

（三）发展优势及存在问题剖析

根据重庆市人民政府办公厅印发的《重庆市旅游发展总体规划（2016—2030年）》，重庆旅游业的发展优势与存在的问题主要有以下几点：

1. 发展优势

第一，重庆打造了一大批精品旅游景区，旅游产品开发取得了重大突破。以国家A级旅游景区、历史古镇、乡村旅游点为核心的人文旅游产品②，以自然保护区、森林公园为核心的自然旅游产品，这些逐步形成的具有知名度、影响力大的系列旅游产品使重庆成为国内旅游热点城市。

第二，极大地拓展了旅游市场③，显著提升了影响力，打开了较高的知名度。自然、文化遗产的成功评选，星级景区的不断提升，精品旅游项目的打造，使得重庆的旅游业呈现出蒸蒸日上的态势。

第三，旅游要素水平取得了极大的突破，支撑整个文化旅游产业的基础更加扎实稳固④。旅游温泉、五星级标准邮轮、旅行社、旅游星级饭店、旅游商品生产和销售，这些旅游要素的品质更加有保障，为重庆旅游业的发展提供了坚实的基础。

第四，旅游产业在重庆市经济发展中的地位进一步巩固，旅游产业的综合

---

① 据统计，2019年全年重庆接待国内外游客6.57亿人次，旅游总收入高达5 734亿元，分别同比增长10%、32%。

② 到2015年年底，重庆共有1处世界文化遗产、2处世界自然遗产、7个国家5A级旅游景区、66个国家4A级旅游景区，还培育了一大批别具特色魅力十足的精品旅游项目，如大足石刻、酉阳桃花源、巫山小三峡、南川金佛山、江津四面山、万盛黑山谷等。

③ 2015年，重庆旅游总收入高达2 251.31亿元，游客接待量达3.92亿人次，相较1999年分别增长了20.9倍、15.8倍。其中包括14.69亿美元旅游外汇收入，高达282.53万人次的入境旅游，相较1999年分别增长了15.3倍、14.1倍。2013年重庆在福布斯中国大陆旅游业最发达城市综合排名第四，2014年则提升为第三位。2015年，重庆在中国旅游研究院的游客满意度调查排名中，位列60个重点旅游城市榜首。另外，重庆在全球旅游目的地盛典活动评选中位列十大旅游目的地第四位。

④ 2015年，重庆旅行社数量达到593家，有232家旅游星级饭店、五星级及达到五星级标准邮轮25艘、33家旅游温泉、267家专门的旅游商品生产和销售企业。另重庆市还有7家旅行社，其中重庆市中国旅行社（集团）有限公司、重庆海外旅业（旅行社）集团有限公司获得“全国百强旅行社”荣誉称号，其中后者还是全国旅行社税收十强。旅游要素水平实现了极大突破。

拉动效应也更加明显，有进一步扩大的态势。旅游产业成长迅速，逐步发展成为消费、投资、外贸三位一体的综合性产业，同时也是生产、生活、生态三位一体的综合性产业，旅游业成为全面推动区域经济与社会发展新的增长点①。

第五，加快推进旅游目的地建设，进一步完善旅游服务功能。重庆的交通通达性进一步得到完善和提升②。加之直辖市体制优势，重庆交通的国际化水平得到了全面提升。重庆的城市服务功能不断加强，现代服务业飞速发展，城市风貌、公共环境等实现前所未有的大提升，而这也是市政府高度重视的重要成果。

第六，不断加大对外开放力度③，极大地拓展了旅游发展空间维度。对外开放力度的不断加强，是将重庆打造成国际知名旅游目的地的重要举措，为重庆成为国际旅游热点城市提供了更加完善的条件和更加广阔的发展空间。

2. 存在的问题

根据重庆市人民政府办公厅印发的《重庆市旅游发展总体规划（2016—2030年）》，重庆旅游业在发展中存在以下问题：

第一，经济贡献水平有待提升。重庆有着丰富的旅游资源，品牌品质较高，但是从国际影响力来看，重庆旅游业的经济贡献水平亟须提升。入境旅客数量尚未达到预期目标④。市场结构存在不平衡问题，从整体来看，重庆旅游业尚未取得较好的经济收益⑤。

第二，游客接待数量有待提升。入境游客数量仍旧是重要衡量指标。相对北京、上海、西安、桂林等世界最佳旅游目的地城市，差距较大⑥。

---

① 据统计，2015年，重庆全市有897.6亿元的旅游产业增加值，占全市生产总值的5.71%，有40.54万的旅游产业直接从业人员，高达202.7万人的间接从业人员，旅游产业就业人数占城镇就业总人数的20%以上，极大地解决了城镇居民的就业问题，拉动了全市就业。

② 包括“三环十射”高速公路、“八干线二支线”铁路、“一大两小”民用机场、“一干两支”航道体系、国家级综合交通枢纽等。

③ 2015年，重庆有高达7 800余人的外国常住人口，接待282.53万人次的境外游客，有世界500强企业262家在重庆落户，有多达10家外国驻重庆领事机构，同时是第五个对国外游客实施72小时过境免签政策的大都市。

④ 据统计重庆接待入境游客规模尚不足300万人次，距离打造国际旅游目的地城市所需的500万人次还有较大差距。

⑤ 据统计2015年重庆旅游业增加值比重仅为5.71%，对第三产业贡献率尚不足50%。

⑥ 2003年12月，经世界旅游组织考察，北京、上海、桂林、西安成为中国首批向世界各国推介的最佳旅游目的地城市。2004—2015年，重庆在接待国际游客方面增长迅速，并在2011年超过被评为最佳旅游目的地城市之一的桂林，但与北京、上海等城市相比仍有较大差距，2015年接待入境游客只占到北京的63%、上海的42.9%。

第三，交通集散力有待提升[①]。重庆虽然地理位置具有较大优势，但是目前的交通吞吐量相较其他同级别城市还是略逊一筹。作为长江经济带重要一环，重庆有着优于其他西部城市的独特区位优势，因此吸引东部沿海发达地区游客的能力较强。

第四，服务支撑体系有待提升。重庆是一座临江的山城，大开大合，具有别样的风姿，但是也显得细节不足，像一个粗犷的汉子，缺少了成都的温婉。在软硬件旅游设施得到完善的基础上，其他旅游业所需的要素仍然需要更多的投入。重庆旅游业发展相对发散，旅行社规模小，相较成都而言，需要进一步加强服务支撑力。

第五，产业拉动能力有待提升。重庆拥有丰富的世界遗产资源，这是周边城市不具备的独特优势资源，但是目前尚未充分挖掘这些世界遗产资源的旅游功能，在旅游业发展中发掘和宣传稍弱，有待于进一步高效率地开拓市场。

三、重庆都市圈文旅产业发展前沿动态

（一）发展新模式新业态

文化与旅游有着不同构的内涵和外延，二者和谐汇融，发挥出的作用应当大于单独某一方面。文化与旅游结合，文化可以是旅游的内核，旅游提升文化的传播力，二者完美统一于旅游文化精品。2019 年，重庆举行了“晒旅游精品·晒文创产品”活动，这个活动借助互联网时代的各种新媒体，运用多种形式推广重庆，塑造了大山大水、高低错落的大都市形象。文化底蕴永远是一个城市最成熟最厚重的底色。重庆的历史文化资源甚厚，着力发掘文化，进行文化产品的原创设计，可以极大地提升重庆的吸引力。重庆市政府及各区县政府带头先行，“一把手”当“导游”，将重庆的大好河山、优美风光展现给国内外观众，将重庆的麻辣鲜活、热情似火展现给国内外观众，吸引他们游重庆，为重庆旅游做宣传、做推广。这次的“双晒”活动取得了巨大的反响，

① 2015 年重庆江北国际机场旅客吞吐量为 3 240 万人次，交通集散能力和旅客吞吐量与北京、上海、广州、成都、昆明等城市相比仍存在差距。

为重庆带来了重大的发展机遇①。同时这次活动依靠最大力度的宣传营销②、立体化的宣传，全媒态的推广，取得了不俗的成效。重庆成为国际知名文旅目的地指日可待。

（二）典型案例解读

每个旅游城市都有属于自己的独特名牌，重庆也一样，重庆充分挖掘自身资源，以独特的自然资源为切入点，“山城”“三峡”“人文”等成为重庆的代名词。山城起伏，地铁在窗前飞驰而过，如同动画中的天空之城③；三峡的壮观，高峡出平湖，咏叹人类的强大力量④；人文的生动丰富，彰显大都市的深厚历史、文化和市井烟火⑤。这些特色资源带给国内外游客的是全方位的剧烈冲击，形成了强大的吸引力。

第三节　成渝双城文旅产业一体化融合发展模式与路径

一、成渝双城区域文化旅游产业合作现状

（一）政策层面

早在 2009 年，川渝两地开启更深层次的合作，以“好玩”“好耍”为纽带联结四川和重庆，“四川好玩、重庆好耍”打出对外吸引游客的双子牌。五年之后，2016 年，川渝两地达成共识，在旅游等多产业加强合作，一齐发力，采取多种措施为打造国际知名旅游目的地协作并进。

目前，成都与重庆之间正在构建区域性旅游战略合作联盟，意在利用两地

---

① 2019 年，重庆市“城市恋链文创衍生品研发和推广项目”成功入选 2019 年度“一带一路”文化产业和旅游产业国际合作重点项目；全市完成 52 个文化旅游重点项目投资 126.78 亿元，南滨路国家级文化产业示范园区等项目有力推进；全市成功签约重大文化旅游项目 140 多个，签约金额 4 000 余亿元。

② 如举行了“行·重庆——2019 网络达人重庆行暨文旅融合金点子征集”活动，网上点击阅读量超过 35 亿人次；组织“晒文化·晒风景”走进机场大型宣传推广活动，开展系列文化旅游展示、体验、宣传活动等，奏响文旅宣传营销大合唱。

③ “山城”牌的打造方面，重庆主城区旅游异常火爆，市公安局、市交通局、市城管局等多部门联合行动，不断改善交通和旅游环境、引导错峰出行、延长灯光秀等，取得了良好的社会和经济效益，重庆被誉为“最宠游客的城市”。

④ “三峡”牌方面，重庆市举办了两届大三峡旅游发展论坛和世界大河歌会，让大三峡旅游发展迅速提速、品质口碑不断提升，三峡红叶成为美丽中国名片。

⑤ “人文”牌上，纪录片《城门几丈高》等登陆央视；川剧《江姐》亮相国家大剧院，获评全国优秀红色旅游演艺作品；话剧《红岩魂》获全国优秀话剧展演活动专家票第一名。

互联网线上和线下旅游资源，结合两地的资源特色，在传统旅游路线基础上，积极开拓新旅游路线，根据市场和游客需求，研发新旅游产品。整合开发两地的优势特色旅游资源，形成旅游经济共享的全新局面。

（二）操作层面

巴蜀文化成为川渝合作联结的纽带。重庆市采取了一些举措，成立了以巴蜀文化为核心的旅游走廊建设专项工作组，并且设立联合办公室，定期召开联席会议。川渝两地合作交流进一步深化，互动越来越多，举办了一系列活动①，召开了一系列相关会议②，签署了多项合作协议③，以巴蜀文化为核心，打造巴蜀文化旅游走廊。川渝在旅游发展上的合作逐步深入，采取了一系列举措④，如成立"巴蜀地区世界遗产联盟"⑤，发布精品旅游路线等，构建川渝经济圈，共同谱写双城共赢合作新篇章。

二、成渝双城文旅产业一体化融合发展的优势条件及存在的问题

（一）优势条件

1. 朝阳产业、效益显著

文化旅游业作为蓬勃发展的新兴产业，符合成渝双城的现实，具有浓郁的巴蜀特色，对人民群众最有吸引力。近年来，四川省、重庆市相关管理部门坚持将发展中国文化旅游业摆在突出位置，打出了一套聚焦发力、融合技术创新的"组合拳"，收到了良好的经济、社会成效。文化旅游经济大幅度增长，旅游企业发展新动能不断提升，旅游产品的品牌效应也日益明显，文化旅游产业的改革红利进一步释放，成渝双城丰富的旅游文化资源正高速度、立体化加快转化为双城经济发展的强劲动力。文化旅游业产业链长、带动效应大、资源消

---

① "巴蜀文化旅游走廊自由行"、"巴山蜀水"文创联展、"成渝双城记·非遗云聚会"系列活动，推动洪崖洞和宽窄巷子、金佛山和都江堰等地标级景区达成战略合作。

② 2020年6月22日，巴蜀文化旅游走廊推进工作会议在成都召开；9月25日，2020年四川省文化和旅游发展大会在四川乐山召开；第六届中国（四川）国际旅游投资大会、第七届四川国际旅游交易博览会也在乐山同期召开。

③ 如《成渝地区文化旅游公共服务协同发展"12343"合作协议》《建立成渝地区公共图书馆联盟的框架协议》《推动成渝地区双城经济圈广播电视发展战略合作协议》等。

④ 重庆推出长江三峡游、世界遗产之旅、生态民俗之旅等精品旅游线路产品。重庆三大世界遗产地将分别推介各自的旅游资源产品以及相关优惠政策等。2020年11月1日川渝还举办了第六届中国诗歌节、推动编制出台巴蜀文化旅游走廊建设规划，加快将巴蜀文化旅游走廊打造成为成渝地区双城经济圈亮点和世界知名文化旅游品牌。

⑤ 重庆的大足区、南川区和武隆区联合成都市、乐山市、阿坝藏族羌族自治州六城共同发起组建，共享六城在区域品牌创建、世界遗产保护等方面的资源优势和市场开发。

耗小、关联度高、就业机会多、综合效益好。成渝地区有着丰富多样的自然历史文化遗产、优质的自然生态资源、源远流长的历史文化、少数民族聚居的风情特色、革命抗战的红色文化等，在整个西南地区拥有具有较强的优势。

2. 资源丰富、特色突出

成渝地区的文化旅游资源类型丰富多样，如自然生态、历史文化、红色文化和民族风情等旅游资源，高品位、高吸引力、高聚合度，同时又分布广①，发展潜力巨大，发展动力强劲，是整个西南地区的佼佼者，

3. 区位优越、交通发达

区位方面，成渝地处我国中西部核心地带，区域规模、经济发达程度都是西部之最。天府之国，山水之城，辐射带动能力强，发展势头迅猛，同时占据了国家“一带一路”倡议的区位优势。新时代，成渝拥有巨大的发展机遇，同时也面临巨大挑战，双城应协同并进，优势互补，实现综合大发展。

在航空方面，成渝地区成都双流国际机场、重庆江北国际机场年吞吐量合起来共计 8 000 多万人次②，还有中西部地区最大 4E 级机场——成都天府机场等大型枢纽机场，另外还有众多支线机场③，形成主辅结合的合理布局。

在铁路方面，成渝地区拥有成都、重庆两大国家级铁路枢纽，且成都为中铁成都局集团驻地。时速 300 千米/小时的成渝高铁，与西成高铁、成贵高铁、成遂渝铁路、兰渝铁路、渝贵铁路等骨干线路纵横交错，辅以成灌、成雅等城际快速铁路，形成完善的快速铁路网络，规划及在建的郑渝高铁、西渝高铁、成自宜高铁、成南达万高铁、川南城际铁路、成西铁路等，将极大助力成渝地区高铁网络完善。普速铁路有宝成、成昆、成渝等骨干线路。

（二）存在的问题

1. 行政壁垒森严，地方利益冲突

川渝原本一家，1997 年川渝分治，重庆成为直辖市，这对于川渝两地来说是质的改变。二者分治，由于行政壁垒，冲突陡增。两地各自为政，各自在自己的行政区划内实施发展规划。两地由和谐一体变成了同一大区域内的竞争对手。四川省重视川东北，以成都为发展核心，重庆则向西，这样川渝间就出现了巨大的发展塌陷区域，人为地制造了川渝两地的断裂带。在这个区域，文

---

① 高级别景区呈集群分布，其中 A 级景区密度可达 15.96 处/万平方千米，是全国 A 级景区密度 6.29 处/万平方千米的 2.53 倍。

② 成都双流国际机场年旅客吞吐量过 5 000 万人次，重庆江北国际机场年旅客吞吐量过 3 000万人次。

③ 成渝地区有绵阳南郊机场、泸州云龙机场、巴中恩阳机场、九寨沟黄龙机场、万州机场。

化旅游业萧条，发展极为滞后。

2. 发展协同性不够，开发及营销同质化

一是发展协同性不够。川渝分治，二者不同的行政区划导致无法在经济、社会、文化等方面协同规划、齐头并进，跨区域间的协调始终是横亘在川渝两地间的巨大鸿沟，合作共赢的支撑体系尚未完善。行政区划人为制造的壁垒。严重阻碍了市场经济基础作用的发挥。单纯从文化旅游业来看，川渝的合作集中在交通上。川渝两地的旅游发展没有形成完善的规划，在人才流动、信息互通上也存在巨大盲区；促进文化旅游业发展的相关政策法规等没有及时配套，统筹规划文化旅游产业发展的管理体系亟须建立健全；文化旅游的合作、协同发展亟须全方位推进。

二是开发及营销同质化。成渝地区地缘相近，文化相亲，在旅游资源禀赋、营销手段、旅游产品的开发、市场的开拓等方面区分度低，同质化程度高，相似性导致的模糊识别性使文化旅游资源的市场吸引力降低。成渝属于各自本区域内的龙头老大，两地间无论官方还是民间，仍然以各自城市为核心节点，以自身利益为首要出发点，视对方为自己的潜在“对手”。主要表现在，一是旅游资源开发上，大量重复开发，虽然在一定程度上丰富了区域内的旅游产品，但创意撞车，产品雷同；二是在旅游线路设计上以本地景点为主，闭环路线方案设计中欠缺对对方旅游特色资源的统筹考虑。

3. 非核心节点城市文化旅游开发不足

成渝地区旅游资源类型丰富、数量多，高级别、高水准景区的密度远远高于全国平均水平，整体来看川渝地区属于国内旅游资源较为发达的地区。问题突出表现在旅游资源集中于成都、重庆及其周边地区，其他区域旅游资源少。

众所周知，四川省旅游资源集中于成都以西的川西地区，盆地内旅游资源相对欠缺，重庆市旅游资源除市区外，亦集中于主城及东北部、东部区县，而成渝两城之间广大地区为传统旅游塌陷地区，旅游资源乏善可陈，文化旅游产业发展基础较为薄弱，旅游基础设施建设不充分。

4. 旅游高层次人才短缺

成渝地区文化旅游产业发展还面临人才资源不足的问题。从整体来看，旅游从业人员文化素质亟待提升，从业人员稳定性较差，流失率较大，亟须培养或者引进外语人才和高水平的经营管理人才，文化旅游产业队伍素质需要进一步提升。

5. 文化旅游公共服务设施建设滞后

与国内发达地区相比，成渝地区在文化和旅游公共服务设施建设等方面有待提高。

三、成渝双城文旅产业一体化融合发展模式探讨及路径设计

（一）成渝双城政策解读

2020年1月3日，成渝地区双城经济圈建设规划的明确提出，标志着成渝双城全方位经济合作开启了新纪元。2020年3月17日，第一次四川重庆党政联席会议顺利召开。成渝两地积极行动，全方位部署核心工作，开启建设西部大经济圈的征程。双城协同发展，首先致力于打破既有的行政壁垒，包括就业、创业以及直接关系民生的合作医保、公积金等。成渝两地的合作多层次、全方位地推进。双城经济发展进入了协同并进加速跑阶段。成渝地区双城经济圈建设最为核心的连接纽带之一就是文化旅游产业。两地融合能最大限度地吸引国内外游客。成渝这一组合，2020年最靓。在成渝地区双城经济圈的强力推动下，两地同质景区大联合，可谓“宽窄巷子洪崖洞，新区天府和两江，官宣双区齐联动，唱响成渝新篇章”。

（二）文旅融合发展趋势分析

“千里之行始于足下”，“读万卷书行万里路”，自古以来文化与旅游天然一体，只是古人尚未发明旅游这一专有词语来形容。如今交通发达，行万里路已经是数小时之内就可以实现的了，吸引人们的有的是沿途的自然风光，有的是目的地的人文风韵。无论是自然风光还是人文风韵，吸引人的永远都是蕴含其中的文化本质。文化是灵魂所在，旅游的深层次驱动力就是文化之魂。国家在顶层设计中于2018年将文化部和旅游部进行了整合，这标志着现代意义的旅游再次完美地与文化深度联结。万里风光尽眼底，腹中诗书呼欲出。文化旅游齐联手，激动人心喜欲狂。文化旅游的结合是产业升级的重要组成部分，是实现满足人民美好生活的重要途径，是提升国民文化自信心和国家形象的重要举措。

文化旅游的融合也是现代文化、旅游产业的升级。二者的深度融合、系统发展、互相联结是产业发展的必然趋势。目前文化旅游的融合也存在着“两张皮”的情况，融合的契合度低，因此文化旅游产业融合发展有待深入，讲究软融合，“宜融则融，能融尽融，以文促旅，以旅彰文”，文化与旅游是内容与形式的关系，也是引力与驱动的关系。新时代下，互联网技术、数字技术、各种平台媒体为文化旅游融合发展提供了多样手段，但是根本上还是要挖掘文化旅游同质点和异质关联点，探索文旅融合新路径，形成文旅新局面。

1. 把握文旅融合基本原则

一是坚持“宜融则融，能融尽融”原则①，充分利用文化与旅游融合的可能性，寻找最大的契合度，实现最大程度的融合。二是坚持“以文促旅，以旅彰文”原则②，充分发挥文化与旅游各自的功能，为对方提供发展动力，文化与旅游互相融合，既合二为一又尊重各自的独特性。三是坚持“市场导向、项目带动”原则。市场有需求，项目有保障，市场和旅游项目共存共荣。项目要满足市场需要，市场给项目提供方向。文化旅游立足于市场。四是坚持“统筹协调、互补共赢”原则③。文化旅游的融合要统筹发展，互补联动，发挥自身最大优势，形成综合实力，产生综合效益。五是坚持“特色创新、质量发展”原则④。高水准、高质量是文旅发展的必然要求。

2. 明确文旅融合重点任务

文旅融合是一项复杂的系统工程，为更好地推进文旅融合，必须明确主要任务，突出工作重点。

3. 推动文化旅游有机结合

一是在文化保护的基础上实现文化与旅游发展有机结合⑤，文化丰富旅游内涵，旅游促进文化传播，二者有机结合，协同发展。旅游大发展必须是在尊重文化、保护文化的前提下进行，二者融合才能实现“1+1>2”。二是文化旅游产业和文化旅游事业有机结合⑥。文化的传承性和旅游的市场性要在融合中实现平衡协调，保证文化旅游产业可持续健康发展。三是继承优秀文化传统与创新发展有机结合⑦，传统的保护意味着文化根脉的传承，创新的基础是保护文化原汁原味，不能随意改窜，哗众取宠，博人眼球。四是抽象文化传承传播利用与具体文化创意产品有机结合⑧。文化的抽象性决定了其传播和利用需要

---

① 尊重文化和旅游的发展规律及客观差异，找准文化和旅游融合发展的切入点，因地制宜地推进文旅融合，注重文旅融合的效果。

② 以文化为灵魂丰富旅游内涵促进旅游发展，以旅游为载体彰显文化魅力促进文化繁荣。

③ 统筹推进文化事业、文化产业和旅游业融合发展，处理好文化资源和旅游发展的关系，坚持合作共赢，推动文化和旅游产业相互促进、互补协调、共同提升和可持续发展。

④ 挖掘文化内涵，突出文旅特色，引导文旅融合特色化发展，打造特色鲜明的文旅新产品和新业态。

⑤ 坚持保护第一，做到有效保护、合理开发，确保文化旅游资源永续利用，实现文旅产业可持续发展。

⑥ 在发展文化事业的同时，着力补救文化产业短板，推动文化旅游化；在发展旅游产业的同时，着力补齐旅游事业短板，促进旅游文化化。

⑦ 尊重历史和传统，坚持古为今用，结合现实文化旅游需求，融入现代价值观念与现代生产生活方式，不断推陈出新，促进文化创造性转型和创新性发展。

⑧ 将抽象的文化开发成具象的文旅体验项目。

依靠具体产品来实现，研发原创的文化产品是将抽象文化具象化的重要途径。五是本土文化与异地文化有机结合①。文化要在传承基础上借鉴，本土文化与异地文化有机结合，促进文化交流，实现文化旅游的多元融合。不同地域间的文化差异彰显了不同地域旅游资源的独特风姿。

（三）成渝双城文旅产业一体化融合发展模式探讨

西南双子星座——成都与重庆，这两座具有重大影响力的特大城市协同并进，积极实现双城经济圈的“圈”效应。文化旅游产业一体化就成为成渝地区双城经济圈的重要组成部分。成渝双城文旅产业的一体化融合具备多重先天优势，首先是双城各自的综合实力旗鼓相当，发展同步性极强，这样就为文旅产业一体化融合奠定了基础。其次双城可谓手足相连，地域不存在强烈的割裂性，文化同质程度高，城市间的交通通达性好，游客流动性极强，巴蜀文化作为双城的文化纽带，紧密联结了双城的文旅产业。最后，双城旅游资源两个圆点同时辐射，形成了两个特大型文化旅游辐射圈，互相促进、互相补充，必将成为地域合作的又一个典范。双城文化旅游产业一体化既有基础，也具备值得期待的远景。

一体化是将两个或者多个区域内的文化旅游业融合，以实现更大的综合效益的发展模式，发挥能量聚集效应。在建立健全协同发展机制的基础上，出台各项有力的鼓励支撑政策、规划、指导建议，从顶层设计上增强一体化进程，发挥政府的行政保障作用，推动一体化深入发展。具体到文化旅游产业实施层面上，整体布局、整体规划、合理融汇、资源共享是一体化的具体路径。

不同地域间的文化旅游产业想要实现一体化，一般需要经历两个阶段。第一阶段，要有足够的行政保障。不同地域属于不同行政区划，不同行政区划就有不同的行政环境，因此第一阶段需要政府间协作，对产生的经济利益、社会影响等予以客观合理的评估，拿出最大的合作诚意。不同地域间的运作方式、优秀人才培养、发展规划等需要都行政支持。第一阶段基本解决了不同地域的协同性问题，下一步就是深化旅游企业与其他旅游组织的一体化，充分发挥旅游企业主体性②。

成渝地区双城经济圈，文化旅游产业大发展的整体思路是构建以成都、重庆为双中心，以成渝交通通道为主轴线，以周边城市为重要成员，以发展协同为核心理念，以自然生态、历史遗迹、民俗文化、都市观光、乡村休闲为核心

---

① 在突出本土文化的同时不排斥外来文化，通过跨文化交流和跨区域文化融合，实现独具特色的地域文化与开放包容的异地文化的完美结合。

② 付洪利：《成渝经济区旅游协同发展的研究》，《中国商贸》2014 年第 8 期。

内容的成渝双城文化旅游产业一体化融合发展模式，构建具有重要国际国内影响力和吸引力的“大成渝旅游圈”。

（四）成渝双城文旅产业一体化融合发展路径设计

强化问题意识，以问题为导向，强化对外合作，解放思想，强化开放理念。要积极学习先进经验，加强与先进地区的交流合作①，加快补齐文化旅游融合发展短板，坚持以环境为保障，积极开拓市场，引进资源，包括人力、资金等，吸引并助推文化旅游产业参与者全方面、多层次参与其中，积极应对，积极主动参与到一体化融合发展中。为促进双城文旅产业一体化，需要做好以下七个协同：

1. 两地政府管理与服务协同一体

川渝两地要摒弃原有的狭隘的地方观念，强化区域协同，打破行政壁垒，逐步推动实现两地政府文化管理与服务协同一体化。

第一，建立川渝旅游发展联盟。由省级政府出面，建立成渝双城文旅合作发展联席会议机制，探索建立川渝旅游发展联盟②。联席会议定期召开，并常设工作专班机构，聚集双方省级及市（区）各级单位协同推进，建立完善规划统筹机制，共同研究制定区域旅游发展战略，把大力发展文旅产业作为事关长远的大事要事来抓，形成两地党政统筹、齐抓共管的文旅长效合作发展工作新格局。第二，发挥非政府旅游组织的积极作用③，加强旅游部门与企业间的沟通协调，为旅游产业发展培养优秀人才，组织协调解决内部矛盾等。

2. 文旅资源开发利用协同一体化

高水准的旅游资源多数呈聚合状态，而分散性的旅游资源占多数，如何利用这些分散的旅游资源就成为一个比较现实的问题。要充分推动分散的文化旅游资源变成聚合体，线—团—片是它们能够发挥最大作用的基本聚合形式，以整合不同的资源要素，不同区域应该设立同时兼顾各自区域的运营平台、管理体系。

对于成渝两地来说，巴蜀文化是文旅产业融合发展的灵魂。加强两地的资

① 如京津冀、长三角、粤港澳大湾区等区域旅游联动合作。

② 主要参考付洪利：《成渝经济区旅游协同发展的研究》，《中国商贸》2014-08-01。

③ 付洪利：《成渝经济区旅游协同发展的研究》，《中国商贸》2014 年第 8 期“加强区内旅游各部门和企业间的沟通协调和联系，缓和组织内部各种利益冲突，同时还需发挥非政府旅游组织在人员培训上的优势，加大区域旅游服务人员培训，提高从业队伍的整体素质”。

源整合势在必行。一是要加强文化旅游资源的整合①。二是要注重文化旅游资源错位开发②。实现两地文化旅游资源扬长避短，形成错位发展的旅游开发格局。三是要构建系统的旅游产品体系③。要在上述资源整合与错位开发的基础上，从结构、布局、市场多角度切入，进一步完善提升系统性旅游产品体系。

3. 文旅产品营销与推广协同一体化

由于川渝地区地缘相近，人文相亲，旅游资源同质性较强，难以凸显各自鲜明特征，不可避免地存在目标市场交叉。两地要加快构建跨区域文化旅游大市场，共同开发包装旅游线路，打造特色旅游品牌。

一是要构建区域一体化旅游营销系统。要积极引导川渝两地协会、民间组织、企业等共同研究制定区域整体旅游市场开发策略，通过创建旅游电子商务服务平台，在线路设计和推广等形式上进行市场联合开发共享，在营销上实施整合促销推广，形成发展合力，力促“互为旅游目的地、互为旅游市场”的基本利益格局形成。二是要统一区域文化旅游形象④，打造成渝文化旅游的形象代言品牌。

4. 旅游秩序管理与保障协同一体化

抓好旅游市场监督管理和服务质量改进，要持续规范旅游市场管理，让游客有宾至如归的体验。区内旅游管理责任部门须牵头建立一个资源共享、区域联动、线路互推、客源互送、信息互通、市场互融的区域旅游秩序管理合作新

---

① 付洪利：《成渝经济区旅游协同发展的研究》，《中国商贸》2014 年第 8 期“整合成渝地区旅游资源，形成更大范围、更具吸引力的旅游线路和产品，从而实现旅游经济指数的增长。要创造有利于文化旅游资源整合的环境，形成文化旅游发展的巨大合力，拓展区域文化旅游资源整合的广度和深度，打造成渝双城经济圈地区文化旅游的特色品牌。对其整合开发有利于凸显该区域的旅游特色和优势，能有效提升成渝经济区旅游竞争力”。

② 付洪利：《成渝经济区旅游协同发展的研究》，《中国商贸》2014 年第 8 期“川渝地区文化旅游资源丰富，要把成都、重庆各自的旅游特色和竞争力充分发挥出来，将特色资源禀赋开发好、利用好，形成各自的旅游优势。从旅游资源的角度来看，三地具有各自的优势资源特色：四川文化资源丰富，休闲特色明显；重庆都市文化浓郁，自然风貌独特。两地要充分利用区域内文化形态上的丰富性、体制改革上的互补性、制度创新上的多样性”。

③ 付洪利：《成渝经济区旅游协同发展的研究》，《中国商贸》2014 年第 8 期“川渝两地可尝试联手打造旅游经济示范区，再造区域旅游增长极，通过增长极的发展带动周边地区的旅游发展，最终实现区域旅游发展水平的整体提升”。

④ 付洪利：《成渝经济区旅游协同发展的研究》，《中国商贸》2014 年第 8 期“应用现代营销手段，加大营销力度，通过统一旅游形象、宣传口号，对外开展联合促销，同时依托区内电视、旅游官方网站等主流媒体，强化、巩固旅游协同发展成果。建立并完善区内旅游集散中心，在火车站、汽车站、地铁口等人口集散中心设置现场旅游咨询服务台，制作资料新、信息全、多语言的宣传手册，全方位、多渠道地拓宽旅游者的信息渠道。通过完善多种形式的联合营销、推广机制，集中力量，重点打造、擦亮‘成渝文旅’金字招牌”。

机制。一是要建立和完善旅游突发事件应急处理机制和旅游保险赔付机制。畅通旅游热线，如各市区协调 114、12345 等市民热线电话，完善旅游咨询，建立各市区旅游投诉首接责任制，以及跨区域旅游市场联合执法机制，适时组织跨区域旅游联合执法。二是制定区域内旅游行业统一服务管理标准。针对区内旅游业行业标准不规范、不一致等问题，旅游部门须协调质监、工商等关联部门，针对区内共同推荐的旅游线路，公布统一市场指导价，使旅游消费者享受到统一、透明、优质的旅游服务标准，确保区域旅游一体化发展的顺利实施。

5. 交通设施建设与提升协同一体化

川渝地区地处我国西南，区域可进入性落后于东部地区，要大力完善交通等基础设施，尤其是川渝之间的互联互通，补齐跨区域交通路网短板。

一是航空方面，加快重庆第二机场论证，支持西昌、绵阳、宜宾、泸州、南充、达州、广元、九寨黄龙、万州、黔江等地机场改建提升。二是铁路方面，在既有成渝高铁提速运行的基础上，加快成渝中线高铁论证推进。三是高速公路方面，继续推进成资渝高速公路建设，尽快启动老成渝高速公路改建拓宽工程。四是公路方面，继续加密区域间路网，提高路网质量。具备条件的 5A 级景区、国家级旅游度假区实现二级及以上公路全覆盖。具备条件的 4A 级景区、省级旅游度假区实现三级及以上公路全覆盖。五是景区通达性方面，要加快实现机场、车站、码头到主要景区的公共交通无缝对接，国省干线公路和通景区公路增设一批观景台、自驾车房车营地等设施，构建“快进慢游”交通网络。

6. 考核激励与扶持政策协同一体化

一是要完善考核机制。把涉及成渝双城合作的文化和旅游发展项目，纳入考核体系。尤其是纳入各市（州）、县（市、区）绩效目标考核，作为领导班子和干部实绩考核的重要依据，鼓励两地政府间跨区域洽谈合作。二是要制定财税支持政策。支持通过政府和社会资本合作（PPP）、贷款贴息等方式，引导各类资金参与文旅领域投资。加大政府向社会力量购买公共文化服务，加强对民营和小微文旅企业的财政资金支持。三是对于两地间跨区域投资发展的文旅企业，享受本地企业同等支持待遇。四是要保障用地支持政策。及时安排新增用地，发展文化旅游产业的用地计划需要及时补充。尤其是成渝双城腹地文化旅游产业发展基础相对薄弱的各地市，要从省级层面平衡用地指标，加大用地方面的倾斜和支持力度。

7. 利益补偿与平衡机制协同一体化

一是建立利益补偿机制。二是强化市场平衡机制。“针对区域内旅游资源数量、级别不对等，旅游发展不平衡等现实问题，应积极建立协同利益补偿机制，对在协作中局部利益受损的地方政府给予经济、财政或政策方面的补偿，如采取包括财政转移支付和向受益多的地区征收调节税等利益补偿方式，把区域旅游协同发展建立在利益互补、共赢的基础上，从而提高区内各地协同发展的积极性。”①

成渝原本同气连枝，行政区划分隔形成了后来各自为政的局面。如今成渝地区双城经济圈的建设再次将巴、蜀紧密联结在一起。成渝山水相依，巴蜀文化同脉同源，在国家大力推动下，成渝势必成为我国又一个散发耀眼光芒的经济圈。成渝植根于国内，同时面向世界，全面打造国内超级旅游双子城，以塑造世界级旅游目的地为远景发展目标，共同开启协作共赢的新篇章。巴山蜀水一脉传，自然风光各相宜。文化旅游业在成渝地区双城经济圈建设的背景下，即将为成渝两地的经济、社会发展做出巨大贡献。成渝地区双城经济圈，共建共享，共同谱写新时代的双城交响曲。

① 付洪利：《成渝经济区旅游协同发展的研究》，《中国商贸》2014 年第 8 期。

第六章　互嵌互构：合成渝双城为一极的文化软实力构建

第一节　双城经济圈视野下巴蜀文化的一体化

巴蜀文化历史久远，经历了漫长的发展与演进历程。从先秦起，直到民国，3 000 多年以来，勤劳勇敢、坚韧智慧的巴蜀人民披荆斩棘，不断进取，在中国历史上书写下异彩纷呈、如诗如画又豪情万丈、绚丽多姿的一笔。

一、巴文化历史脉络梳理

（一）巴文化的概念探析

“巴文化”之称源自古代中国西南地区的巴国，巴国的地理空间范围包括了今天的重庆市以及四川省的部分地区，故而又可以称之为“巴渝文化”，其可被解释成巴渝各族各部落居民物质、精神等文明的总和。由此可见，巴文化的蕴意极其深厚，涵盖的范围也非常广泛，并不仅仅局限于古巴国文明；在数以千年的变化发展过程中，巴文化突破了原有地理空间的限制，呈现出了地域广阔的一面，历史悠久，根基底蕴深厚，宛如参天大树，汲取着不同时代的文化营养，连续不断地生长，文化枝叶郁郁葱葱。巴文化乃华夏文明发展过程中地域文化的重要部分，其特点主要是丰富多彩、深沉厚重、生生不息。

巴渝地区文化发展 3 000 余年，作为“巴文化”的传承主体地区，重庆市山景独特，常被人以山城称呼。重庆山城则是以历史文化为支撑的，具体表现为历史文化相关的遗迹遗址极为丰富。基于以上因素，重庆市于 1986 年被国务院赋予历史文化名城的荣誉。由此可见，巴文化不仅内涵丰富，还形态多样；故而，可按内容、时间的标准对巴文化进行分类①，见表6-1。

表6-1　巴文化的分类

内容标准		时间标准	
1. 巫山原始文化	6. 宋末抗元军事文化	1. 巫山原始文化	
2. 巴国巴族文化	7. 明代大夏文化	2. 巴族土著文化	
3. 丰都鬼文化	8. 民国陪都文化	3. 宋末抗元军事文化	
4. 竹枝词民间文化	9. 红岩文化等	4. 明代大夏文化	
5. 大足石刻文化		5. 抗战文化	6. 三峡移民文化等

（二）巴文化的历史发展

1. 上古时期古巴文化的起源与发展

经过3 000余年的发展，古巴文化已然变成了地域文明的璀璨明珠，巴人是我国历史上一个历史悠久的民族。故而，在溯源探本的时候，不难发现上古时期的巴文化呈现为两种类型，以内容为标准，将这两种类型进行分类，分别为巫山原始文化与巴国巴族文化。

《山海经·海内经》谓："西南有巴国。大皞生咸鸟，咸鸟生乘厘，乘厘生后照，后照是始为巴人。"② 于行文中所论可知，在地理空间的西南方存在这样一个地方，人们称之为"巴国"。从最开始的大皞，经过一代又一代的发展，一直到后来的后照，巴人的直系血亲出现；后照正是传说中巴人的原始鼻祖。

《后汉书》："巴郡南郡蛮，本有五姓，巴氏、樊氏、瞫氏、相氏、郑氏，皆出于武落钟离山。其山有赤黑二穴，巴氏之子生于赤穴，四姓之子皆生黑穴。未有君长，俱事鬼神，乃共掷剑于石穴，约能中者，奉以为君。巴氏子务相乃独中之，众皆叹。又令各乘土船，约能浮者，当以为君。余姓悉沉，唯务相独浮。因共立之，是为廪君。乃乘土船，从夷水至盐阳。盐水有神女，谓廪君曰：'此地广大，鱼盐所出，愿留共居。'廪君不许。盐神暮辄来取宿，旦即化为虫，与诸虫群飞，掩蔽日光，天地晦冥。积十余日，廪伺其便，因射杀之，天乃开明。廪君于是君乎夷城，四姓皆臣之。廪君死，魂魄世为白虎。巴氏以虎饮人血，遂以人祠焉。"③

---

① 熊笃：《论巴渝文化十大系列》，《重庆大学学报（社会科学版）》2001年第4期。

② 王学典译注：《山海经》，中国纺织出版社，2015年，第301页。

③ 《后汉书》卷八十六《南蛮西南夷传》第七十六，中华书局，1965年，第2841页。

据《后汉书》所述，在上古时期，巴族有五个部落，分别是巴氏、樊氏、瞫氏、相氏、郑氏；这五部落都出自钟离山，钟离山即是现在的长阳佷山。在钟离山有两个很大的穴，分别是赤穴和黑穴；巴氏源自赤穴，樊氏、瞫氏、相氏、郑氏四个部落则源自黑穴。出身于赤穴的巴氏务相后来被大家共同推举为五个部落的首领，所有部落都尊称他为“廪君”，寓意着他拥有至高无上的地位；在廪君的领导下，巴氏、樊氏、瞫氏、相氏、郑氏五个部落逐渐变得强大起来，势力范围也不再局限于钟离山，开始自夷水（今清江）到盐阳（今盐井寺）发展。传言，在廪君死后，其魂魄生生世世都会化成白虎，因此巴氏一族有着神秘的白虎崇拜，以白虎为神兽，建立祠堂予以祭祀。

综合多种文献资料、神话传说，可见巴人渊源悠久，颇具神异色彩。因此，学界通行的观点认为巴人源于巴地，巴地处于巫山的范围内，可能与《后汉书》所述武落钟离山十分接近，因而巴人的祖先活动的范围最早只能是巫山之巴地。据史考证，在旧石器时代，巴地早已经存有原始人类存活的痕迹。至新石器时期，已分布有数量众多的原始村落，居住有夷、濮、苴、奴、賨、共等八个族群。古巴国疆域是一个动态变化的范围概念，传统认为巴国鼎盛时期疆域南抵贵州，北至陕西，西起宜宾，东到奉节，统治地域广阔。

巴人是一个彪悍勇猛的民族，公元前 11 世纪，巴人由于不满殷商暴政，参加讨伐商人的战争，“巴师勇锐，歌舞以凌殷人，前徒倒戈，故世称之曰：武王伐纣，前歌后舞也”①，巴人因武王伐纣战功赫赫，受封于川东、陕南地区，后以今重庆为首府，公开建立“巴国”，以“姬”为姓。“巴国”之建立，“姬姓”之出现，这两个特殊的符号是武王讨伐殷商之后的标志性产物。武王讨伐殷商成功后，将“姬姓”赋之于“巴国”，正如史料所载“武王既克殷，以其宗姬于巴，爵之以子”②。

渝水这一地方的巴人天性勇猛，冲锋陷阵，擅长歌舞，热爱家乡；直至战国末期为秦国所攻灭，跨越历史长达 800 余年。虽然巴人为秦人所破，但是其舞蹈文化并没有失传。《后汉书·南蛮记》言：“（汉）高祖视之，曰：‘此武王伐纣之歌也。’乃命乐人习之，所谓巴渝舞也。”③（汉高祖后来在观赏巴人之舞时，曾感叹：“如此威武雄壮的舞蹈，如此雄浑的乐曲，皆是武王讨伐殷商之时的歌舞呀！”于是高祖就嘱咐手下的人学习，并统称此舞为巴渝舞。）

---

① ［晋］常璩撰，刘琳校注：《华阳国志·巴志》卷一，巴蜀书社，1984 年，第 21 页。
② ［晋］常璩撰，刘琳校注：《华阳国志·巴志》卷一，巴蜀书社，1984 年，第 21 页。
③ 《后汉书》卷八十六《南蛮西南夷传》第七十六，中华书局，1965 年，第 2842 页。

2. 秦统一后古巴文化的断裂与融合发展

秦统一六国后，置巴郡，巴地正式纳入国家中央王朝统治，成为天下三十六郡之一，中原文化自此开始强势输入，古巴文化出现断层。秦汉之后的各个朝代，巴地一般都是作为一个相对统一的、隶属于中央直接管理的行政区域，其行政中心设在今重庆市一带。公元 581 年，隋文帝于长江嘉陵江两江交汇之畔置渝州，故而可知，嘉陵江两江交汇之渝州，后来人取一“渝”字作为重庆之简称，故巴文化又被称为“巴渝文化”。公元 1189 年，赵惇于恭州被宋孝宗封王，而后不久又被宋孝宗禅让皇位；赵惇登基后不久，认为封王与登基二事乃是喜事，故而感叹道“双重喜庆”，一重一庆即是后来的重庆之名，于是赵惇将自己之前被封王时所处的恭州升级行政等级，上升为重庆。公元 1259 年，蒙古大军入侵南宋，进犯合州钓鱼城，并形成围攻之势。面对大军压境，巴渝人民再次发扬尚武能战之风，众志成城，同仇敌忾，坚守城池，永不言败。守城战争持续了 36 年，蒙古军始终无法破城，最终蒙古大汗蒙哥阵亡城下，迫使蒙古军撤退。这场发生在钓鱼城的惨烈保卫战和以这场战争为代表的“宋末抗元军事文化”，彰显了汉民族无所畏惧的抗争精神，有诗赞曰：“当初蒙古兵无数，宋军奋战城池固。浩气薄云天，抗元多少年。如今遗址在，游客心澎湃。马革好裹尸，男儿卫国时。”① 无数中华儿女曾受其精神鼓舞，这段历史注定为后世所铭记，钓鱼城亦被西方学者称为“上帝之鞭折戟处”。

3. 近代以来的巴渝文化

近代以来，重庆开始登上历史舞台中央，“商埠文化”“陪都文化”成为巴渝文化代表。就“商埠文化”之缘起，可以追溯到光绪十一年（1885 年），清政府与英国签订了《烟台条约续增专条》，条例中除了规定鸦片出口中国，还特别强调重庆对外开埠，这样英国轮渡可直接到达重庆进行商业贸易；故而，很大程度上使得英国出口鸦片到中国内地极为便利。这项不平等条约成为重庆近代艰难发展的标志性事件之一。签订条例的次年，重庆正式对外开埠，在这一条例的驱动下，重庆逐渐成为中国内陆最早的商业贸易口岸之一。

就“陪都文化”之缘起，可以追溯到军阀混战时期；1929 年，重庆行政区发生了变化，重庆于次年建市，改市政厅，成立市政府。1937 年，世界局势总体不稳定，这也注定了中国的 1937 年是不平凡的一年；日本发动全面侵华战争，面临残酷的战争形势，国民政府被西迁，重庆以山城闻名，有着不可替代的战略地位，国民政府考虑到重庆地区西部，易守难攻，故而将重庆作为

① 厉以宁：《厉以宁诗词全集》，北京：商务印书馆，2018 年，第 919 页。

战时陪都，与首都南京东西相望。

在重庆成为陪都以后，四川的政治地位也随之发生了变化，国民政府以重庆为陪都，其主要的政治意义是指挥作战中心，以四川为大后方，形成了四川守卫重庆的战略局势。这样的政治地位，使得重庆政治影响力，经济、文化水平都得到了提升。抗战胜利后，虽然国民政府决定东迁，回到南京，但重庆政治地位并没有发生太大的变化，保留直辖市地位，且不断加快城市建设。1949年，新中国成立，在国共内战结束以后，重庆仍然具有重要的政治意义，不仅为西南军政委员会旧址，更是新中国重要的发展城市，其交通发达，文化底蕴深厚，经济发展快速，可谓当时大西南地区的中心城市。1997 年，国内经济快速发展，重庆的意义越来越重要，故而中央决定将重庆作为中央直辖市，赋予其特殊的历史使命与时代意义。

（三）巴文化的特点及精神内核

文化的积淀离不开时代的变革与人民的智慧，巴文化经过 3 000 余年的时代变革，其文化底蕴丰厚，内涵不断更新，不断地被人民的智慧充实。巴文化不仅是一个时代的文化，还是一个民族、一个国家的文化，巴文化凸显了国家文化求同存异、百花齐放的繁荣景象。纵观巴文化，其文化精髓是巴人的精神；巴人热爱家乡、勇敢智慧的精神不会因为时代的更迭而消失，它伴随着时代的发展，不断地丰富着我们国家的民族精神。

1. 文化特点

巴文化存在四个主要的文化特点。第一，就地理空间范围而言，巴文化呈现出十分浓厚的地域文化特色，这一地域文化根植于古代中国西南地区。第二，巴文化宛若圆圈，在其文化圆圈内，巴文化有一套完整的文化逻辑话语体系，这样的话语体系促使巴文化表现出来的形态极具完整性，即文化特色鲜明、文化体系成型、文化模式成熟。第三，巴文化绝对不是单一地发展形成的，而是吸收了不同部落、不同地区的文化衍生而来的，因此不能将巴文化简单地理解为巴人文化，而是以巴人为代表的、复杂的、多样的历史文化综合体。巴文化在漫长历史时期不断地对外交流，与其他地域文化共同组成中华民族文化。第四，就文化的特性而言，巴文化极具巴人的独特性，独特性并不是孤立的，而是具有很浓厚的巴人色彩，富有独具特色的文化烙印。

2. 精神内核

精神内核之一：忠勇爱国、秉承信义。

刎颈护城忠勇将军——巴蔓子

战国时巴国首领巴蔓子将军，忠勇爱国，秉持信义。巴蔓子，重庆忠州人。周武王灭商纣王，《尚书》所载“实得巴蜀之师”。周朝建立，封姬姓子弟为巴王，统治巴人。春秋战国时期，巴国内乱，巴王受到极大威胁，有失国之虞。巴蔓子身为巴国将军，为了保护国君，守护巴国，向邻国楚国请求援助；为了能得到邻国的援助，巴蔓子将军以土地为报酬向邻国承诺，事成之后当割巴国土地以表感谢，其中包括他自己的家乡忠州。

楚王派兵平息了巴国叛乱后，要求巴国兑现承诺，就派使者前来找巴蔓子将军要土地。巴蔓子将军说：“我既然已经向楚王许诺过了，当以君子之行实现君子之言，方可体现君子之信。但是，我很遗憾，也很愧疚，作为巴国的臣子，国家的疆土我是没有权力进行分割的。如今我只有以死来赎自己不守信用的罪过。”巴蔓子将军话刚说完，就刎颈自杀。使者回到楚国，将巴蔓子的人头上报楚王，并将巴蔓子的言语向楚王复述了一遍。楚王不但没有震怒，反而感叹：“如果我有像巴蔓子这样的忠臣，要这些城池有何用呢?”楚王看着巴蔓子的头颅，向手下人叮嘱，定要厚葬巴蔓子，以表敬重之心。在巴国国内，上至君王大臣，下至黎民百姓，都在为巴蔓子的死悲伤着，百姓皆知巴蔓子将军是为了保全巴渝大地而死，为了保护百姓而死。中国历史上交战两国，以“上卿”“诸侯”礼仪厚葬身首异处将军的仅有两人，一个就是巴蔓子，另一个是关羽。巴蔓子刎颈自尽，以头护城，忠信笃行，大义凛然，令后世敬仰。巴蔓子的家乡原来并不叫忠州，忠州之名，是巴蔓子与严颜的因缘所促成。贞观八年（634 年），唐太宗因受巴蔓子刎颈自杀显忠义之举、严颜肝胆忠勇之精神感染，遂将临州改名为忠州。

合川钓鱼城防御战

钓鱼城建于南宋淳祐二年（1242 年）。在宋蒙战争史中，钓鱼城的战略定位是在巴蜀防务全局中扼制嘉陵江、渠江、涪江航道，掩护扼守长江的重庆。

公元 1233 年，蒙古军攻占金国都城汴京，占领汴京之后，蒙古军很快意识到了南宋与金之间存在着特殊的敌对关系；故而蒙古军利用这一特殊关系与南宋联盟，共同伐灭金国。正是金国这一个共同的敌人，让南宋与蒙古帝国的联盟更加坚固，且蒙古帝国对南宋做出了政治上的许诺，在占领汴京的基础上，南宋倘若能与蒙古帝国联手，一同彻彻底底地消灭了金，那么蒙古帝国将会对南宋做出巨大的政治让步，归还之前占领的南宋土地。南宋遂慨然联盟。公元 1234 年，这一年对于金而言是毁灭性的，在蒙古帝国与南宋联军的强攻之下，金在失去汴京之后，彻底覆灭。然而，在金被灭之后，蒙古帝国毁弃盟约，不归还原先的南宋土地。南宋王朝十分愤怒，决定与蒙古帝国一决雌雄。

宋对蒙古帝国发动战争，想要一举击溃蒙古帝国，收回被蒙古帝国侵占的土地。但是现实是残酷的，南宋王朝的军队相对于蒙古帝国而言，实力悬殊，南宋军队不是蒙古帝国军队的对手，很快就被蒙古帝国军队打败，这一场战争也大大消耗了南宋的经济与军事力量。公元1258年，在蒙古帝国军队击败南宋军队之后，南宋王朝的军队士气严重受挫。也正是这一场战争，让蒙古帝国看到了南宋真正的军事实力。于是蒙古帝国不满足于之前占有的南宋疆土，决定大举进攻南宋。

蒙古帝国以四川为突破口，正式拉开了对南宋的战争。南宋启用余玠统筹巴蜀抗蒙古防务。余玠决策兴建了诸多山地城堡，其中钓鱼城是最重要的八大战略支撑点之一。在这里南宋军民用血肉之躯、钢铁般的意志抵抗这撕破南宋疆域的蒙古铁骑。横扫一切、势不可挡的蒙古帝国铁骑在这里却戛然止步。钓鱼城军民奋力死守，三十六年风霜雨雪，三十六年的热血保卫。南宋的百姓向蒙古帝国的军队证明了，人民群众的力量是强大的、不可撼动的，正是这一股力量让蒙古帝国的军队没能占领钓鱼城。稳坐钓鱼城上的重庆知府余玠，支撑淳祐一角江山；正是钓鱼城的坚守，让南宋王朝在蒙古帝国军队的强攻之下，坚强地挺过来，延续了南宋王朝的寿命。钓鱼城的历史集中展现了在强敌长期围困下，数十万军民同舟共济，坚不可摧，打了一场艰苦卓绝又意义重大的防御战，击毙蒙哥汗，直接引发历史进程出现正面转折性变化。

作为"东方的麦加城"，在南宋王朝与蒙古帝国的战争中，支撑钓鱼城的不仅是南宋百姓爱国爱家、顽强斗争的精神，更是巴人直面困难、自信坚强、坚忍不拔的品质；但不管是南宋百姓精神还是巴人的传统，即使两者相隔千年，却能在钓鱼城的战场上，如此的相似，令人赞叹。

革命军中马前卒——邹容

可能在很多人看来，邹绍陶一名并不是很熟悉；但是换一种称呼——邹容，那么很多人会想起那个为革命献身的青年。邹容别署"革命军中马前卒"，近代民主革命宣传家。邹容自幼富有语言天赋，对日语和英语最感兴趣；由于邹容当时生活的重庆没有太多人能精通这两门语言，他就向生活在重庆的日本人学习，并很快掌握了这两门语言的基础用法。1898年，邹容得悉谭嗣同被杀，作诗悼念。1901年，邹容至上海，在掌握日语基础用法上，进入语言馆学习，并很快地掌握了日语，运用日语的熟练程度一点都不亚于母语。1902年，邹容在完全掌握日语后，出国到日本留学，并在留学日本期间学习了大量西方思想。邹容不仅学习理论知识，还讲究理论与实践相结合，在到日本一年之后，与钮永建创设中国协会。

邹容在日本学习一年之后，感觉自己所学到的理论知识应该用来报效祖国，振兴中华，故而在一年之后，毅然决然地回到自己熟悉的地方——上海。如果说上海是邹容出国前他本人人生的一个转折点，那么上海一样是邹容回国之后的又一个人生转折点。邹容回到上海以后，很快结识了章炳麟，并在与章炳麟交流的过程中，发现对方与自己有很多共同的地方，特别是都有振兴国家、爱国爱家的情怀，故而他选择加入了爱国学社。邹容在加入学社不久，觉得先进的思想理论还是需要更多的成员传播出去，所以在不久之后，他在上海成立中国学生同盟会，其针对的对象主要是学生和知识分子群体，希望通过学生和知识分子能将先进的思想文化传播开来。

邹容在创立中国学生同盟会之后，得到很多知识分子的支持，且有不少人加入了同盟会。他又开始设想出版报纸刊物，这一想法很快得到了落实，创立了《革命军》杂志，由章炳麟作序，这一杂志的主要目的即是宣传革命，其核心是凸显当时的社会矛盾，将社会对清政府的不满表现出来，以此来凝聚人心，利用学生知识分子的力量号召百姓颠覆清政府的政权。但是，在计划实施的过程中，由于清政府的监管与控制，邹容等人很快被抓捕入狱，不屈不挠，最后因病逝于狱中。他勇于担当、甘于献身的精神，构成了这座城市的精神内核。

“那个把清朝辫子当尾巴剪掉，扔在后花园的男人，那个戴军帽，留着齐耳短发的男人，那个穿革命军军装的男人，军中马前的卒子，在狱中。人于窗内，却能听到窗外那杂碎的声音，那是马匹奔跑的声响，由近及远，慢慢地，渐渐地消失在街尾。天很黑，却也会在黎明即将到来的时候，慢慢破晓，黑夜将会被打破，光明终究会到来；在黑夜与天明的交际处，一个青年在呐喊，那一声声的呐喊声是生命的呼唤，更是革命的激昂，一声一声，由远及近，又由近及远，回荡在漫长的黑夜，接下来是一个生命的重，很轻，很轻。那天，一个国家的沉睡被惊醒，那个在广州的临时大总统，记住了这个卒子，记住他的年龄和娃娃一样的长相。有人看见大总统掉泪了，天空大雨滂沱。过河了敢于前行的马前卒子，没有后退。一本本书缔造了一支革命的军队，以一生走完了自己的路，风吹拂他的短发，成为军中最美的造型。以后，在这个城市，有一条路以他的名字命名：邹容。”①

太平的日子被日本帝国主义发动的侵略战争打破，日本军国主义分子打算

---

① 梁平：《家谱》，四川文艺出版社，2017年，第225页。

以自己的军事力量吞并中国。在经过几次艰苦卓绝的大会战之后，国民政府首都南京最终还是陷落了。为了坚持抗战，国民政府决定西迁，重庆成为不二选择。这样一座依山傍水的城市，在国家民族危亡之际成了全中国人民心中最后的堡垒。全中国最优秀的政治、经济、文化、教育资源齐齐汇聚于此，重庆有了新的文化积淀，同时也遭受了史无前例的攻击。

重庆作为一个与首都南京东西相望的陪都，五年半的时间里，遭受了日军不计其数的轰炸袭击，日军使用的炸弹高达 20 000 多枚，这样大规模的空袭造成了重庆 20 000 多人伤亡。在日军日复一日地空袭轰炸的日子里，重庆人民的生活受到了巨大的影响，当地百姓居无定所、流离失所成为常态；空袭过后，随处可见伤亡的百姓。历史将铭记重庆人民的英勇无畏。日军不惜耗费巨量的弹药轰炸重庆，其主要的目的是企图从意志上彻彻底底打垮国民政府，从军事上打击国民政府抗击日军的信心；其次就是妄图以此摧残中国人民的抗战意志。然而不屈的巴人后代，以血肉之躯迎接着炸弹与战火的洗礼。

“一个国家揣在一个人的兜里，东躲西藏。黑色的披风遮盖了蓝天白云，雾包裹了这个城市，很久以后也不能散开。前方的战火，朦胧了后方的霓虹，枪刺上挑起歌舞升平的剧痛，让一首歌在这里的大街小巷流淌。——《我的家在东北松花江上》”① 重庆没有倒下，重庆人民没有倒下，风雨飘摇的国民政府坚持抗战，直到取得最终的胜利。英勇不屈的抗战精神深深地烙印在这个城市的记忆里，成为这座城市最为沉重但是又最为光芒万丈的精神气质。

精神内核之二：智慧勤劳、自强不息。

巴人起源于汉水上游，尚武、勇猛，在武丁时期就曾与商发生过两次战争，后逐渐从汉水中游进入夔峡、清江流域，成为《后汉书》所载的巴人，首领就是“廪君”。巴人身处楚、蜀、秦、庸等国夹缝中，艰难求生存。这就造就了巴人自强不息的品性。明末清初“湖广填四川”，给巴地带来了新鲜血液。巴地出现了不少忠孝节义之家，如川东忠孝第一的李氏家族，就是自湖北麻城迁徙而来的。李氏家族世代忠孝，从明代勇于弹劾权臣严嵩的李秀春开始，屡出忠孝之人，到清代太平天国战争中壮烈殉国的李曾白，还有支持维新改革勇救康有为的李滋然。

抗战时期，陪都重庆遭受日军轰炸，重庆人民从未屈服。新中国成立后“三线”建设，重庆人民开启新篇章，谱写出一曲曲慷慨之歌，充满了英雄主义情怀。“高峡出平湖”，在三峡建设中，生活于库区的百姓，发扬了巴人的

① 梁平：《家谱》，四川文艺出版社，2017 年，第 227 页。

精神，爱国爱家，勇于奉献；在国家做出的重大决定面前，为了国家社会的发展，维护大局，离开自己的家园远赴他乡，做出了巨大的贡献。库区百姓的无私奉献才使得三峡水库的建设得以顺利进行。智慧勤劳、自强不息是重庆人民的精神内核，这构成了重庆这座城市独特的精神气质。

精神内核之三：开放包容，宽仁统一。

巴文化大发展是与时俱进的，巴文化不仅有爱国爱家的奉献精神，还有巴人的商业贸易精神和勤于动手、善于制造的优良传统。巴人始祖坚忍不拔，勤劳勇敢，但同时也具有开放包容的胸怀。山城重庆，水城重庆，长江将重庆与世界连通。黄金水道让重庆受益匪浅，与世界的交通让重庆不断地成长，不断地发展。重庆是一座逐渐兴起的现代文明城市，推动这一城市发展的除了国家政策制度，还有巴人商业贸易的历史文化，勤劳勇敢、善于制造的优良传统。正是重庆人民的勤奋努力，才使得重庆的发展蒸蒸日上。抗战时期，重庆作为陪都，作为国土最后一道防线，大量江浙沪、闽粤的优秀企业西迁，大量优秀的人才西迁，汇聚于重庆，带给重庆新鲜血液，先进的思想为重庆工商业的崛起发挥了巨大作用。

新中国成立后的“三线建设”，让重庆的城市设施建设迈上了新台阶，为重庆的工商业注入了新动力。改革开放春风吹满地，重庆山城建设大跨越。重庆积极深化改革，发展迅速，走在了全国前列，成为改革试点城市。重庆的民营经济迅速崛起并发展繁荣。1997 年，这一年对重庆而言，是极具特殊意义的，可以说是符号性的存在，在重庆发展史上具有划时代的意义，重庆成了直辖市。直辖市具备了得天独厚的环境与发展机遇，自此重庆一路高歌猛进，跨越式发展，成为西南大都市。新时代开启，重庆牢牢抓住发展契机，利用“一带一路”、中欧班列、中新示范区等平台，深化经济结构改革，提升企业竞争力，进行更加广泛深入的国际交流合作，融合中西。重庆最终发展成为一个在国内国际具有强大影响力的城市。

二、蜀文化历史脉络梳理

（一）蜀文化的概念探析

地域文化集中展示的就是一个地方的特色文化，独特性才是此地域文化区别于彼地域文化的核心内涵。地域文化的分类有很多种，一般都是根据空间地理位置进行分类，如某地就是某文化，以此类推就能将一个地域文化的精髓体现在词面上，以最直观的方式表达出来。“蜀文化”就是这样的一种文化，是以空间地理区域进行区分的，它将四川省内的某些地方依据空间区域将其划分出来。空间地理是地域文化的直观划分标准，更深层次的划分标准则是文化，地域所形成的独特的能代表当地的文化。蜀文化就是生成、发展于蜀地的，具有蜀地特征的文化总称，包括了蜀地自然环境赋予的精神气质，蜀地百姓生活形成的民宿风情等。

蜀文化的概念正如前文所述，很多大学者已经进行了极为深入的研究。值得注意的一点是，地域文化的划分不能局限于空间地理位置，受其束缚，而是根据文化特色，或者相同的文化共性，适当地拓展地理空间，如若仅仅局限于地理位置，则文化底蕴的支撑力就会流于形式和表面。同时，地域文化也不能漫无边际地拓展，脱离地理空间上的界限，就不能称之为地域文化。空间地理与文化底蕴是地域文化的基本构成要素。“蜀文化”是一种底蕴深厚的文化，其表现为上有古人所处，现有今人所活，正是古人与今人的努力，共同造就了“蜀文化”的绚丽多姿，使其传承数千年。从古至今，蜀文化就是以四川为核心。四川人民不断地努力奋斗，在滚滚向前的历史潮流中，以川人独有的文化精神，勇往直前，成就了如今以成都平原为代表的蜀文化核心区。

（二）蜀文化的历史发展

1. 上古时期古蜀文化的辉煌与发展

古蜀文化灿烂辉煌，唐代大诗人李白作有《蜀道难》，以奇幻瑰丽的想象描绘了一个古蜀国。古蜀国地处极为特殊的自然环境之中，自古以来就较为封闭。对内，蜀地在都江堰修造之前，洪水肆虐，尽管土地肥沃，但是开发生产不时受到巨大威胁。对外，古蜀国自然地理位置特殊，要想入蜀，比登天还难。依据古蜀国悠久的历史，神秘瑰丽的文化，李白在《蜀道难》中以荡气回肠的诗句，给后人构建了奇幻的“古蜀印象”：高山峡谷，横空栈道，千里沃土，百谷自生，冬夏播琴。在大部分中国人印象中，古蜀国是一个遥远而神秘的存在。

古蜀国文化在特殊的地理空间内发展延续，形成了有别于中原文化等其他地域文化的独特精神气质。迄今为止，四川已经发掘出众多文化遗址，如新津宝墩遗址、温江万春“鱼凫城”等古蜀文明遗迹，出土了金沙“太阳神鸟”，三星堆青铜面具、通天神树等震惊世界的绝世文物，是我国上古三大文明之一①。

古蜀起源最早可追溯至黄帝与嫘祖教授蜀人养蚕缫丝。其后，古蜀人在蚕丛、柏灌、鱼凫等几代先王的带领之下，沿岷江自北向南不断往成都平原迁

① 中国“上古三大文明”即古蜀文明、华夏文明、良渚文明。

徙，逐渐迈进真正意义上的人类文明的门槛。继任者杜宇正式将古蜀国都城定于成都，并称“望帝”，宣告杜宇政权建立，一个真正意义上的古代世俗政权王国正式建立。杜宇时代国家安定，人民生活平稳，生产活动得以有序进行，古蜀国农业生产力得到极大发展。杜宇时代，古蜀国的实际控制范围达到历史巅峰，疆域北抵今陕西汉中，南达今四川雅安，古蜀国发展成为一个幅员辽阔、国力强盛、民族众多、文化发达的大型方国。商代末年，古蜀国不堪殷商暴虐统治，积极参加“武王伐纣”战争，立下了赫赫战功，新成立的周王朝与古蜀国保持着良好关系。杜宇之后，鳖灵成为蜀国最高统治者，古蜀王国最后一朝——开明王朝正式建立，综合国力进一步提升，古蜀国走向鼎盛，直至战国末期为秦国所灭①。

2. 秦治蜀后的古蜀文化断裂与倒退

战国时代，诸侯征战，秦国经过商鞅变法，由一个西部边陲的游牧部族逐渐发展壮大成为东方六国最为恐惧的对象，成为最具有一统天下实力的诸侯国。秦国的铁骑不断地由西出发，向东方挺进。古蜀国作为秦国的后方，早就被秦王觊觎很久了，拿下古蜀国，秦国不仅后顾无忧，而且有了更加坚实的后盾。公元前316年，秦司马错攻灭古蜀国，张仪入蜀，经略蜀地，将古蜀国纳入秦国统一全国的大后方，秦国对新征服的古蜀地加以改造。秦始皇统一六国之后，在蜀地推行郡县制，置蜀郡，规范文字，车同轨。古蜀国的文化开始不断地被秦人文化侵蚀，蜀人迅速染秦俗。秦王朝统治蜀地的这段时间里，蜀地大到社会管理，小到文化教育，皆依据的是秦国的制度。在秦朝的管理下，蜀地的经济得到了迅速发展。但是古蜀国的文化传统在秦国统治下出现了断裂，遭受了巨大破坏②。故至西汉初年，蜀地呈现文化倒退之乱局，当时的蜀人发髻之形如椎，衣襟向左，没有文字，也没有礼乐③，完完全全成了野蛮部族，与古蜀国神秘瑰丽的文化彻底撕裂开来。当然，秦朝的政治、经济、社会制度，相较于古蜀国而言又是进步的，规范化、统一化的社会管理体系，在很大

① 考古和研究证明，距今250万年至1万年前，成都平原已有人类活动痕迹。早在龙山时代，成都平原就同周边文化产生了联系。古蜀文明从黄帝嫘祖时期蚕桑丝绸文化开始，以新石器时期的成都平原宝墩文化、夏商时期的三星堆文化、两周时期的成都十二桥—金沙遗址等文化遗存为表征，连续发展演变长达2 000余年。古蜀国末期，文化发展至高峰，出现大量的兵器及礼器、容器等，这是蜀国战事不断、对外交往频繁的物化体现。在这些交往中，蜀国上层开始使用中原的青铜礼器，接受外来文化。

② 秦统一六国后，废除古蜀文字，全国统一文字，古蜀文化日渐式微。考古发现这一时期的古蜀传统墓葬、器物、纹饰、符号等都急剧减少，佐证了秦及西汉早期古蜀文化的急剧消亡。

③ 扬雄《蜀王本纪》说蜀人“椎髻左言，不晓文字，未有礼乐”。

程度上增强了古蜀国的综合实力。

3. 汉代以后蜀文化的强势复兴

秦王朝被灭之后，经过一场场战争，一个新的王朝在旧王朝的土地上建立起来。这一王朝即是后来被人们熟知的大汉朝。汉朝的建立，拯救了在秦二世统治下深陷水深火热之中的百姓。汉朝统治蜀地之后，在因循秦朝的社会管理制度的基础上，又进行了与时俱进的创新，将秦朝的社会制度进行改造完善。正是汉王朝制度的完善和提升，使得蜀地在保证社会稳定的基础上，开启了蜀地的儒学教育，礼乐开始进入蜀人的视野，“文翁化蜀”“周公礼殿”，自此蜀地开始改变秦时野蛮的风俗，逐渐兴礼乐，讲仁义，百姓纷然向学。自此蜀地文化的发展，开始从低谷走上高峰，儒学的浸润，礼仪文明的熏陶，蜀地的文化重新开启了全面复兴的新局面，同时兼具蜀文化的独特性，直至宋代发展成为可以与齐鲁之学比肩的“蜀学”①。蜀文化的发展，不能忽视从秦王朝到汉王朝的过渡，正是这样的一个过渡才使蜀地文化不断丰富，内涵不断丰厚，走向多元，同时又兼具综合性。蜀文化的发展，除了汉王朝的政治制度的强大支持，还有汉王朝接管蜀地之后，大大加强蜀地与其他地域的交流，加大了蜀地的开发和开放力度，吸引了大量移民入蜀。移民又给蜀文化注入了新鲜血液，文化的交流和碰撞，文化的互补与交融，最终实现了蜀文化的大发展。蜀文化最终呈现出兼容并包又个性鲜明的特色。蜀文化的复兴与发展是复杂的，也是多样的，其复杂性体现为多文化元素的交融，其多样性表现为蜀地文化不再是单一的蜀地文化，而是多种文化的交融组合。汉代以降，隋唐优秀人才入蜀，有诗人多到蜀之说，蜀地的人才也不断远出别地，人才的双向交流，极大地促进了蜀文化的发展，开拓包容，并且为蜀文化在宋代走向巅峰打下了坚实的基础。蜀文化是经历代代积累而成的，后蜀时期蜀地雕刻蜀石经，儒学大兴，到了宋代出现了众多历史文化名人，三苏父子名冠天下，自此拉开了蜀学与其他地域并驾齐驱的文化格局。

（三）蜀文化的特点及精神内核

文化特点之一：历史悠久，灿烂辉煌。

一个地方的发展或者一个区域的改革，脱离不开当地的地理环境与自然资源；原始居民选择定居优先考虑当地的自然气候条件。成都地处四川腹地，自

---

① 原本指儒学传播的“蜀学”兴起，后因其能凝聚蜀地的精神文化，遂得到广泛的认同。再经过发展演变，最后终于成为古代四川学术文化的统称，凡是蜀人所创造的学问都可以统称为蜀学。蜀学是一个开放的体系，在历史的进程中，不断摄取着新的营养，至宋代趋于成熟定型，进入繁荣鼎盛阶段。

古以来就是四川的中心。蜀地文化的多样，不能脱离外来人口而孤立地论述，在论述蜀地文化的多样性时，其人口结构的复杂性是不能忽视的①。正是复杂的人口才构成蜀地后来复杂的文化。当然人口结构的组成是一方面，还有另一方面就是自古以来蜀地独有的本土文化。蜀地原有的文化是蜀文化最重要的根基，正是这一文化根基才使得蜀地文明在历史的发展中呈现出连贯性；外来文化入蜀的同时，蜀地继续保留着独有的本土特色，究其最根本的原因是蜀地原有的本土文化历史悠久、源远流长，有着极为顽强的生命力，数千年的发展与多元文化的交融都没有改变蜀文化的底色。这些文化可追溯到三星堆青铜文化、古巴国文化；四川许许多多的遗址中，都呈现出典型的蜀文化特色，这些文明遗址都在向世人述说着古时代蜀地曾有的辉煌灿烂。蜀地从上古时期的众多神话人物到先秦时期的古蜀文明，再到秦汉时期，在都江堰的润泽下，成为天府之国，教育大发展，涌现出了一大批历史文化名人②；从三国时期的蜀国，到隋唐时期蜀地的儒释道文化大繁荣，再到宋代蜀学冠天下；元代蜀地遭受了战火兵燹之灾，明清时文化逐步复苏，出现了众多思想家；近现代更是英雄人物辈出，这些都是蜀地灿烂文化的集中体现。

文化特点之二：兼容并包，创新开放。

蜀地文化的发展离不开蜀人的包容精神，这样的包容体现为蜀人在面对外来文化时的包容开放的态度。蜀人的文化精神正如其本土的巴人精神一样，豪迈、大气、开拓进取，兼容并包。就地理位置而言，蜀地位于四川盆地，四川盆地独特的地势造就了一种特殊的蜀人文化；这样的蜀人文化就宛若四川盆地的地形一样呈现锅状，好似一个大熔炉，可以将不同的文化充分融汇在一起，并相互兼顾，相互吸收各自优点。蜀人身处盆地，蜀道之难成为蜀地最大的缺憾，但是经过数辈蜀先民艰苦卓绝的开拓，终于变成了蜀道易③。蜀文化与中原文化更加紧密融汇在一起。移民是最早丰富蜀文化的参与者，随着蜀地经济文化的大发展，吸引力越来越大，到了隋唐时期文人入蜀，明清时期的湖广大

---

① 古蜀人口众多，成都平原、岷江流域自古就繁衍着汉族、藏族、羌族等十余个民族，这些文化的创造者和享受者，各有自己独特的生活习俗、宗教信仰、传统节日、穿着打扮，以及独特的节庆、歌会等，都为蜀文化注入了多彩多姿的内容。

② 汉代的司马相如、扬雄，三国两晋时期的诸葛亮、陈寿，唐代的陈子昂、李鼎祚，宋代的“苏门三父子”、黄庭坚、魏了翁，元代的虞集，明代的杨慎、来知德，清代的唐甄、费密、李调元，近现代的郭沫若、巴金等。

③ 蜀之先民为了打破盆地地缘的封锁，创造了栈道和绳桥技术，克服了地域狭隘的封闭性。借助剑门关、广元等地的古栈道，蜀地得以与陕西等中原地区沟通。四川盆地的东部有长江三峡作为出口，与江汉平原相通，蜀通过巴与楚江水上下，一苇可航，“蜀风”早与“楚流”交流混融，从古至今，蜀文化都与楚文化具有紧密联系。

移民，多元文化在蜀地不断地融合碰撞，成就了包容开放的蜀文化。

文化特点之三：传承文明，积淀丰厚。

历经千余年的蜀文化积淀深厚，历史文化遗产丰厚①，民俗风情的多元多彩②，宗教发展成熟影响广泛③，同时产生了能够代表蜀地核心文化的蜀学。蜀学的出现是四川文化发展到黄金阶段的必然产物，蜀学在与其他地域文化相互交流、相互抗衡的过程中，更加繁荣，传播也愈加广泛。

文化特点之四：文化多重性。

蜀地是多种文化的聚集地，数千年的融合汇流造就了蜀地文化的多元性、综合性，可谓“海纳百川，有容乃大”。蜀地地处盆地，大山环绕，相对的封闭性又造就了独特而又奇幻的蜀文化。一代又一代蜀人生活在这里，他们将自己的热情洒在这片土地上。此外，在蜀人不懈努力的基础上，三国时期的人才入蜀、隋唐时期的文人入蜀、明清时期的移民入蜀，移民文化的大规模融入，丰富了蜀文化的内涵，拓展了蜀文化的外延，使其成为一种包罗万象、多元并包的地域文化。

三、巴蜀文化融合嵌构发展史

（一）巴蜀文化概念探析

一个专有名词的出现是长时段文化累积的结果。巴蜀文化这一概念的出现与成型并最终成为巴地、蜀地文化的代名词是一个缓慢演进的过程。在古巴国、古蜀国时期，即巴蜀文化的形成、发展成熟期，没有专门概述巴文化的专业术语，也没有蜀文化的概念。直到抗战时期正式开始了对巴蜀文化的大讨

---

① 蜀地有世界自然与文化遗产6处，国家级历史文化名城7座，省级历史文化名城24座，省级历史文化名镇22座，全国重点文物保护单位82处，省、市、县重点文物保护单位3000余处，各种博物馆、纪念馆、陈列馆64所，其他人文景点200多个。蜀文化的文物古迹主要包括历代寺庙、园林、古建筑、古城镇、古堰、古塔、石刻、古墓、古碑等。古寺庙、宫观主要有成都昭觉寺、文殊院、青羊宫等；摩崖石刻主要有乐山大佛、安岳卧佛、广元千佛寺等；园林主要有成都杜甫草堂、武侯祠、望江楼公园等；重要古文化遗址主要有成都平原史前古城址群、广汉三星堆遗址、成都金沙遗址、都江堰水利工程等。

② 正月成都灯会，二月成都花会，三月都江堰清明会和放水节，五月乐山龙舟会和郫都区赛歌会，八月新都桂花会，腊月自贡恐龙灯会等。

③ 除鹤鸣山、青城山、瓦屋山等道教“洞天福地”外，峨眉山是普贤菩萨的“道场”，被列入佛教的四大名山；成都的文殊院、大慈寺、昭觉寺，新都的宝光寺，平武的报恩寺，德格印经院，都是当今著称于国内外的宗教名胜。

论，并且一直延续到现代①。其中，郭沫若首提“西蜀文化”研究课题，但其所提概念为“西蜀文化”，聚焦于蜀文化，而非完整意义上的“巴蜀文化”。不过，他首次将四川作为一个独立性文化分布区域，构建起“巴蜀文化”的基本认知基础。重庆成为直辖市之后，巴文化就从巴蜀文化中剥离出来，以重庆为核心的地域成为巴文化区，而以四川为核心的广大地域则成为蜀文化的代表。

巴蜀文化概念②的提出，以及对巴蜀文化的认知在某种意义上是一种文化凝聚力的表现，文化的凝聚力究其根本是一个区域民族文化的集中展现；因此从人们现有的认知去理解文化背后的意义，是一种相对而言的偏差体现，这样一种偏差是因为人们对文化的认识还没有深入其所蕴含的精神实质。巴蜀文化的精神实质在数千年的发展中不断地被充实，又不断地被继承，最终形成了巴地、蜀地文化的核心概念，巴蜀文化的最原始文化在漫长的历史长河里不断得到浸润、洗涤，在历史长河奔流不息的波涛中，不断与其他汇流的浪花碰撞，又合二为一，一起向前。巴蜀文化不断发展的过程，也是不断与其他地域文化交流、融合的过程，最终巴蜀文化的包容性让它成为一种以巴蜀大地精神气质为核心的、兼容其他文化元素的文化综合体，成为如今川渝两地共同的精神内核。

（二）巴蜀文化的历史演进

巴蜀大地独有的区域文化并非一蹴而就，而是在历史长河中不断推进形成的。历史长河波涛汹涌，奔流向前，在旧王朝没落、新王朝兴起的时代，巴蜀大地的文化也发生着变化。这样的变化，不仅有文献的记载，还有考古遗址的佐证，学者们考据文献古籍，挖掘遗址文物，慢慢还原了巴蜀文化原本的样子。巴蜀文化上可回到古巴国文明，下可回到我们熟知的三国文化；不同时代

---

① 最早以抗战时期卫聚贤于1941年在《说文月刊》创刊号上发表的《巴蜀文化》一文为标志，“巴蜀文化”概念及其基本内涵的形成和确立的重要标志则是1941年《说文月刊》上下两期“巴蜀文化专号”的出版。童恩正将“巴蜀文化”定义为“中国西南地区的古代巴、蜀两族先民留下的物质文化，主要分布在四川（含重庆市）境内。起讫时代大约从商代后期直至战国晚期，前后延续上千年”。袁庭栋在此概念基础上进行了引申阐述：“四川古称巴蜀，所以对四川文化的研究一般都称为对巴蜀文化的研究。巴蜀文化有两层含义，广义的含义是指整个四川古代及近代的文化，狭义的含义是指秦统一巴蜀之前为巴蜀时期的文化。”屈小强在《对巴蜀文化数千年历史特点的思考》中认为：“‘巴蜀文化’是巴蜀地域文化不断与包括中原文化在内的近邻周边文化乃至域外文化交流、荟萃的产物。”

② “巴蜀文化”概念的系统提出，从郭沫若、徐中舒、顾颉刚、卫聚贤到童恩正、袁庭栋，有一个渐进发展和理顺清晰的过程。学术界常以“巴蜀”并称，一方面表明了巴蜀文化的独特性，另一方面又表明巴、蜀文化具有相当程度的一致性，二者区别不甚明显，难以分辨。

的文化，不同文明的特色，在历史的长河中，一点一滴，一段一段地汇聚成了今人所熟知的巴蜀文化。当然，有一点需要清楚地认识到，那就是后来发展起来的蜀文化，不再仅仅是蜀地自己的文化，随着朝代的更换，随着蜀地的开发，蜀地的大发展吸引了其他地域的移民，同时经过蜀先民们艰苦卓绝的奋斗与开拓，蜀地不再像以前那样交通困难，入蜀变得容易。蜀文化以一种包容的文化态度，伸开双手拥抱外来文化，最终移民文化与蜀地文化交流融汇，形成了包容、多元，又别具魅力的蜀文化。

公元前 316 年，司马错入蜀，古蜀国灭亡，张仪经略四川建设成都。后秦始皇统一六国，则彻底灭了古巴国、古蜀国。书同文、车同轨，巴蜀大地也是如此，古蜀国的文字逐渐消失。巴蜀文化在秦统治下，出现了大断裂。但是秦朝的统一，打破了原有的国家界限，客观上又推动了巴蜀两地文化的交流融合。秦统治下的巴蜀，文化有断裂，更有融合，巴蜀文化不再只是西南古老民族的精神再现，而是最终实现了与中华文化的融合，成为中华文明的重要组成部分。

自汉代文翁化蜀之后，巴蜀文化强势复兴，并在汉代达到了文化发展的小高峰，跻身全国文化最为发达的地区之一。汉代以后，巴蜀地区相继出现过一些时期较短的割据政权，如蜀汉、前后蜀、大夏等割据政权，但在其治域内，政治相对统一，社会相对稳定，经济相对繁荣，部分史学家称之为“偏安一隅”。地域文化的基本承载者就是当地原始居民，原始居民的文化是该地域文化的核心构成，但是一个地方文化的演进并非只有原始居民的贡献，随着时代的发展，外来居民也发挥着重要作用。巴蜀文化也正是如此，巴蜀文化绝不能脱离巴蜀人民的努力而存在，巴蜀人民坚强勇敢地创造了一个属于他们自己的独特的地域文化。而这一文化随着巴蜀地区交通的便捷，外来人口的不断涌入，也在不断地注入新的文化元素，形成新的特色。外来人口带来的外来文化，不断地被巴蜀人民接受，并转化为自己本土文化的元素，正是这样的发展才使得巴蜀文化的内涵变得越来越丰厚。

（三）巴蜀文化的主要特征

作为独立而封闭的地理单元，以物理空间的视角分析地域文化的发展，巴地、蜀地就形成了独有的盆地类型文化，但又不局限于盆地，如三星堆神秘的通天神树、金沙的太阳神鸟。巴蜀文化与其他地域文化相较，形成了属于自己的特色，甚至可以说是与众不同，与中国其他地域的文化存在着较大的差异。巴蜀文化与其他地域文化一同构成了中华优秀文化，共同构筑了我们的精神家园。

1. “尚武”与“好文”相融合

巴文化最显著的特点是“尚武”之风浓厚，尚武是巴人为了适应大自然的气候条件、日常生活的采摘活动而形成的一种生存本能。古代巴人生活的上古时代自然环境恶劣，使得他们练就一身的生存本领；险要的地理环境，锤炼出巴人顽强、坚韧和彪悍的民族性格，尚武之风盛行，以勇猛善战而著称于世。古巴人能歌善舞，以“巴渝舞”著称于世，作为整齐划一的集体性舞蹈，刚劲有力，气势不凡。上文所提乃为巴人尚武，尚武并非暴力，而是适应恶劣自然的一种生存本领。正是这样的生存本领，才使得古巴人在那个没有先进工具的原始时代保证了族群的生存与壮大。在物质上得到满足的同时，古巴人也在不断追求精神提升。巴渝舞蹈的产生就是他们追求精神满足的表现，物质保障，精神满足汇为古巴人的幸福感。随着巴文化的不断传播，以及外来人口的不断涌入，巴人所创的舞蹈不断传播开来，流传于后世。

蜀人有“好文”特色，古人有“文宗在蜀”一说。蜀地文人辈出，众多文化名人出生或曾寓居于此[①]，故而可以说蜀地不仅有古巴人的尚武精神，还有古蜀文人的洒脱、豪迈、浪漫。蜀地文人各具特色，各有特点，才情盛放。蜀文化的发展与演进离不开一代又一代蜀人的努力，正是他们的诗书才华，吟诗作赋、创作研究才使得巴蜀文化变得越来越有文化底蕴。

2. 移民文化特点显著

蜀地的移民文化极为丰富。随着时间的推进，历朝历代的努力，蜀地的政治地位与经济实力也在不断地提高，此外移民的增加还与蜀道的通达性得到提升直接相关。当“蜀道难难于上青天”的状况得到了极大改善之后，扬一益二，天府之国，蜀地富饶的自然资源就会吸引移民入蜀。再加上朝廷政策的引导，蜀地历史上出现了很多次移民潮。在清代前期的100余年间，就有从湖广、福建、陕西、江西、贵州、安徽、江苏、浙江、山西、河南、广东、广西、山东、云南、甘肃、青海、内蒙古等十多个省份的移民来川定居，大规模的移民潮带来了多元的移民文化。外来人入川，使得蜀地文化风土人情等方面都发生了变化，巴蜀文化呈现出浓厚的多元文化融汇的特征。

四、双城经济圈视野下的巴蜀文化一体化融合发展新路径

就仅仅从地理空间的角度观察，不难发现，没有海洋的隔离，大陆的连接

① 如西汉辞赋家司马相如、扬雄，唐代诗人陈子昂、诗仙李白、诗圣杜甫，宋代“文章独步天下”的文豪苏轼、爱国诗人陆游，明代文坛巨匠杨慎、清代李调元、张问陶，近现代文坛巨匠巴金、郭沫若等人。

脱离了物理空间上的条件束缚。四川与重庆，从地理位置上来看，兄弟相依。正是两地的相依相伴，使得两地的经济与文化都在潜移默化地相互影响着，旅游互通，经济依存，推进巴蜀文化一体化融合发展，实现“五个同步”“三个发展”“三个变化”就成为新时代成渝双城大发展的主旋律。

（一）要做到巴蜀文化“五个同步”

共同建设、共同规划、共同承担、共同开拓、共同发展成为建设成渝地区双城经济圈的题中之义。国内经济建设的不断推进使得原来各省市、各地方独立发展的格局发生了变化；一个地方的发展不再仅仅依靠自身，随着地方建设的深入，必须与其他的省市进行合作，提高本地的发展上限。四川与重庆正是选择了这样的一条道路，在合作中发展，在发展中共同进步，事实也证明，这样的发展是符合时代的要求的。地方与地方、省市与省市进行强强合作，才能更加深入地发展。成渝两地有着丰富的同类资源，可以共同开发，整合产业，实现利益共享。

（二）要坚持巴蜀文化“三个发展”

“三个发展”包括：成渝地区文化要素大发展、文化各业态大发展、跨区域大发展。两地不仅在经济上需要合作，更要在文化上进行合作；只有在经济发展的时候抓住文化的发展，才能更好地丰富人民的精神生活。因此四川与重庆在进行经济合作的基础上，应该加大文化合作。文化与旅游产业相结合，推动经济建设，全面促进文化大发展。因此，将文化与旅游相结合，形成一个兼顾经济与文化的产业发展新模式。文化与旅游产业共同发展，也会促进其他产业的合作升级，加速其他新型产业的诞生，比如康养产业。两地的交通越来越便捷，两地的自然地理气候条件足以激发新兴产业的发展，推进成渝地区文化要素发展。

（三）要坚持文化思维“三个变化”

文化传播的手段或者形式需要与时俱进，传播手段不能局限于书面文本，应该与科技相结合，让人民在感受科技快速进步的同时，感受到文化的魅力。因此，为了文化更好地传播，应当思考如何让文化更好地满足人们日益增长的需求。以文化传播的吸引力带动四川与重庆的经济发展。山城与平原的结合、文化产业与旅游产业的结合，能最大程度地发挥“1+1>2”的综合文化实力。

第二节　双城经济圈视野下巴蜀文化软实力提升

一、文化软实力概念探析

（一）软实力的概念

“软实力”一词最早由美国学者约瑟夫·奈提出，是指一个国家的文化、价值观念、社会制度等影响自身发展潜力和感召力的因素。通俗来说，就是一个国家除了科技、军事等硬实力外的影响力。

中国文化讲究阴阳，世界文明讲究软硬，当然阴阳与软硬并不仅仅是一种物理现象。软文化可以简单理解为语言、文字、影视作品等文化，此类文化对人的影响是逐步深入的，以润物细无声的形式逐渐让人们认可，乃至向往，这就与硬文化形成了鲜明的对比。硬文化可以说是一种伴随着武力和征服的文化。这两种文化渐渐演变出了以实力为代表的软硬实力，当然二者不是截然对立的，软实力与硬实力，可以说是你中有我，我中有你，彼此之间相互影响。相对于硬实力的直接，软实力可以理解为一种向心力、一种吸引力，或者说一种魅力，让人们心里充满向往，愿意去接受或者服从，生成归属感。

（二）文化软实力的概念

软实力的概念被提出后，在全世界范围内流行。中国提出了文化软实力的概念，文化软实力是我国学者根据我国的具体国情，我国的文化特征提出来的全新概念。文化软实力主要是指在文化和意识形态上的吸引力。将软实力的焦点聚集在文化上，突出文化在软实力中的核心地位。中国作为世界上唯一一个传承几千年文化的文明古国，其中一个重要原因，就是我们的祖先在文化传承上做出了不懈努力，他们的艰苦付出使几千年文化延绵不断，我们今天才能继承如此之多的文化遗产。

文化软实力的概念一经提出就得到了各界的高度重视。各个方向的学者开始了关于文化软实力的研究议题。文化软实力的研究上升到了国家层面，然后进一步扩展到省级层面。文化软实力包含文化内涵的方方面面。由此可知，区域文化软实力则是“文化软实力”这一研究对象的区域聚焦。这样的聚焦就存在两个可能：第一就是绝对不能分开地看待，分开地观察看待就会造成聚焦的不完整性；第二就是两者聚焦时，平衡地对待，即权衡两者，不能太过倾向于哪一方面，但又不是二者的简单叠加。我们可以将区域文化软实力理解为一个特定区域的文化资源在价值观念、精神力量等方面的反映和展现。

二、巴蜀文化软实力的优势条件

地域文化的发展不能忽视地方文化所具有的独特性，地方文化的独特性就是地域文化区别于其他文化的地方，也是地域文化所具有的独特优势。只有将这样的优势发扬光大，将其中的优秀文化挖掘出来，才能更好地推进地域文化的发展。地域文化的独特性决定了其成为文化软实力的核心内容。巴蜀大地历史悠久，文化独特而又别具魅力，充分发掘和提升巴蜀文化软实力软实力就成为当今巴蜀地区面临的重要发展议题。

（一）文化资源丰厚，自然条件独特

成渝地区历史悠久，文脉昌盛，人才辈出，是巴蜀文化的传承之地，拥有国家级历史文化名城 9 座①，地方文化资源丰富厚重，自然条件独具特色。在数千年的发展历史中，成渝地区孕育出优秀的巴蜀文化，其精神内涵是增强成渝文化自信的力量源泉，也是提升文化软实力的重要推力。

（二）区位优势突出，经济实力雄厚

西部大开发对四川与重庆的经济产生了重大影响，两地在原有交通设施的基础上加快完善交通建设，形成了公、铁、水等交通方式结合的交通网络。成渝作为我国西南腹地，交通通达性得到了巨大提升，正是交通的快速发展，才进一步推动两地的经济飞速迅猛发展。两地的发展具体表现为大量人才流入落户成渝，基础建设不断完善，消费形式多样化，新兴产业增多，特别是近几年来，两地的经济总量与国内其他城市相比不断地稳步向前②，依托雄厚的经济发展基础，成渝地区文化软实力的提升前景可期。

（三）文化战略重视，开放政策有力

国家高度重视成渝地区双城经济圈建设，在政策上给予了大力支持，这就为成渝地区的快速发展奠定了坚实的基础。针对成渝地区独特的区位，国家加大了对其投入的力度，包括经济、文化等各个领域。成渝地区自身文化禀赋优良，巴蜀文化具有重大的影响力，在继承优秀巴蜀文化传统的基础上，两地政府未来五年将进一步实施文化战略，全面布局，将成渝地区建设成为新时代的文化高地。成渝地处内陆，开放程度相较于我国其他沿海发达城市而言较低，

---

① 它们是：成都、重庆、阆中、宜宾、自贡、乐山、都江堰、泸州、会理。

② 2019 年，成渝地区（含四川省、重庆市）实现地区生产总值 7 0221.6 亿元，其中重庆市地区生产总值总量达 23 605.77 亿元，在全国大中城市中位列第五；成都市地区生产总值总量 17 012.65亿元，在全国大中城市中位列第七，均属于继北、上、广、深等一线城市之后二线城市领军水平。

因此，国家鼓励成渝两地利用互联网、大数据技术建设自己的文化平台、开放平台。全面发展文化产业，尤其是发展文化旅游相结合的文旅产业，以日益开放的姿态向更高的经济建设领地进发，最终实现巴蜀文化走向世界的远景目标，成渝两地各展风采。

成都，天府之都，位于四川盆地的核心地带。成都具有丰富的自然资源与源远流长的人文资源。充分发掘成都的文化资源，打造世界文化名城，建设文化之都，打造专属于成都自己的文化品牌，就成为成都当前的重要任务。

重庆，山水大都市，独特的自然地理优势让它独具魅力。重庆于民国时期就受到国民政府的重视，抗战时期成为陪都，重庆发展成为当时较为重要的工商业大城市。新中国成立之后，国家高度重视重庆的发展，给予了政策支持和财政补贴。正是这样的一些外部因素与历史条件为重庆高速度发展提供了良好的环境。在新时代，重庆需要在人才培养、智慧数据、内陆开放上实现新的突破。

总之，国家政策的支持使得成渝两地的发展更加快速；两地政府不断提高对文化的重视程度，成都与重庆在经济发展的同时，不断地向全国人民展现属于两地的特有文化，扩大巴蜀文化的影响力。经济圈的建设经济合作是基础也是目标。成渝两地充分发挥自身优势，展现自身特色，统一布局，统筹规划，不断地推动两地经济文化走上新台阶。

（四）产业基础良好，文化市场繁荣

文化的传播离不开经济的支撑，也离不开科技手段的支持，但更离不开优秀人才的重要作用。人才的培养是文化繁荣的根本，一个地区的人才培养能力、人才数量直接代表了这一地区未来的发展潜力。成渝地区是我国西南地区科教文化中心，人才的培养具有基本保障。优秀人才的培养、优秀人才的引入夯实了巴蜀文化在文化软实力中的根本地位。成渝两地高度重视文化创意产业发展，抢抓国家促进文化产业发展机遇。文化与经济相结合，让人们在经济消费的同时能感受到文化独有的地域魅力。

成渝地区“双一流”建设高校名单，见表6-2。

表6-2 成渝地区“双一流”建设高校统计

高校类别	四川省	重庆市	总计
一流大学建设高校 （原“985工程”高校）	四川大学 电子科技大学	重庆大学	3

表6-2(续)

高校类别	四川省	重庆市	总计
一流学科建设高校（不局限于原“211 工程”高校）	西南交通大学 西南财经大学 四川农业大学 成都理工大学 西南石油大学 成都中医药大学	西南大学	7
总计	8	2	10

数据来源：2017 年 9 月 21 日教育部公布的“双一流”建设高校和建设学科名单。

（五）创新理念驱动，重大机遇叠加

创新是一个地区、一个国家最为重要的发展动力，创新能力是促进地区发展、提升国家综合实力的重要能力之一。创新包括方方面面，有理念的创造、科技的创造、技术手段的更新、文化传播形式的多样化等。创新是一个国家实现跨越式发展的重要路径，是一个民族不断发展壮大的重要精神气质和能力。创新意味着一个国家拥有比其他国家创造更加先进的科学技术和文化传播形式的能力；对于一个地方而言，创新意味着这一个地方有着更加优良的发展条件，可以实现地区全方位快速发展。我国一直强调创新，高度重视创新，除科学技术创新外，还不断强调制度创新、理论创新、文化创新等；只有多方面的创新才能更好地发挥新能量带来的发展动力，推进地方经济快速发展，推进文化产业新业态加速孵化与成长。

聚焦成渝地区，大到国家层面，小到地方，都是在以创新为发展的根本动力在不懈努力。成渝两地在国家政策的基础上，不断克服自身存在的缺点，不断地发现自身发展中存在的问题；以一种发现问题、解决问题的态度，创新解决问题的思路方法，不断地在时代发展的潮流中抓住多重重大机遇①，助推成渝地区文化软实力发展进入新时期。成渝两地的发展依靠的就是制度的创新，国家政策的支持发挥了重大作用。新时代背景下，成渝两地不断追求创新发展，在已有制度的基础上，不断探究，不断与时俱进，不断实现量的突破、质的飞跃。

① 创新改革试验区、自由贸易试验区等国家重大改革发展举措在成、渝两地试点，成、渝两地集“一带一路”建设、长江经济带建设、西部大开发、成渝地区双城经济圈建设等国家重大战略政策于一身。

三、巴蜀文化软实力的不足之处

（一）对文化软实力的认知及重视程度不够

文化软实力是近年来才提出来的新概念，因此对于地方政府而言还需要进一步深入理解文化软实力到底是什么？不同地区的文化软实力有什么差异？如何充分利用当地的历史文化资源？如何发挥文化软实力的作用？这些议题成为新时代背景下各级政府部门统筹规划的核心任务。

政府管理部门对文化软实力的认知水平需要进一步提升，需要在没有具象形体的文化形态中感受文化自身所散发的魅力，只有这样才能更好地理解文化的重要价值和对地方经济、社会等发展的重要意义，才能更好地发掘利用文化，才能不断提升符合当地特色的文化软实力。高度重视文化软实力在当今时代的重要作用还需要行政管理部门走到文化中去，深入理解文化的内涵，感受文化的蕴意。在理解文化的内涵之后，将文化建设与经济建设结合一起，使文化能够成为一种生产力，助推经济、社会的快速发展，让古代文化与时代文化相结合，凸显文化的现代意义。

（二）文化管理体制滞后，亟待改革

文化管理体制滞后，亟待改革。文化软实力的提升需要文化管理体制发挥作用，需要管理体制提供必要的保障。但是目前文化管理体制滞后的缺陷明显，对于文化软实力的助力较少。尤其是文化管理部门对文化事业的管理方式较为原始，存在分工模糊、权责利不清楚的问题，对文化企业的市场定位不够精准，职能管理模糊不清。此外在招商引资方面，管理体制甚至发挥了制约作用，投资渠道单一，亟须拓展，全社会的参与度不高，极大地削弱了文化产业的竞争力，影响了文化产业的大发展。

（三）文化人才欠缺，人才水平不高

历史悠久的成渝地区，文化底蕴极其深厚，然而发展到今天，却出现了人才缺失的现象。这种现象在成渝地区的文化产业中表现得尤为明显。文化产业相对于其他产业而言，对人才的要求更高、需求更大，所以成渝地区人才严重外流和优秀人才的极度匮乏的问题，才显得极为紧迫。对当地丰富而又积淀甚厚的历史文化资源却缺少人才来开发利用，甚至还会使一些珍贵的文化遗产遭到破坏，更是令人痛心疾首。缺乏人才对珍贵的文化资源进行系统的研究和科学的论证，直接结果就是当地文化产业水平明显偏低，无法有效地开发文化资源，利用文化资源，更是难以产出影响较大的文化精品，在文化产业发展过程中存在极大缺憾。除此之外，各地虽然建设了很多较为先进的文化设施，但是

利用率低，需要进一步整合资源，加大利用力度，促使各种先进的文化设施发挥最大作用。

四、双城经济圈视野下的巴蜀文化软实力发展探究

文化软实力对一个国家、一个民族的重要性不言而喻。作为一个国家和一个民族区别与其他国家民族的重要特征，也是中国之所以为中国，中国人之所以为中国人的重要原因。抛开国家、民族这样宏大的视角来看，文化软实力对每个地区也极为重要。文化软实力不仅是地区历史文化的象征，更是当地发展经济、提高人民生活水平的重要资源。当地的历史文化资源是该地区的文化产业发展的根基，只有根植于文化，才能发展可延续、有价值的文化产业。尤其是在产业转型时，文化产业是每个城市的核心发展方向。文化产业的发展水平能够体现一个地区的综合发展水平。文化产业作为地区核心竞争力应当放在发展的第一位置。

巴蜀地区历史悠久，有非常丰富的历史资源。从历史上来看，巴、蜀两地联系紧密，具有相近的历史背景、社会风俗，文化基础深厚。从现状来看，成渝两地作为中国西南地区两个领军城市，对中国西南地区的发展具有重要带头作用。双城经济圈建设也是国家的重大发展战略。发展双城经济圈应从两地共同的巴蜀文化入手，从历史文化入手，挖掘历史文化资源，发展文化产业。提升巴蜀文化的软实力，对于促进双城经济圈经济社会的持续健康发展意义重大，对于加快推进双城经济圈争创全国经济发展“第四极”发展大计至为关键。充分利用强有力的巴蜀文化软实力，提升本区域文化发展水平，进一步提高文化含金量，从而最大程度增加文化产业在城市综合实力提升中的贡献比率。大力提升成渝地区文化影响力与竞争力，最终实现推动文化产业改革与大发展，让成渝双城成为走在全国前例的双子城。

在发掘利用和提升文化软实力上，政府是重要引导者也是监督者。尤其是发展文化产业需要政府带头建设文化设施，引进文化企业，建立文化产业园需要政府建立制度，规范企业行为，引导企业价值，如在大型景区的开发上，需要政带头建设完善的旅游设施，其中最为重要的就是道路不畅。许多景区无法发展就是由于道路的问题。以安岳石刻为例，安岳县有十万尊精美的石刻造像，但分散在各个乡镇上，需要有完善的道路设施才能开发。另外在公共文化服务体系上，政府的引导作用更加明显，政府不仅要提供财政支持。从这两个方面来看，政府在利用提升文化软实力的过程中扮演着非常重要的角色。这也对政府的职能管理部门提出了更高的要求，要求其既要充当引路人，又要充当

文化建设的支持者和保障者，为文化产业的发展保驾护航。政府要做出适应文化产业发展的转变，提升服务意识、加强监管保障意识，更重要的是为文化产业的全面发展提供最为基本的良好的市场经济环境。

文化软实力具有自身独特的结构特征，因此针对其特殊属性，提出如下建议对策：

（一）合理科学规划，凸显区域特色

区域特色是提升该区域文化软实力的着力点和突破口。当前，在提升巴蜀文化软实力的过程中，应该进一步深入挖掘特色历史文化资源，制定并实施面向全国乃至走向世界的成渝双城文化战略规划，从落实文化发展规划方面构建良好的文化发展格局。全面加强历史文化资源保护力度、建立历史文化空间网格体系、多层次打造当地特色文化品牌凸显区域特色，具体思路如下：

1. 保护文化遗产

双城经济圈建设可以委托专业研究机构，参照国际相关评价指标，系统收集整理相关数据，摸清各市文化资源“家底子”，建立国际认可通用的“成渝双城文化遗产清单”。要建立“成渝双城文化遗产清单”，首先，需要尽快组织人员在各个城市进行调查，将当地的历史文化资源登记在册，以便进一步开发利用；其次，再将这些历史文化资源进行分类整理，按照时间、地域、风格等来进行分类；最后，再来梳理各地历史文化资源的关系，不仅包括与巴蜀地区内的文化之间的关系，也包括其与其他地区的联系。四川作为移民大省，有许多其他地区的历史文化资源，找到这些联系，其一可以将区域内的历史文化资源连成片，有利于联合开发；其二可以建立与其他地区的联系，和其他地区加强交流互动，形成更大的文化圈子；其三还可以利用“城市记忆”，积累“城市记忆”，让居民和游客感知历史传统、留住乡韵乡愁。

2. 建立文化布局体系

建立展示成渝文化特色的文化布局体系势在必行，发展各地的文化软实力，前提就是要尊重各地的历史文化，发挥各地的历史文化资源的最大优势，而不是消磨某地的历史文化以与其他地方实现统一。因此，需要将成渝两地的城市历史文化资源按照一定的标准划分为单元网格，形成立体化层次分明的文化格局，遵循全面、整体、积极保护的原则，制订科学可行的发展规划。需要将成渝两地的历史文化资源进行整合管理，包括物质文化资源和非物质文化资源，建立文化布局体系，具体举措包括首先将各地的神话传说、历史故事、社会习俗等收集起来，通过专业人士的研究，挖掘这些神话传说、历史故事和社会习俗的背后的逻辑及其所蕴含的开发价值；其次通过专业研究，将各种历史文化资源的背后逻辑联系起来，形成一个文化布局体系；最后建立文化布局体系，全面展示成渝两地各自的城市特色，进一步充实和丰富成渝双城巴蜀文化的特色。

3. 打造具有特色的巴蜀历史文化品牌

凝聚文化的力量，加强对双城经济圈城市历史沿革的研究，特别要充分挖掘川渝两地的特色历史文化资源，打造专属两地的特色文化品牌。将经济发展与文化资源利用结合起来，更好地开拓市场，更快地适应市场的新需求。打造巴蜀文化品牌是川渝文化发展道路上的重大举措，川渝的发展离不开其自身的文化底蕴，只有将自身的文化底蕴挖掘出来，才能更好地促进经济发展。以各地详细的历史文化资源清单为基础，找出背后的逻辑，通过建立完善的历史空间网格体系来寻找巴蜀文化背后的特点，全面梳理和挖掘巴蜀文化不同于其他文化的核心点。在此基础上，发挥成渝两地的历史文化资源优势和生态资源优势，以政府为引导、企业为动力，联合人民群众一起打造别具风采的巴蜀文化品牌。

（二）制度先行，政府护航

文化产业的发展除了要依托社会经济大背景之外，还有一个最重要的因素就是制度政策的支持与保障。相关文化部门的监管与政策的支持就是文化产业发展的根本保障。文化产业只有依托政府政策进行统筹规划才能更加快速地发展。

1. 模式变化升级

各地政府要反思过去政府体制中不利于文化产业发展的陈旧模式，为文化产业的发展扫除障碍。既要建设政府为主导、政府监督和政府实施的文化管理体制，也要发挥事业单位、社会团体和社区居民的积极性，例如可以将文化带入社区，提升社区群众的文化积极性，将喜欢在公园拍照、喝茶、打麻将的老年人群体带入文化建设中来。另外也要刺激各大企业的积极性，鼓励各大企业积极参与文化建设，发展文化产业，尤其是在电影、游戏等产业，政府可以与企业合作共同开发，塑造可以代表城市文化特色的形象。

2. 推进体制改革

文化产业的发展需要合适的行政体制，政府需要根据当地文化企业实际发展需求来制定文化政策，引导保障文化企业的发展，为当地文化企业的发展提供基础设施和政策支持。文化产业发展，政府的引导作用尤为重要，一个好的政府可以做到张弛有度，给文化企业足够的空间，充分尊重市场发展规律，使其能够自由发展，创造出具有特色的文化创意产品。政府还需要加强民间文化创意产业行业协会的建设，合理引导民间文化创意产业协会，使协会可以最大程度发挥其带头和规范作用，把原来由政府主导的文化发展转变为由政府监督、行业协会主要负责，为民间文化蓬勃发展提供有力支持。

3. 简化文化产业办事流程

以往政府办事常常会出现一个文件或者一个项目需要多个部门进行处理的情况；不同部门由于其处理事务的机制存在很大的差异，因而在文件审批或者签办的过程中会存在拖拉的可能。政府大力支持鼓励文化产业的发展，除了补贴资金，引入企业，更应该以落地的政策给企业以基本保障，以一种便捷化的办事模式使文化企业的审核办理更加便捷化，做到让企业少跑路，提高办事效率。

4. 要完善法规政策

第一，完善文化领域地方立法。一个稳定的制度是文化产业发展的重要保障①。第二，巴蜀文化是川渝独有的区域性文化，只有将自身的文化特性表现出来，才能更好地在文化产业发展过程中发挥其重要作用。第三，文化特色是一个地方的文化符号，这一符号与市场经济相结合，则会产生良好的经济社会效益，只有抓住巴蜀文化，以巴蜀文化作为四川文化产业发展的根本，才能更好体现四川特色，发展四川文化产业。

（三）善用营销推广，打造文化品牌，提升区域影响

成都与重庆两市素来长于城市营销推广，多年跻身全国“网红城市”，保持流量与热度，深受全国人民的关注及点赞，经济发展、城市建设、旅游发展、城市活力提升、人民生活等方面也因此获利良多，这一营销理念和思路应加以保持和强化，双城经济圈内其他城市也要积极学习跟进。未来成渝双城需要进一步积极开展城市营销，提炼城市魅力亮点，实现品牌宣传的可视化，积极运用高效的营销推广手段，传递区域及域内城市的鲜明特色，打造城市记忆，打响文化品牌。

1. 坚持依托旧媒体

随着科技的发展，我们的通信设备也在不断升级换代，人们使用的交流工具也越来越多样化。从以前的收音机到现在的互联网，无不在诉说信息时代媒体的变化；作为信息传播载体，媒体的作用在当今时代越来越被高度重视。旧媒体是相对于新媒体而言的，因为人群存在年龄结构的差异，所以文化产品的

---

① 如建立稳定的文化、教育等领域的财政投入机制，完善文化产权交易制度，健全文化与旅游投资融资服务体系，降低文化企业和高新科技企业的企业所得税率，引导提升文化软实力。

传播不能只关注新媒体，应该继续保留旧媒体，同时加以改造以适应新时代的要求。此外还可以依托旧媒体形式，建立新旧结合的文化传播网络，整合各种媒体中的文化资源，开拓创新，进行大范围传播，提高覆盖率，优化传播内容，构建有效的媒体传播考核机制与评价体系。

2. 学习借鉴新媒体

新媒体在互联网和大数据时代发挥了重要作用，学习借鉴并充分利用新媒体、实施整合营销、建立跨地区旅游营销联盟是促进成渝双城文化产业发展的重要手段。积极对接合作各大门户网站，如抖音、快手等短视频自媒体平台，加强成都、重庆等城市以及其代表的巴蜀文化宣传推介，邀请具有一定影响力的文人名士、自媒体"大V"和网络"大咖"等齐聚成渝，共同探讨巴蜀文化营销策略，在打造"网红城市"的基础上，进一步打造"网红景区""网红街区""网红小店"等，持续吸引青年群体关注。也可以在网红城市的基础上，争取打造层次更丰富的文化城市，以更深层的文化吸引年轻群众。争取创办各类大型文化活动，以吸引流量，例如举办微博红人节等活动。

3. 利用知名会展、赛事及活动

第一，与国际接轨，举办大型赛事活动，打造成都文化品牌。如世界大学生运动会的召开将会进一步助推成都国际赛事名城建设，为成渝双城的对外宣传提供千载难遇的好机会，此外还可利用2022年举办的世界乒乓球锦标赛，以及2025年全球体育竞技门类最为齐全的综合性盛会——世界运动会、成都国际马拉松、重庆国际马拉松等知名赛事，以及成都全国春季糖酒会、成都中国西部博览会、重庆国际文化产业博览会等知名展会等，全方位利用新旧媒体进行宣传，最大程度提高成都和重庆的知名度，充分展示、输出和传播巴蜀文化。第二，积极参加权威城市评奖活动，比赛评奖活动对一个城市而言，具有极好的宣传效果。第三，在国内，可以与高校、科研院所合作，在进行文化研究创新的同时丰富文化的内涵；在国外，与国外高校进行合作，提高区域特色文化在国外的知名度。

4. 对接重大战略，积极"走出去"

巴蜀文化是四川独有的区域特色文化，区别于其他的地方文化，因而极具特色吸引力，只有讲好巴蜀故事，才能更好地传播巴蜀文化，巴蜀文化既是四川的也是世界的。在国家政策的支持下，川渝两地文化产业需要不断创新，不断改造升级，以扩大巴蜀文化作为中华文化重要一脉的国际影响力。

（四）发掘文化精髓，营造文明氛围，提高人民素质

双城经济圈地区文化软实力建设的关键在于发掘文化精髓，营造文明氛

围，创造新时代的新精神。具体举措包括将地方文化与节庆活动相结合，寓文化于乐；开发利用纪念品和短视频等产品形式，传承保护各类非物质文化遗产旅游项目；大力推进演艺、网络动漫、创意设计等融合跨界；对博物馆、演出场所和文体中心等文化设施进行升级，配套文旅消费设施，推动特色图书馆、流动文化设施和文化志愿服务等进入旅游景区，为游客服务。

1. 发掘历史文化精髓

成渝地区历史悠久，是中华民族地域文化的重要一脉。结合双城经济圈内各城市历史文化特点，塑造古今结合、简明概括、影响力强且易于传播的城市精神，增强优秀地域文化的自信心。总结巴蜀文化的精神实质与当代价值，注入时代精神，进行文化创新，让巴蜀文化焕发出新的生机和活力。

2. 开展文明活动创建

以习近平新时代中国特色社会主义思想为指导，挖掘巴蜀文化所蕴藏的优秀思想观念、道德规范和人文精神，要进行文化品牌或者文化活动的创造，创建符合巴蜀文化精神内涵的文化品牌，树立成渝地区双城经济圈百姓文明新风尚。重庆市渝北区、绵阳市、重庆市渝中区、广安市、遂宁市、重庆市南岸区、泸州市、重庆市江北区、忠县等要珍惜来之不易的荣誉，擦亮文明城市金字招牌；其他未获得“全国文明城市”称号的城市，要常抓不懈，加大创建力度，形成长效机制，争取尽早“创文”成功。

3. 大力整治不文明行为

要大力增进市民公共意识，提升道德水准。聚焦人民群众反映强烈的各类不文明现象和陋习，大力开展专项整治行动，加强道德规范、文明出行、文明居住、邻里友善、移风易俗等方面的宣传教育力度。建立针对各种不文明行为的曝光平台等，助力市民文明素养的提升。

（五）夯实文教基础，培育吸引人才，提升科技水平

“软实力”理论出台后很快被西方国家广泛接受并流行于全球。这一理论为人们关注社会发展提供了一个新的焦点，拓宽了人们的观察视野，人们的关注点不再局限于军事、经济、科技等硬指标，而是扩展到价值观、道德准则、文化感染力等多个软性方面，使人们对社会的思考更加全面。当前双城经济圈具备一定的文化人才储备基础，但对于文化软实力的要求而言，仍存在人才不足、竞争力弱的问题。基于此，双城经济圈各城市要制定有效政策，积极采取措施，主要包括以下三点：

1. 提升文化教育水平

第一，发挥本地区的优质高教资源和民间文化资源的作用，将优秀的文化

资源挖掘出来，与市场结合，以一种与时俱进的市场营销手段进行文化产业活动，不断创造出优秀的文化产品，广泛地传播优秀文化，发掘文化内涵。第二，优化本地人才结构，提高人才素质与市场需求的匹配程度，尽可能地多举办人才招聘活动，增强奖励力度，将外地的人才引进来，降低会展节庆等传统文化从业人员比重，增加高层次创新性文化研究、创造性文化推广等从业人员的数量。第三，更加重视人才的培养、培训，尤其要提升本地文化相关从业人员的学历及经营管理水平，以解决文化人才短缺的问题，培育一批高层次、有素质、有影响力的，特别是善于经营、长于管理、富有创意的高级复合型文化人才和专业技术人才。

2. 重视文化人才引进及利用

第一，加大外部文化人才引进力度。优秀的人才队伍既能提高文化的质量，又能将优质文化广泛传播，要根据文化的内在特点选拔不同的人才，可以重点引进高水平的文化事业研究人员，建设优秀的人才队伍。第二，重视人才队伍的培养。一支优秀的人才队伍应该素质高、能力强。只有将人才队伍培养起来，才能更好地传播文化。因此，在培养本土人才队伍的同时，争取引进一批文化大家、文化大师、文化领军人物、文化精品项目、知名文化企业等。

3. 合理利用先进科技

第一，合理利用互联网、大数据、人工智能等先进科学技术，培养基于最先进科学技术的新业态。第二，提高文化企业经营管理水平，注重创新，把非物质文化遗产转化为现实的有深度的生产力、影响力。

（六）繁荣文化市场，文化服务民众

公共服务离不开文化，民众提高自己的生活水平离不开文化，文化是实现美好生活的重要途径。文化市场的繁荣带给民众更多的是文化的美的享受，让民众能够切实体会到文化带给他们的幸福感。双城经济圈建设需要采取有力措施进一步繁荣文化市场，以满足民众的文化需求。还需要制定相关政策法规，健全文化产业，发展文化产业新业态。政府及各级管理部门要提升服务意识，不断挖掘巴蜀文化的独特魅力，让它真正融入民众的生活。

1. 创新文化产品样式，丰富文化内涵

第一，文化产业发展中应该创新文化产品样式，丰富文化内涵。文化产业的传播形式并不是不变的，而是随着时代的发展和人群需求的不断变化，其传播形式也在不断地发生着变化。因此，在传播文化时，需要高度重视其传播的形式。第二，文化根基是文化发展最根本的原动力，依靠原有的文化根基创造时代文化产品。第三，人民群众是文化活动的主体。文化是一种静态的存在，

人民群众是将文化由静态向动态转化的重要角色。人民群众只有参与到文化创造、文化活动中，才能将文化活起来、动起来，实现文化的价值。

2. 突出工作重点，提升公共文化设施建设水平

第一，增加高品质公共文化内容的供给。高品质的文化是人民追求美好生活的体现，只有将文化的质量提升起来，将文化与时代精神结合起来，才能创造性地产生与时代相符的文化。第二，加强城市公园建设，增加公共休闲空间；聚焦社区，关注基层，深入推进落实社区文化活动中心建设；强化推进音乐厅、大剧院、科技馆、图书馆、博物馆、美术馆等城市公共文化基础设施建设。第三，学习借鉴先进经验，如北京、上海、广州等一线城市的经验。此外书店是文化传播中的重要媒介，将实体文创书店发展纳入城市规划，通过奖励、补贴、贴息、减租等方式，鼓励方所等文创书店的发展。一个城市的文明程度，或者一个地区的文化发展，很大程度上依赖于当地的文化建设。

（七）文化底蕴，旅游媒介，文旅结合

增强文化自信，提升区域乃至国家形象，文化产品、文化底蕴的作用越来越突出，文化与旅游之间的联系越发紧密，不断深入挖掘文化的内涵品质，取其精华，剔除糟粕，与新时代的时代精神结合，依托现代的科学技术手段，将优秀的文化传播开来。就人民群众的消费而言，随着经济的发展，旅游已经成为大家最为重要的消费形式。体验不同地域的文化特色、风土人情成为大众休闲娱乐的重要方式。文化要借助旅游这一媒介，旅游需要文化的内涵吸引力，因此将优秀的传统文化作为文化产业的底蕴，将旅游作为文化传播的手段，文旅结合，走出一条促进经济、社会大发展的新路子。

1. 区域文化特色游

区域特色文化是一个地区特有的文化元素，对文化元素进行充分挖掘，积极进行市场开发，将文化与旅游相结合，大力开展文化特色旅游活动，以旅游的形式进行文化活动。将本土特色文化打造成为富有创意的文化产品，发挥特色文化的作用，形成成渝双城文化品牌，拓展市场，提升文化吸引力。文化特色游能够让游客在体验特色游的过程中体会文化差异，并且在体验文化旅游的过程中让自己的文化品位得到提升。

2. 创意文化新业态

文化业态不能一成不变，要随着市场进行调整。因此，鼓励和推动创意文化新业态发展是文化产业发展过程中不可或缺的重要环节，要随着现代科技的发展，满足人们的文化选择，顺应时代潮流，进行文化开发从而形成新业态。创意文化新业态是一种文化创新，文化创新离不开本土文化，以本土文化作为

根基，文化新业态的发展才会更有文化意义和文化价值。

3. 鼓励引导旅游消费升级

第一，旅游消费选择多元化，增加可选项目。文化旅游需要提供品质产品，提升审美品位，增加文化内涵，保障使用安全。鼓励原创设计，鼓励中西文化融合后的文化创新，以此促进大众审美品位和生活水准的提高，关注消费产品的时尚性、审美性，要以文化来引领潮流、引导消费，最终实现消费升级，提升大众文化层级。特色文化旅游需要有特色街区的基础设施支撑，因此，除了春熙路、太古里、解放碑等享誉国内外的商业街区外，还需要建设更多的符合本地文化特色的旅游街区。

第二，降低消费成本，助力消费需求持续增长。文化旅游的消费增长离不开较高生活水平的基本保障，需要大众具有较强的消费能力。这就对保障大众基本生活提出了新要求，房价、房租、生活基本消费等基本生活支出就需要政府在符合社会主义市场经济规律的基础上予以合理调控，以降低大众基本的生活负担，为文化旅游消费提供更大空间。具体到文化旅游本身来说，也需要及时响应大众需求，如节假日可以举行各种优惠活动，如打折促销、门票优惠，甚至可以实行有条件减免，以最为直接的方式吸引大众消费。金融业也需要在其中发挥作用，比如为鼓励大众的文化旅游消费有针对性地提供金融方面的支持，提供消费信贷的分期优惠等。总之多方位、多角度尽最大可能降低消费成本，吸引消费。

第三，为文化旅游消费尽可能提供便利，便利度的提升有助于文化旅游消费的增长。如对于工薪族而言，想要出去旅游消费就必须有假期，除了国家法定节假日外，他们中大多数是不会选择请假旅游消费的，这时候就需要企业提供带薪休假。带薪休假的设计安排、制度保障可以在兼顾企业利益的基础上进行优化，带薪休假可以极大地刺激文化旅游消费增长。除此之外，工作日的文化旅游产品开发亟须进一步跟进，为工薪阶层提供多样化的休闲消费产品。另外充分利用下班时间，吸引大众消费，如产生较大经济效益的“月光经济”，如各大商业、历史文化街区夜间营业可以提供更丰富的文化旅游休闲活动。不断创造一些供不同年龄段人群消费的特色书店、文创商店和文化娱乐场所。

第四，文化旅游消费要及时了解大众消费心理，满足大众消费需求，以可塑性、多变性积极适应文化旅游消费。必须保证文化旅游场所的环境卫生，保证文化旅游产品的清洁健康、安全洁净。网络资源丰富、网络通道多元，为大众线上的旅游消费提供了便利，尤其是康养类线上产品，促使大健康产业发展更加成熟。

第五，打击非法违规行为，加强消费保障力度。文化旅游产业发展要严格依据法律法规，对各类违法违规经营行为予以大力整治，进一步对文化旅游市场各类主体加强管理，完善从业人员的诚信记录，安全监管层面则需要进一步发力，为消费者提供安全的文化旅游场所以及旅游设施。

参考文献

安磊，2009. 遗址保护中的价值传递与更新［D］. 西安：西安建筑科技大学.

常璩，2007. 华阳国志［M］. 任乃强，注. 上海：上海古籍出版社.

陈汉忠，2019. 提升武汉城市文化软实力对策研究［J］. 长江论坛(6)：5.

陈剑，陈学志，范永刚，等，2005. 营盘山遗址：藏彝走廊史前区域文化中心［J］. 阿坝师范高等专科学校学报（1）：1-3.

陈世松，1999. 蜀文化：一脉相承的四川文化传统［J］. 中华文化论坛(3)：8.

陈晓青，2012. 知识城市视阈下世界生态田园城市研究［D］. 成都：西南交通大学.

成良臣，2017. 巴文化的精神内涵，价值及当代型转化［J］. 四川文理学院学报，27（6）：22-26.

单学鹏，罗哲，2021. 成渝地区双城经济圈协同治理的结构特征与演进逻辑：基于制度性集体行动的社会网络分析［J］. 重庆大学学报：社会科学版，27（2）：12.

董亮，2014. 四川革命遗址保护、党史研究与红色旅游开发［J］. 成都工业学院学报（3）：36-39.

段渝，2000. 巴蜀文化研究与学科建设［J］. 中华文化论坛（2）：7.

段渝，2002. 巴山蜀水寻文化［J］. 人民论坛（3）：60-62.

段渝，2012. 巴蜀文化史［M］. 成都：四川人民出版社.

樊莉，2014. 源远流长独具特色的蜀文化［J］. 中国测绘（5）：54-57.

付洪利，2014. 成渝经济区旅游协同发展的研究［J］. 中国商论（22）：183-185.

付瑞红，吴亚光，2015. 城市文化软实力构建中的政府行为［J］. 合作经济与科技（2）：176-177.

高文麟，2012. 川渝巴蜀文化［M］. 北京：经济科学出版社.

何晗，赵春风，2019. 文化自信视域下重庆文化软实力提升路径研究［J］. 重庆第二师范学院学报，32（3）：4.

何俊华，2017. 论巴蜀文化在秦汉时期的断裂与崛起［J］. 文史杂志（5）：67-73.

胡越英，2020-10-21. 打通巴蜀文化旅游走廊助力双城经济圈高质量发展［N］. 成都日报.

贾大泉，陈世松，2010. 四川通史［M］. 成都：四川人民出版社.

黎小龙，2017. “巴蜀文化”“巴渝文化”概念及其基本内涵的形成与嬗变［J］. 西南大学学报（5）：171-182.

李安民，2007. 巴蜀文化结构初论：巴蜀文化的文化学研究［J］. 四川文物（5）：36-42.

李进增，朱章义，2012. 古蜀王国：三星堆和金沙遗址出土文物精华录［M］. 银川：宁夏人民出版社.

李小燕，2013. 以社会主义核心价值体系提升文化软实力均思考［J］. 科教导刊（15）：1.

李晓，2018. 基于巴蜀文化的特色旅游文化资源研究［J］. 乐山师范学院学报，33（7）：5.

林军，张瑞涵，2007. 巴蜀文化［M］. 北京：时事出版社.

林向，2001. 寻找三星堆文化的来龙去脉：成都平原的考古最新发现［J］. 中华文化论坛（4）：50-53.

林永仁，来层林，1999. 巴楚文化［M］. 北京：华文出版社.

刘礼堂，2006. 唐代长江上中游地区的民间佛教信仰（上）［J］. 武汉大学学报（人文科学版）（4）：457-461.

刘礼堂，2006. 唐代长江上中游地区的民间道教信仰（下）［J］. 武汉大学学报（人文科学版）（6）：793-795.

毛天斌，2006. 成都平原史前地域艺术精神与图形研究［D］. 成都：西南交通大学.

彭万廷，冯万林，2002. 巴楚文化源流［M］. 武汉：湖北教育出版社.

屈小强，1997. 对巴蜀文化数千年历史特点的思考［J］. 文史杂志（2）：3.

尚晨光，2020. 生态文化与生态旅游融合发展的理论与实践［J］. 四川烹饪高等专科学校学报（6）：76-80.

蜀文，2008-06-24. 悠悠五千载，胜迹昭汗青：20世纪人类最伟大的考古发现之一四川三星堆古遗址［N］. 中国现代企业报（2）.

孙雪静，2014. 天府的第一缕晨光古蜀文明遗址［J］. 世界遗产（10）：92-95.

唐晓峰，2012. 文化地理学释义［M］. 北京：学苑出版社.

王恩涌，胡兆量，2008. 中国文化地理［M］. 北京：科学出版社.

王宏，1997. 巴、蜀文化源流粗疏［J］. 江汉考古（3）：12.

王洁，2008. 红色旅游文化与少数民族地区红色旅游［J］. 贵州民族学院学报（哲学社会科学版）（4）：96-101.

王永江，2014. 以“四德工程”培育和践行社会主义核心价值观［J］. 时事报告（6）：2.

王志纲，2020. 大国大民［M］. 北京：国际文化出版公司.

吴然，2016. 四川盆地山水城市营造的文化传统与景观理法研究［D］. 北京：北京林业大学.

谢维楚，2011. 论和谐社会构建中人的需要的合理满足［J］. 湖湘论坛（3）：35-41.

熊笃，2001. 论巴渝文化十大系列［J］. 重庆大学学报（4）：38-45.

徐中舒，2019. 论巴蜀文化［M］. 成都：四川人民出版社.

杨文健，巴桑，庄春辉，2004. 对茂县营盘山古蜀文化遗址保护与展示的构想［J］. 阿坝科技（1）：6.

袁庭栋，1995. 巴蜀文化［M］. 沈阳：辽宁教育出版社.

袁庭栋，2009. 巴蜀文化志［M］. 成都：巴蜀书社.

詹颖，2013. 邛窑器物设计的审美文化研究［D］. 成都：西南交通大学.

张军，2013. 培育社会主义核心价值观的三条路径［J］. 前线（2）：15-16.

赵兴勤，2008. 花部的兴盛与扬州地域文化：中国古代戏曲传播史论之十二［J］. 东南大学学报（哲学社会科学版）（6）：116-122.

朱世学，2013. 巴人青铜文化的历史与特点刍议［J］. 重庆三峡学院学报（1）：118-123.